GUIDE

DU

TRACEUR-MÉCANICIEN

Comprenant :

LES NOTIONS ÉLÉMENTAIRES DE GÉOMÉTRIE
LA DESCRIPTION ET L'USAGE DES PRINCIPAUX OUTILS ET INSTRUMENTS
DE TRAÇAGE, DE MESURE ET DE VÉRIFICATION
L'INDICATION DE NOUVELLES MÉTHODES POUR LE TRAÇAGE RAPIDE ET EXACT DES
PIÈCES ET ORGANES DE MACHINES
(CHAUDRONNERIE, FORGE, FONDERIE ET AJUSTAGE)

A l'usage

DES OUVRIERS, CONTREMAITRES, CHEFS D'ATELIERS, DESSINATEURS, DIRECTEURS
ET DE TOUTES LES PERSONNES
S'OCCUPANT A UN TITRE QUELCONQUE DU FAÇONNAGE DES MÉTAUX

par

PHILIPPE FAY

Ancien Élève de l'École nationale d'Arts et Métiers de Châlons
Ex-Ouvrier traceur aux Ateliers de la Cie des Chemins de fer de l'Ouest
Directeur-adjoint de la Compagnie générale de Construction de Saint-Denis.

*Ouvrage ayant obtenu une souscription à 100 exemplaires de la Compagnie
des Chemins de fer de l'Ouest.*

QUATRIÈME ÉDITION

A. QUENET

44, Avenue Jacqueminot, à MEUDON (Seine-et-Oise)

1903

Tous droits de traduction et de reproduction réservés.

GUIDE

DU

TRACEUR-MÉCANICIEN

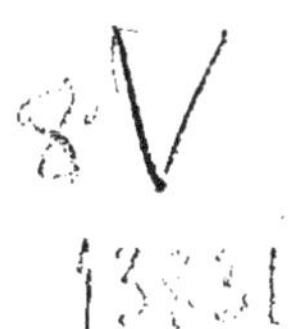

GUIDE

DU

TRACEUR-MÉCANICIEN

Comprenant :

LES NOTIONS ÉLÉMENTAIRES DE GÉOMÉTRIE
LA DESCRIPTION ET L'USAGE DES PRINCIPAUX OUTILS ET INSTRUMENTS
DE TRAÇAGE, DE MESURE ET DE VÉRIFICATION
L'INDICATION DE NOUVELLES MÉTHODES POUR LE TRAÇAGE RAPIDE ET EXACT DES
PIÈCES ET ORGANES DE MACHINES
(CHAUDRONNERIE, FORGE, FONDERIE ET AJUSTAGE)

A l'usage

DES OUVRIERS, CONTREMAITRES, CHEFS D'ATELIERS, DESSINATEURS, DIRECTEURS
ET DE TOUTES LES PERSONNES
S'OCCUPANT A UN TITRE QUELCONQUE DU FAÇONNAGE DES MÉTAUX

par

PHILIPPE FAY

Ancien Élève de l'École nationale d'Arts et Métiers de Châlons
Ex-Ouvrier traceur aux Ateliers de la Cie des Chemins de fer de l'Ouest
Directeur-adjoint de la Compagnie générale de Construction de Saint-Denis.

---

*Ouvrage ayant obtenu une souscription à 100 exemplaires de la Compagnie
des Chemins de fer de l'Ouest.*

QUATRIÈME ÉDITION

1903

Tous droits de traduction et de reproduction réservés.

l'amélioration de l'outillage et des méthodes suivies, à dresser, sous une forme simple, l'exposé de ce qui est acquis en y joignant les résultats des observations faites par nous au cours de plusieurs années de pratique du métier.

Nous croyons donc avoir fait œuvre utile à tous ceux qui ont à assumer directement ou indirectement une part de responsabilité dans l'exécution des pièces ou organes mécaniques.

Nous nous sommes efforcé de rendre ce livre abordable à tous dans ses différentes parties, en évitant de donner les justifications théoriques des méthodes et procédés dont le simple exposé convient seul à un ouvrage de ce genre.

D'autres plus autorisés auraient apporté, dans la confection d'un traité sur cette matière, l'appoint de connaissances pratiques et théoriques plus approfondies : dans cet ordre d'idées, il est de notre devoir de signaler ici la bienveillante abstention de M. Le Chat, Ingénieur des Ateliers de la Cie des Chemins de fer de l'Ouest, qui, ayant conçu sur le même objet un projet analogue au nôtre, a bien voulu nous laisser le mérite de l'exécution.

Il est permis de penser que l'attention étant désormais appelée sur ce point d'études dont l'importance se fera mieux sentir, quelqu'esprit amoureux d'enseigner, nous dotera d'une œuvre plus complète, tant au point de vue des méthodes que sous le rapport de l'outillage.

Philippe FAY.

(Châlons, 81-84).

AVERTISSEMENT

L'examen de la Table des Matières et des Planches placées à la fin de l'ouvrage facilitera beaucoup la recherche des renseignements pour chaque cas particulier.

Le traçage proprement dit est traité dans les Chapitres III et IV; il sera toujours facile de déterminer celui des deux où l'on pourra trouver un exemple du cas envisagé ou d'un cas s'en rapprochant.

Si c'est un *traçage à plat*, la Table des Chapitres I et III et les Planches correspondantes sont tout indiquées.

Si c'est un *traçage en l'air*, on pourra, soit consulter la Table du Chapitre IV, soit parcourir les Planches XVII, XVIII et XIX qui se rapportent à ce genre de traçage. Une pièce étant proposée pour le trait, on se reportera à celle prise comme exemple et s'en rapprochant le plus par la forme.

Une définition, une formule oubliée, se retrouveront aisément au moyen du Chapitre 1er.

En tout cas et nous croyons devoir insister tout particulièrement sur ce point, il sera toujours très utile de s'inspirer des principes généraux exposés au commencement de chacun des deux Chapitres III et IV.

GUIDE

DU

TRACEUR-MÉCANICIEN

CHAPITRE PREMIER

Définitions, Méthodes pratiques et Formules simples de géométrie utilisées dans le Traçage.

§ I. — DÉFINITIONS

1. — Un corps matériel quelconque occupe une portion de l'espace, à laquelle on a donné le nom de : *volume du corps*.

La limite de ce volume, ce qui nous permet d'apprécier la forme du corps, s'appelle : *surface*.

La rencontre de deux surfaces fournit la *ligne*. Sur un corps présentant plusieurs faces, leurs intersections deux à deux reçoivent, en pratique, le nom d'*arêtes*.

La fin, l'extrémité d'une ligne, c'est le *point*.

L'idée du point étant admise, on peut concevoir que la ligne est engendrée par ce dernier, assujetti à se mouvoir dans l'espace d'une façon continue, suivant une direction *variable* à tous les moments, ou suivant une direction *constante*. Dans le premier cas, le point engendre une ligne *courbe*, dans le second cas, une ligne *droite*.

Deux points étant donnés dans l'espace, le plus court chemin de l'un à l'autre est la ligne droite qui les unit. Deux points déterminent une droite et n'en déterminent qu'une seule.

Parmi les surfaces, il en est une remarquable, que l'on rencontre fréquemment dans les arts : *le plan*.

Le *plan* est une surface telle, que si l'on prend deux *quelconques* de ses points et qu'on mène la droite qu'ils déterminent, cette droite est tout entière située dans la surface, si loin que l'on prolonge l'une et l'autre.

Les surfaces, les lignes, les points considérés isolément ou assemblés, combinés dans l'espace, donnent naissance aux *figures*.

2. — C'est de *l'étude* et de la *mesure* des figures que s'occupe la géométrie, dans ses subdivisions, dont les principales, celles dont la connaissance est le plus profitable aux dessinateurs et aux traceurs, sont :

1° La géométrie *plane*, qui n'envisage que les figures dont tous les éléments sont dans un même plan ;

2° La géométrie dans *l'espace*, qui s'occupe principalement de la forme et de la mesure des figures dont les éléments sont disposés d'une façon quelconque dans l'espace ;

3° La géométrie *descriptive*, qui utilise les connaissances acquises dans les deux autres subdivisions, pour la représentation, la description, sur le plan, des figures, de l'espace, de position et de dimensions connues. Elle étudie les figures isolément et dans leurs rapports les unes avec les autres.

Ainsi que l'indique le titre de ce chapitre, nous nous

bornerons à indiquer les propriétés élémentaires des figures simples, qui sont les seules à envisager dans la plupart des cas de la pratique. L'étude plus complète de la géométrie sera faite avec profit dans les ouvrages spéciaux.

Dans le plan : deux figures sont égales lorsqu'on peut les faire coïncider exactement dans toutes leurs parties; deux figures sont dites équivalentes lorsque, sans avoir la même forme, elles ont la même étendue.

3. — *Angle.* — On désigne sous ce nom la figure formée par deux droites AB, AC qui se rencontrent en A (*fig. 1, pl. I*). A est le *sommet* de l'angle, AB et AC sont ses *côtés*.

On désigne un angle par les 3 lettres extrémités de ses côtés, en plaçant au milieu celle du sommet. La figure formée par AB et AC est donc l'angle CAB.

En pratique, l'angle de deux droites est leur écartement plus ou moins grand, l'inclinaison plus ou moins prononcée de l'une sur l'autre.

Si nous prolongeons l'un des côtés CA de l'angle CAB, au-delà du sommet C, nous formons un deuxième angle C'AB, en général différent de CAB.

Supposons qu'il en soit ainsi, et, tout en maintenant le côté BA dans le plan de la figure, faisons tourner ce côté dans le sens de la flèche, autour de A comme charnière : l'angle CAB augmente de la quantité dont C'AB diminue et il arrive un moment où le côté mobile BA se trouve dans une position B'A telle que les angles C'AB' et CAB' sont égaux, c'est-à-dire superposables : on dit alors que B'A est *perpendiculaire* sur C'C en A.

BA est une *oblique* par rapport à C'C.

Les angles égaux C'AB', CAB', correspondant à la perpendiculaire AB' sont des angles *droits*.

L'angle C'AB plus grand qu'un angle droit est *obtus*.

L'angle CAB plus petit qu'un angle droit est *aigu*.

Parallèles. — On dit que deux droites tracées dans un plan sont parallèles lorsqu'elles ne peuvent se rencontrer, si loin qu'on les prolonge dans les deux sens.

4. — *Figures élémentaires.* — Les figures que nous aurons le plus fréquemment à envisager sont les suivantes :

1° Le *triangle*, formé par trois droites qui se coupent (*fig. 2, pl. I*). Les points A,B,C sont les sommets du triangle : AB, BC, AC, sont ses côtés et ABC, BAC, CAB, ses angles.

2° Le *rectangle*, formé par 4 droites (*fig. 3, pl. I*) se coupant dans un plan sous 4 angles droits; les côtés opposés d'un rectangle sont égaux : ainsi AB = CD; AD = BC.

3° Le *carré*, figure à 4 côtés égaux et dont les quatre angles sont droits (*fig. 4, pl. I*).

4° Le *parallélogramme*, figure à 4 côtés, deux à deux parallèles et égaux, mais dont les angles ne sont pas droits (*fig. 5, pl. I*).

5° Le *losange*, figure à 4 côtés égaux mais dont les angles ne sont pas droits (*fig. 6, pl. I*).

6° Le *trapèze*, figure à 4 côtés dont deux seulement appelés *bases*, sont parallèles (*fig. 7, pl. I*).

Un rectangle articulé en ses 4 sommets peut prendre la forme du parallélogramme et inversement.

De même pour le carré et le losange.

Les droites AD, BC joignant les sommets opposés (*fig. 3, 4, 5, 6, 7*) sont les diagonales des figures correspondantes.

5. — *Polygone.* — On désigne sous ce nom, la portion de plan limitée en tous sens par des droites. Les points d'intersection des droites sont les *sommets* du polygone; les portions de droites déterminées par ces sommets sont les *côtés* du polygone. Les angles formés par les côtés consécutifs sont dits *angles* du polygone.

Dans ces conditions un polygone possède autant de sommets et d'angles que de côtés.

Un polygone dont tous les côtés ont même longueur et dont tous les angles sont égaux et *régulier*.

Les polygones réguliers dont la figure se présente le plus fréquemment dans les tracés, sont : le triangle équilatéral, le carré, puis le pentagone, l'hexagone, l'octogone, le décagone et le dodécagone réguliers, qui ont respectivement : cinq, six, huit, dix et douze côtés.

Nous apprendrons à tracer ces figures sur des côtés donnés, à les inscrire dans le cercle, à les mesurer.

6. — *Circonférence.* — La circonférence est une *ligne* courbe plane fermée, telle que chacun de ses points est à une distance connue d'un point fixe C nommé *centre*. Cette distance CP s'appelle le *rayon* de la circonférence.

Comme simplicité de forme, cette figure vient après le point et la ligne droite (*fig. 8, pl. I*).

Si nous prolongeons le rayon PC au-delà de C, il rencontre la circonférence en un deuxième point P' tel que P'C = CP = le rayon que l'on désigne ordinairement par la lettre R.

P'P est donc le double du rayon : c'est le *diamètre* de la circonférence; nous l'appellerons D.

7. — *Cercle.* — Le cercle, que l'on confond souvent avec la circonférence, est la portion de *surface* du plan, limitée par la circonférence, intérieurement à cette courbe; on peut considérer le cercle comme engendré par le rayon CP tournant, d'une révolution complète, autour du centre C comme charnière. On désigne un cercle par son rayon CP.

Si nous traçons un deuxième rayon CP" quelconque, (*fig. 8, pl. I*) nous déterminons sur la circonférence deux *arcs* P'OP" et P"O'P' qui ont même *corde* PP", et dans le cercle deux *secteurs* CPOP" et CP"O'P.

§ II. — CONSTRUCTION DES FIGURES ÉLÉMENTAIRES

8. — *Instruments employés pour la construction des figures élémentaires.*

Les principaux instruments employés pour les tracés élémentaires sont : la règle, l'équerre et le compas.

1° La *règle*, pour tirer les traits droits d'un point à un autre et pour guider le mouvement de l'équerre.

2° L'*équerre*, pour mener les traits droits perpendiculaires à d'autres, pour tracer des parallèles.

3° Le *compas*, pour porter les distances, décrire les circonférences.

La *règle* se vérifie, en général, d'après le procédé suivant : après avoir, au moyen de l'arête à vérifier, sur une surface sensiblement plane, tiré un trait bien fin et bien net (par deux points aussi éloignés que possible), retournez l'instrument sur l'autre plat, en le faisant pivoter sur l'arête utilisée et, dans cette nouvelle position, par les deux mêmes points, tirez un deuxième trait qui se confondra avec le premier si l'arête vérifiée est juste.

Opérez de même pour l'autre arête et la vérification de l'instrument sera achevée.

La vérification de l'*équerre* portera d'abord sur les

3 arêtes dont on contrôlera le bon ajustage comme pour la règle, puis sur l'angle principal qui doit être droit. Appuyant l'équerre par son petit côté contre l'arête d'une règle, sur une surface plane, on tirera un premier trait AB suivant le côté libre de l'angle droit; puis, faisant pivoter l'équerre autour de l'arête libre en la rabattant sur le plan du tracé, le petit côté bien appuyé contre la règle, on tirera, suivant l'arête libre, un second trait qui, si l'angle à vérifier est bien droit, se confondra exactement avec le premier. Sinon, l'équerre n'est pas droite.

On doit éviter, autant que possible, de se servir d'une équerre pour tirer un trait perpendiculaire à un autre; on doit, de préférence, adopter, suivant le cas, une des méthodes indiquées pour la solution des 4 premiers problèmes traités plus loin.

Le *compas*, formé ordinairement de deux branches égales réunies par une articulation à une extrémité et terminées en pointes affûtées à l'autre, ne comporte pas de vérification proprement dite. On devra, toutefois, veiller à ce que les parties ajustées de la charnière soient suffisamment serrées pour empêcher que l'écartement des pointes ne puisse être trop facilement modifié.

9. — *Marquer un point.* — *Joindre deux points par un trait droit.* — Les crayons, plumes, pierres ou pointes dont on se sert devront être taillés ou affûtés le plus finement possible et en pointe, de façon à ne donner aux points et aux lignes que juste l'épaisseur utile pour la clarté du tracé. — Un point est souvent indiqué par deux petits traits élémentaires se coupant sensiblement à angle droit. — On tire un trait droit par deux points en appliquant l'arête vérifiée d'une règle contre les deux points, appuyant sur la surface du tracé et contre l'arête-guide, le traçoir (pointe, crayon, tire-ligne) que l'on s'attachera à faire mouvoir ensuite le long de la règle en le conservant sensiblement parallèle à sa première direction.

10. — *Décrire une circonférence de rayon donné et de centre connu.* — Sur une mesure-étalon (décimètre, double-décimètre, etc.), prenez avec le compas, dont une branche doit être munie d'une pointe traçante, un écartement égal au rayon donné (nous conseillons, pour les tracés soignés, de reporter préalablement le rayon avec la mesure-étalon sur une droite quelconque du plan, puis de prendre au compas la distance des deux points ainsi déterminés et enfin de vérifier sur la mesure, avec le compas, l'écartement obtenu).

Placez ensuite la pointe fixe du compas au point centre donné, sans appuyer plus que de raison, appliquez la pointe décrivante sur le plan et faites pivoter l'instrument sur l'autre pointe, en évitant de trop l'incliner.

11. — *Elever une perpendiculaire sur une droite en son milieu* (fig. 9, pl. I).

Soit une droite AB : prenez au compas une ouverture visiblement supérieure à la moitié de AB et du point A comme centre, décrivez un premier arc M' O M ; avec le même rayon, du point B comme centre, décrivez un deuxième arc M'O'M qui coupe le premier en deux points M et M' : tirez le trait droit M'M : c'est la perpendiculaire demandée, le point m est le milieu de AB.

12. — *Élever avec la règle et le compas, une perpendiculaire sur une droite donnée AB, par un point O de cette droite* (fig. 10, pl. I).

Soient AB la droite et O le point.

Prenez à l'aide du compas deux points, M et N sur AB, tels que :

$$MO = ON$$

Puis, avec un rayon supérieur à ON, des points M et N comme centres, décrivez deux arcs de cercle qui se coupent en deux points appartenant à la perpendiculaire élevée au milieu de MN. Soient I, J ces points.

La droite IJ est perpendiculaire à AB, et, si les constructions indiquées ont été faites avec soin, cette droite passe en O.

13. — *Par un point O donné, mener la perpendiculaire à une droite donnée* AB (fig. 11, pl. I).

Du point O comme centre, avec une ouverture de compas OM, arbitraire, mais suffisamment grande, marquez deux points M et N sur AB. Sans changer l'ouverture du compas, placez-vous en M et N successivement, et décrivez au-dessous de AB deux arcs dont l'intersection I est un second point de la perpendiculaire demandée. Il ne reste plus qu'à joindre OI au moyen de la règle, et le problème est résolu.

14. — *Elever avec la règle et le compas une perpendiculaire à l'extrémité* A *d'une droite* AA' *qu'on ne peut pas prolonger* (fig. 12, pl. I).

Du point A comme centre, avec un rayon suffisamment grand, décrivez un arc *mn;* placez-vous ensuite, sans changer le rayon, en un point O de cet arc, point que vous choisirez à la droite de A et décrivez un deuxième arc AA' qui rencontre AA' en A'; continuez cet arc au-dessus de A et tirez à la règle le trait droit A'OA''.

Joignez A'' A : c'est la perpendiculaire demandée.

15. — *Par un point donné* O *hors d'une droite mener une parallèle à cette droite* (fig. 13, pl. I).

Du point O comme centre, décrivez avec un rayon suffisant un arc O'M qui coupe AB en M; placez-vous ensuite en M et, avec le même rayon, décrivez OM';

prenez au compas la distance M'O, replacez-vous en M et coupez l'arc MO' en O'; joignez OO' à la règle, c'est la parallèle demandée.

16. — *Mener une parallèle à une droite donnée* AB, *à une distance* h *de cette droite.*

En chaque extrémité, A, B, de AB, menez des perpendiculaires à cette droite et tracez-les du côté où doit se trouver la parallèle; des pieds A et B, prenez sur chacune de ces perpendiculaires une longueur égale à h : vous obtiendrez ainsi deux points A', B'; la droite menée par ces deux points répond aux conditions du problème.

17. — *Mener, par un point donné sur un plan, une droite qui fasse un angle connu avec une droite déjà décrite sur le plan.*

Soient AB la droite, P le point et Q l'angle connu (*fig. 134, pl. VIII*). Par P menez une parallèle à AB comme il est indiqué ci-dessus (**15**). Avec une ouverture de compas la plus grande possible, des points P et Q successivement, décrivez des arcs de circonférence MN, M'N'. Prenez au compas M'N' égale à MN et tirez à la règle le trait M'PR : c'est la droite demandée.

18. — *Diviser un angle donné en deux parties égales.*

1ᵉʳ Cas. — Le sommet de l'angle est dans les limites du tracé (*fig. 14, pl. I*).

Du point sommet A comme centre, avec le plus grand rayon possible, décrivez un arc qui coupe en M et en N les côtés de l'angle, puis des points M et N avec un même rayon, celui précédemment utilisé, si c'est possible, tracez deux autres arcs qui se coupent en I : tirez AI à la règle. Cette droite divise l'angle BAC en deux autres égaux entre eux et a reçu le nom de *bissectrice*.

Remarque. — Plus les points A et I seront distants, plus la division sera exacte.

2ᵉ Cas. — Le sommet de l'angle n'est pas figuré sur le tracé (*fig. 15, pl. I*).

Tirez une droite quelconque MN coupant AB en M et CD en N.

Divisez, comme il est dit dans le 1ᵉʳ cas, les angles AMN, BMN, CNM et DNM en deux parties égales par les droites MO, MO', NO, NO'; tirez OO' à la règle : cette ligne divise l'angle de AB et CD en deux parties égales.

Remarque. — Plus les points O et O' seront distants l'un de l'autre, plus le tracé sera exact.

On prendra MN à peu près également inclinée sur AB et CD.

Procédé pratique s'appliquant aux deux cas. — Dans le cas où la surface du tracé est flexible, on marque rapidement l'emplacement de la bissectrice en repliant la figure sur elle-même, de façon à amener un côté sur l'autre : l'arête de pliage n'est autre chose que la droite partageant l'angle en deux parties égales.

19. — *Diviser un angle* AOB *en trois parties égales* (fig. 16, pl. I).

Soit proposé (*fig. 16*) de diviser l'angle AOB en trois parties égales. — Du sommet O décrivez une circonférence de rayon quelconque OM. Prolongez un des côtés de l'angle NO, par exemple, suivant OK.

Prenez ensuite une feuille de papier plié droit et marquez sur son bord rectiligne deux points K' et C', tels que K'C' soit égal au rayon ON. Puis promenez le point K' sur la droite BO, le point C' sur la circonférence, jusqu'à ce que le bord de la feuille contienne le point M.

Dans cette position, tracez KCM : MKN est le 1/3 de M O N.

Prenez au compas la distance CC" et, partant du point N par exemple, portez-la trois fois sur NM, vous tomberez au point M si vous avez opéré soigneusement. Enfin tirez à la règle OM', ON', et l'angle proposé sera divisé en trois parties égales.

On a tiré des propriétés géométriques de la figure KCMNO, le principe d'un instrument nommé *trissecteur* : on conçoit, en effet, que, 1° si KOM et KNB sont deux règles à rainures articulées en K et OC et OM deux autres tiges égales articulées en O ; 2° si les trois points CMO, sont rendus mobiles le long de leur rainure respective au moyen de coulisseaux, en disposant le système articulé de façon à ce que l'angle MON représente un angle donné, l'angle MKN sera précisément le 1/3 de MON.

En généralisant la question, on a été amené à construire des systèmes articulés permettant de diviser un angle quelconque en 5, 7, etc., parties égales.

20. — *Diviser un angle droit en trois parties égales à l'aide de la règle et du compas* (fig. 17, pl. I).

Soit un angle droit AOB à diviser en trois parties égales.

Tracez avec un rayon quelconque un arc de circonférence qui coupe en A et B les côtés de l'angle droit. Avec ce même rayon, de A et B comme centres, décrivez les arcs OM, ON qui rencontrent le premier en M et N.

Joignez M et N au point O et le problème sera résolu.

Remarque sur la division des angles. — Pour diviser un angle en quatre parties égales, on le divisera d'abord

en deux (**18**); puis chaque moitié en deux et le problème sera résolu.

On s'inspirera de cette remarque pour la division
d'un angle en 8, 16, etc., ou en 6, 9, 12, etc., parties
égales en partant des solutions des problèmes (**18**)
et (**19**).

La division mécanique d'un arc de circonférence ou
d'un angle quelconque en *m* parties égales est détaillée
plus loin (*Ch. III, § 1, 12ᵉ problème*).

21. — *Deux droites données* AB, CD, *se rencontrant
hors des limites du tracé, mener par un point* P *connu,
un trait droit qui passe par le point de concours* de AB
et CD.

1ʳᵉ Méthode. — Par le point P (*fig. 262, pl. XXI*) menez
une droite quelconque MN, qui coupe en M et N respectivement les droites données AB, CD; puis, le plus loin
possible du point P, menez à MN une parallèle M'N' qui
rencontre les deux mêmes droites en M' et N' : tirez
M'N et MN' comme l'indique la figure : soit O le point
où se coupent les deux lignes : joignez PO et prolongez
jusqu'en P₁ ou elle rencontre M'N'.

Ceci posé, prenez au compas N'P₁ et portez cette longueur à partir de M' en M'P' dans le *sens contraire*
à N'P₁; le trait PP' passe par le point de rencontre
de AB, CD.

Lorsque P se trouve extérieur à la figure des deux
segments, la construction prend l'aspect de la *figure
263, pl. XXI.* — P₁ se trouve aussi à l'extérieur : pour
déterminer P' on a pris, suivant ce qui vient d'être dit,
M'P' égale à N'P₁ dans le sens contraire à N'P₁.

On n'aura, du reste, pas à se préoccuper du sens en
remarquant que P' et P₁ sont à égale distance, de part et
d'autre, du milieu de M'N'. — La détermination de ce
milieu complique néanmoins la construction.

Remarque. — Il est utile d'orienter la droite MN de façon à ce que PP_1 lui soit sensiblement perpendiculaire, pour l'exacte détermination de P_1 — dans les deux cas.

2° MÉTHODE. — Plus simple que la précédente, mais n'étant pas comme elle d'une application toujours aisée : par le point P donné, menez PC' parallèle à CD et PA' parallèle à AB ; joignez C'A' et déterminez son milieu M (*fig. 264, pl. XXI*), PM est la droite demandée.

Lorsque P est situé en dehors de l'angle, la construction n'est plus possible.

22. — *Faire passer une circonférence par trois points donnés* ABC, *non en ligne droite* (fig. 18, pl. I).

Joignez AB, BC, et sur chacune de ces droites, en son milieu, élevez une perpendiculaire (**11**). Les deux lignes ainsi obtenues se coupent en O. C'est le centre de la circonférence passant par A,B,C.

$$OB = OA = OC.$$

On choisira, si c'est possible, les deux côtés formant l'angle le plus approchant de l'angle droit : le point centre sera ainsi mieux déterminé.

23. — *Une circonférence étant donnée, trouver son rayon.*

La question peut évidemment se ramener à déterminer le centre de la circonférence donnée ; il sera ensuite aisé d'en déduire le rayon.

Choisissez donc sur la circonférence trois points ABC, dont deux soient à peu près diamétralement opposés : joignent ces deux derniers au troisième B et opérez comme il est indiqué dans l'exercice précédent : vous obtiendrez ainsi le centre O, puis le rayon, en OA ou OB ou OC.

24. — *Mener à une circonférence une tangente passant par un point donné* (fig. 20, pl. II).

1er Cas. — Le point donné est sur la circonférence.

Soit A le point donné sur la circonférence O, tracez le rayon OA et au point A élevez une perpendiculaire à ce rayon (**12**). Cette perpendiculaire est la tangente demandée.

2° Cas. — Le point est donné en dehors de la circonférence. Soit B ce point, joignez OB et sur O cette droite comme diamètre, décrivez une circonférence qui coupera la première en deux points M et M'. Les droites AM et AM' sont tangentes à la circonférence O en M et M'.

25. — *Tracer une tangente commune à deux circonférences données* (fig. 21, pl. II).

Soient OA et O'B les deux circonférences, tirez OO' à la règle; puis portez le rayon O'B de la petite circonférence en AM et AN au compas : de O comme centre décrivez ensuite les circonférences OM et ON; puis, sur OO' comme diamètre, une 3e circonférence qui coupe ON en n et n' et OM en m et m'; tirez à la règle Om et On qui coupent la circonférence OA en M' et N'; par O' menez O'K' parallèle à OM' et O'P' parallèle à ON', joignez M'K' et N'P' à la règle : ces deux droites sont tangentes aux deux circonférences proposées.

En faisant la même construction pour m' et n', on aura deux nouvelles tangentes se coupant avec les premières deux à deux sur OO'.

Remarque. — Dans la pratique, le tracé des tangentes s'opèrera plus simplement en appuyant une règle contre les deux circonférences dans toutes les positions possibles. On appliquera facilement cette remarque à la solution du problème précédent.

26. — *Inscrire une circonférence dans un triangle* (fig. 19, pl. II).

Divisez deux angles, B et C par exemple, en deux parties égales (**18**); soit O le point de rencontre des droites ainsi obtenues. Ce point est le centre de la circonférence cherchée : abaissez une perpendiculaire OR sur BC; puis de O comme centre, avec OR comme rayon, décrivez une circonférence : elle est inscrite dans le triangle ABC.

Remarque. — On tracera de préférence les bissectrices des deux plus grands angles.

27. — *Tracer une doucine* (fig. 23, pl. II).

Soient A et B (*fig. 23*) les extrémités de la doucine. Joignez AB et élevez en A et en B les perpendiculaires aux parallèles AN et BP. Soit M le milieu de AB, élevez des perpendiculaires à AB aux points milieux de MB et MA.

Les points O, O', où ces perpendiculaires rencontrent celles élevées en A et B, sont les centres des arcs de circonférence dont l'ensemble forme le profil appelé *doucine*.

28. — *Raccorder deux traits droits non parallèles par un arc de circonférence de rayon donné.*

Sur chacun des traits droits (*fig. 22, pl. II*), élevez une perpendiculaire de longueur égale au rayon; par les extrémités de ces perpendiculaires menez des parallèles aux droites correspondantes; ces parallèles se rencontrent en un point qui est le centre de l'arc demandé. — De ce point, avec le rayon connu, décrivez un arc de circonférence qui doit être tangent aux deux droites, si vous avez opéré exactement. — Vous obtiendrez les points de raccord en abaissant du centre une perpendiculaire sur chaque droite.

29. — *Construire un rectangle sur deux droites données* (fig. 3, pl. I).

Tracez une ligne droite égale au plus grand côté CD à l'aide de la règle et du compas; puis, en chaque extrémité, élevez (**13, 14**) deux perpendiculaires CA et DB sur lesquelles vous portez, à partir du pied de chacune, une longueur égale au petit côté donné, joignez les points A et B ainsi obtenus et la figure ABCD représentera le rectangle demandé.

Pour *construire un carré* dont le côté est donné, la méthode à suivre est identique.

30. — *Construire un triangle dont les trois côtés sont donnés.*

Soient a, b, c (*fig. 2, pl. I*), les côtés donnés : tirez un trait droit AC égal au côté moyen b; du point A comme centre, avec c comme rayon, décrivez un arc de circonférence au-dessus de AC; puis de C comme centre, avec le troisième côté a comme rayon, décrivez du même côté de AC un deuxième arc qui coupe le premier en un point B : tirez AB et CD, la figure ABC est le triangle demandé.

Pour que le problème puisse se résoudre, il faut et il suffit que chacun des côtés soit plus petit que la somme des deux autres.

31. — *Construire un triangle, connaissant deux côtés et l'angle qu'ils comprennent* (fig. 265, pl. XXI).

Soient A l'angle, m et n les côtés donnés. — Construisez un angle A' égal à A (**17**) : puis suivant A'B' avec une ouverture de compas égale à m, déterminez un deuxième sommet B' du triangle; de même, suivant A'C', sur le deuxième côté de l'angle, avec n comme rayon, déterminez C' troisième sommet. Enfin joignez B'C' par un trait droit : la figure A'B'C' est le triangle demandé.

32. — *Construire un triangle, connaissant un côté et les deux angles adjacents à ce côté.*

Soient AB le côté, M, N, les angles donnés (*fig. 266, pl. XXI*). Tirez un trait droit A'B' de longueur égale à AB; en A' construisez un angle (**17**) égal à M suivant *m*A'B', et en B' un angle égal à N suivant *n*B'A' : les deux côtés non communs *m*A' et *n*B' se coupent en C', troisième sommet du triangle C'A'B' qui est le triangle demandé.

33. — *Construire un triangle rectangle dont on donne les deux côtés de l'angle droit* (fig. 267, pl. XXI).

Sur une droite indéfinie CB, en C, élevez (**13, 14**) une perpendiculaire CA; l'angle droit du triangle rectangle étant ainsi obtenu, portez suivant CB et CA respectivement les longueurs données, puis tirez AB, *hypoténuse* du triangle rectangle ABC, qui répond aux conditions données.

34. — *Construire un triangle rectangle connnaissant l'hypoténuse et un côté de l'angle droit* (fig. 268, pl. XXI).

Tirez un trait BC égal à l'hypoténuse B'C' donnée : prenez le milieu M de BC (**11**) et décrivez de M comme centre sur BC comme diamètre, une demi-circonférence BAC; du point B, avec la longueur M donnée comme côté de l'angle droit, décrivez un arc de circonférence qui coupe BAC en A. Enfin, tirez AB, AC à la règle, et vous aurez, suivant ABC, le triangle rectangle demandé.

35. — *Construire un trapèze dont les quatre côtés sont donnés* (fig. 269, pl. XXI).

Tirez d'abord un trait droit AD de longueur égale à la grande base, puis prenez sur AD suivant AC' une longueur égale à la petite base. Du point D, avec l'un des côtés non parallèles comme rayon, décrivez un arc de

circonférence au-dessus de AD; de même, du point C'
avec l'autre côté. Les deux arcs se coupent en un point C.
Tirez CD CC'; enfin, par C, menez CB parallèle à AD, et
par A, menez AB parallèle à CC' : ABCD est le trapèze
demandé.

Remarques. — Le problème n'est évidemment possible qu'à la condition de pouvoir construire le triangle
C'CD, dont les côtés sont déterminés par ceux du trapèze.

Pour déterminer le point B au compas, on décrira
deux arcs de C et A comme centres avec C'A et C'C respectivement comme rayons.

36. — *Procédé pratique pour diviser une circonférence donnée en un nombre quelconque de parties égales*
(fig. 24, pl. II).

Soit une circonférence AB donnée à diviser en *huit*
parties égales, par exemple :

Tracez un diamètre ABB et déterminez le sommet
du triangle équilatéral ACB (*fig. 24*), en décrivant de
A et B comme centres des arcs AC et BC ayant AB
comme rayon.

Divisez ensuite le diamètre AB en 8 parties égales et
joignez la division 2 au point C par la droite C 2 M.

L'arc AM est sensiblement égal au $1/8^e$ de la circonférence.

Ce procédé donne exactement la division de la circonférence en 3, 4 et 6 parties égales.

Il est suffisamment précis dans le plus grand nombre
des cas (1).

Remarques. — Pour la division mécanique d'une cir-

---

(1) Pour les polygones réguliers de plus de six côtés, l'arc trouvé **AM** *excède*
l'arc exact.

conférence en un nombre quelconque de parties égales. (*Voir le 12° problème du Chapitre III*).

Une circonférence étant divisée en un nombre n de parties égales, si l'on joint les points successifs de division, deux à deux, on forme un polygone régulier de n côtés.

37. — *Inscrire un carré dans un cercle donné* (fig. 25, pl. II).

Tirez (**12**) deux diamètres perpendiculaires l'un à l'autre. Joignez les points successifs de division ainsi déterminés, et la figure résultante ABCD sera le carré demandé.

38. — *Inscrire dans un cercle un polygone régulier de 6 côtés ou hexagone* (fig. 28, pl. II).

Partez d'un point A de la circonférence avec une ouverture de compas égale au rayon du cercle donné et marquez les points B', B, C', C, A', tels que :

$$AB' = B'B = BC' = C'C = CA' = A'A$$

Joignez les points deux à deux en suivant la circonférence : la figure AB'BC'CA' est l'hexagone régulier demandé.

39. — *Inscrire un triangle équilatéral dans un cercle donné* (fig. 28, pl. II).

Si nous joignons les sommets d'un hexagone régulier inscrit de deux en deux, nous obtiendrons le triangle équilatéral inscrit ABC (*fig. 28*).

40. — *Un cercle étant donné, y inscrire un pentagone régulier ou figure à cinq côtés* (fig. 26, pl. II).

Tracez (**12**) deux diamètres rectangulaires AOC, BOD (*fig. 26*); du milieu M d'un rayon OD (**11**) comme centre, avec un rayon égal à MA décrivez un arc de circonfé-

rence AN qui rencontre en N le diamètre BD — la corde
AN est le côté du polygone régulier demandé. — A partir
du point A par exemple, portez dans le même sens 5
fois la corde AN et vous retomberez exactement en A si
vous avez bien procédé.

Le polygone régulier de 5 côtés s'appelle *pentagone
régulier*.

41. — *Remarques utiles sur la figure 26*. — La droite
NO est égale au côté du polygone de 10 côtés ou *décagone* inscrit dans le cercle OA.

L'arc BK est égal au 1/20e de la circonférence.

42. — *Remarque sur le pentagone régulier*. — Si on
prend une bande de papier de largeur bien uniforme et
que l'on confectionne un nœud coulant fermé en ayant
soin de ne pas cintrer la feuille, la figure obtenue sera
un *pentagone régulier* ABCDE (*fig. 27*).

Si on désigne par c le côté de ce pentagone régulier la
largeur l de la bande sera égale à 0,95 de c.

Pour former rapidement un pentagone régulier de
côté égal à c, on découpera donc une bande de papier à
bords bien parallèles de largeur égale à 0,95 c et on for-
mera un nœud coulant fermé en s'attachant à ne produire ni pli ni déchirure.

La figure ainsi obtenue sera suffisamment exacte si
l'on a bien opéré.

EXEMPLE. — Pour former un pentagone régulier de
0^{m}030 $^m/_m$ de côté on prendra une feuille de largeur égale
à 0,030 $\times$ 0,95, soit 0,0285 ou 28 millimètres 5 dixièmes.

43. — *Procédé pratique pour la division de la circonférence en 7 parties égales*.

Soit O la circonférence proposée (*fig. 270, pl. XXI*);
tirez le rayon OA du point A de départ; de ce point avec
le rayon de la circonférence, décrivez l'arc OPB, et de B

comme centre, avec le même rayon, marquez C. Tirez à la règle CA et OB. Marquez ensuite J telle que CJ = PQ et joignez JA par un trait droit qui coupe OB en X.

AX est très approximativement la corde de l'arc égal au 7ᵉ de la circonférence. Pour diviser cette dernière, portez 7 fois AX en partant de A, sur la courbe; vous devez retomber en A, si vous avez bien opéré.

Remarque. — La division en 7 parties égales de la circonférence ne peut s'effectuer exactement à l'aide de la règle et du compas seulement. La méthode ci-dessus donne pour valeur du côté de l'heptagone AX = 0,8679 R alors que ce côté est en réalité égal à 0,8677 R. On voit ainsi que pour un rayon de 10 mètres, l'erreur serait 2 $\frac{m}{m}$ en excès (1).

44. — *Procédé pratique pour la division de la circonférence en 12 parties égales.*

On décrira d'abord (**12**) les deux diamètres perpendiculaires AB, CD, et on divisera ensuite en trois parties égales par le tracé indiqué précédemment chacun des angles droits ainsi obtenus (**20**).

45. — *Sachant inscrire un polygone régulier dans un cercle, inscrire dans le même cercle le polygone régulier d'un nombre double ou triple de côtés.*

Il suffira de diviser l'arc correspondant au côté du polygone régulier que l'on sait inscrire en deux ou trois parties égales (**18, 19**).

Cette méthode est générale; ainsi, pour diviser une circonférence en 35 ou 5 × 7 parties égales, on la divisera d'abord en 5 (**40**), puis chacun des arcs ainsi obtenus en 7 parties égales par tâtonnements.

---

(1) La fig. 29, pl. II, indique un tracé plus simple, mais un peu moins exact du polygone régulier de 7 côtés.

46. — *Circonscrire à un cercle donné un polygone régulier d'un nombre donné de côtés.*

Divisez la circonférence suivant le nombre donné et, par les points de division menez les tangentes, c'est-à-dire les perpendiculaires aux rayons correspondants.

47. — *Construire, sur une droite donnée AC un polygone régulier d'un nombre donné de côtés.*

Voici une solution que l'on pourra toujours utiliser quel que soit le nombre de côtés du polygone.

Décrivez un cercle quelconque OA (*fig. 31*) et inscrivez dans ce cercle, soit par l'un des procédés particuliers donnés précédemment, soit en suivant la méthode générale approchée (**36**), un polygone régulier d'un nombre de côtés égal à celui du polygone à construire.

Soit AB un côté du polygone ainsi obtenu, prenez sur AB une longueur AC égale au côté donné et par C menez à OB une parallèle qui rencontre en O' le rayon AO prolongé — O'C ou O'A est le rayon du cercle circonscrit au polygone que l'on propose de construire. Il suffira donc de terminer ce polygone ACDFGHA en portant plusieurs fois la corde AC suivant CD, DF, etc.

MÉTHODES PARTICULIÈRES

48. — *Triangle équilatéral, carré, hexagone régulier.*

La construction du triangle équilatéral de côté connu a été donnée précédemment (**30**), ainsi que celle du carré (**29**). — Pour l'hexagone régulier, décrivez avec le côté donné comme rayon une circonférence et portez six fois consécutivement le rayon comme corde sur cette circonférence; joignez les points ainsi obtenus deux à deux et le problème sera résolu.

49. — *Pentagone régulier (5 côtés)* (fig. 271, pl. XXI).

Tirez un trait droit AB égal au côté donné; en son milieu M élevez-lui une perpendiculaire indéfinie (**11**). Prenez sur cette perpendiculaire MI égale à AB, joignez AI et prolongez de IP égal à AM, du point A comme centre avec AP comme rayon, marquez le point O sur MI. Sans tracer AO élevez en son milieu (**11**) une perpendiculaire qui coupe en C la perpendiculaire MI : C'est le centre de la circonférence CA circonscrite au pentagone dont A et B sont deux sommets. Sur ces éléments connus la figure se complètera aisément.

50. — *Octogone régulier (8 côtés)* (fig. 272, pl. XXI).

Sur le côté AB donné, en son milieu M, élevez une perpendiculaire indéfinie; sur AB comme diamètre, décrivez une ¼ circonférence qui coupe en I la perpendiculaire MI; prenez IC égale à IA, au compas. Le point C est le centre du cercle dans lequel l'octogone de côté AB peut être inscrit. — CA est le rayon de ce cercle. — On décrira ce dernier et la construction de l'octogone s'achèvera aisément.

51. — *Décagone régulier (10 côtés)* (fig. 271, pl. XXI).

Si AB est le côté du décagone proposé et que l'on ait obtenu le point O comme il est dit ci-dessus (**49**), ce point sera le centre et OA, le rayon de la circonférence dans laquelle peut s'inscrire le décagone de côté AB.

52. — *Dodécagone régulier (12 côtés)* (fig. 273, pl. XXI).

Si AB représente le côté que doit avoir le dodécagone à tracer, pour obtenir le centre et le rayon de la circonférence qui lui sera circonscrite, élevez (**11**) sur AB en son milieu M une perpendiculaire indéfinie; puis du point A, avec AB comme rayon, marquez O sur cette perpendiculaire; enfin, prenez OC toujours avec le même rayon : vous aurez en C le centre de la circonférence CA que vous décrirez pour achever commodément la construction demandée.

Remarque. — Voir tableau n° **75** et applications.

§ III. — MESURE DES FIGURES ÉLÉMENTAIRES

53. — *Surfaces du rectangle, du carré.*

Un rectangle ABCD (*fig. 3, pl. I*), a pour mesure le produit de ses deux dimensions AB, AD; on a donc :

$$\text{Surface ABCD} = AC \times CD = h \times b$$

EXEMPLE. — Supposons qu'on ait trouvé en mesurant les côtés du rectangle :

$$AC = 3^m510. \qquad CD = 4^m900.$$

Multiplions 3^m510 par 4^m900 et nous trouverons comme produit $17^{mq}1990^{cmq}$, c'est la surface du rectangle en question.

Un carré étant un rectangle dont les deux dimensions sont égales, on obtiendra sa surface en multipliant la longueur de son côté par elle-même. Ainsi, la surface du carré ABCD est égale à : $a \times a$ ou a^2 (*fig. 4, pl. I*).

EXEMPLE. — Un carré de 1^m21 de côté a pour surface :

$$1^m21 \times 1^m21 = 1^{mq}4641^{cq}.$$

54. — EXERCICE. — *Etant donné un rectangle* ABCD (fig. 34, pl. III), *construire le carré équivalent.*

Prolongez la base DC d'une longueur CB' égale à la hauteur du rectangle. Sur DB' comme diamètre décrivez une demi-cironférence, puis prolongez CB jusqu'en H, où ce côté rencontre la courbe : CH est le côté d'un carré que l'on achèvera aisément (**29**) et dont la surface est équivalente à celle du rectangle donné.

55. — *Surface du triangle.*

La surface d'un triangle ABC (*fig. 2, pl. 1*), a pour mesure la moitié du produit de sa base par sa hauteur :

$$\text{Surface ABC} = \frac{1}{2} \times b \times h.$$

EXEMPLE. — Soit un triangle dont on a mesuré la base et la hauteur qu'on a trouvées égales à 3^m500 et 1^m600 respectivement; on obtiendra la surface du triangle en question en multipliant 3^m500 par 1^m600, ce qui donne 5^{mq}60 et prenant la moitié de ce résultat, soit 2^{mq}80.

56. — *Surface du parallélogramme* (fig. 5, pl. I).

Cette surface a pour mesure le produit de la base du parallélogramme par sa hauteur, autrement dit : le parallélogramme est équivalent au rectangle de même base et de même hauteur.

$$\text{Surface ABCD} = b \times h.$$

57. — *Surface du losange* (fig. 6, pl. I).

On obtient la surface d'un losange en faisant le produit des longueurs des diagonales et prenant la moitié du résultat obtenu :

$$\text{Surface ABCD} = \frac{d \times d'}{2}$$

58. — *Surface du trapèze* (fig. 7, pl. I).

La surface d'un trapèze ABCD (*fig. 7, pl. I*), est

exprimée par le produit de la $\frac{1}{2}$ somme de ses bases, AD et BC par sa hauteur.

$$\text{Surface ABCD} = \left(\frac{B + b}{2}\right) \times h.$$

Soient $B = 2^m500$, $b = 1^m400$ et $h = 0^m800$.

La formule devient :

$$\text{Surface ABCD} = \left(\frac{2,500 + 1,400}{2}\right) \times 0,800.$$

$$= \frac{3,900}{2} \times 0,800 = 1^{mq}56$$

Remarque. — La droite qui joint les milieux des côtés non parallèles AB, CD, est égale à la $\frac{1}{2}$ somme des bases. Si b' désigne cette droite on aura donc :

$$\text{Surface ABCD} = b' \times h.$$

59. — *Longueur de la circonférence.*

La longueur de la circonférence de rayon R s'obtient en multipliant ce rayon par le nombre constant π ou 3,1416 et doublant le résultat obtenu. Ou bien, plus simplement, en multipliant le diamètre D par le nombre π.

On a donc :

$$\text{Circonférence } CP = 2\pi R = 6,2832 \times R \qquad (1)$$
$$\text{Ou Circonférence } CP = \pi D = 3,1416 \times D \qquad (2)$$

On emploiera l'une ou l'autre de ces formules, suivant que le rayon ou le diamètre seront connus.

60. — Exercices. — I. — *Soit à calculer le développement d'une circonférence de 1^m500 de rayon.*

Puisqu'ici le rayon est donné, on appliquera la formule (1) et l'on aura :

Circonférence $= 6,2832 \times 1^m500 = 9^m4248$, soit à très peu près $9^m425 \, \frac{m}{m}$.

II. — *Calculer la longueur d'une circonférence de 2^m51 de diamètre.*

La formule (2) trouve ici son application directe et donne pour mesure de la circonférence en question :

$$3,1416 \times 2^m51 = 7^m885 \, \tfrac{m}{m}.$$

61. — *Évaluation graphique de la circonférence.*

Pour éviter les calculs indiqués ci-dessus, ou même pour les vérifier pratiquement, on pourra employer, pour développer la circonférence, la méthode graphique ci-après (*fig. 274, pl. XXI*).

Soit OA la circonférence à mesurer : tirez un diamètre quelconque AOB, puis élevez-lui en A et B des perpendiculaires indéfinies. Sur celle élevée au point B, par exemple, portez *trois* fois le rayon OA suivant BK. Avec ce même rayon OA comme ouverture de compas, décrivez du point A un arc OA'O' indéfini qui coupe en A la demi-circonférence AA'B ; de ce point A' comme centre, sans changer l'ouverture du compas, décrivez un second arc qui coupe le premier en O et O', joignez OO' soit I le point où cette droite coupe la perpendiculaire AI. Tirez à la règle, de I en K, un trait droit qui mesure très approximativement la longueur de la demi-circonférence de rayon AO. (*Kolhanski*).

62. — *Calculer le rayon d'une circonférence dont la longueur L est déterminée à priori.*

Multipliez L par le nombre fixe 0,15915 et le produit sera la longueur du rayon à prendre.

$$R = 0,15915 \times L \tag{3}$$

Ainsi, pour une circonférence de 1 m. 500, on doit prendre un rayon de

$$0,15915 \times 1,500 = 0^m2387$$

à moins de un dixième de millimètre près.

MÉTHODE GRAPHIQUE

63. — On pourra déterminer le rayon d'une circonférence de longueur donnée L, au moyen de la règle et du compas de la façon suivante :

Décrivez une circonférence de rayon à peu près égal au $\frac{1}{6}^e$ de la longueur donnée au jugé, puis pour cette circonférence AB (*fig. 274*), effectuez les constructions indiquées ci-dessus (**61**) pour déterminer IK, son demi-développement ; enfin, sur KI portez une longueur KM égale au quart du développement donné L — menez MM' perpendiculaire sur AB : le rayon de la circonférence de longueur L est M'B.

64. — *Longueur d'un arc de circonférence.*

1er Cas. — Étant donné l'angle a comprenant l'arc à calculer AOB, on appliquera la formule :

$$AOB = 0,01746 \times R \times a \qquad (1)$$

dans laquelle nous supposons que a exprime un nombre exact de degrés.

Si l'angle a est composé de degrés et minutes, divisez le nombre de ces dernières par 60 et ajoutez le quotient obtenu au nombre entier de degrés ; puis, dans la formule ci-dessus, remplacez a par le résultat de cette opération et effectuez le calcul indiqué.

Exemple. — Quelle est dans une circonférence de 2 m. 50 de rayon la longueur d'un arc dont l'angle au centre est égal à 44° 24'?

Divisons 24 par 60 et ajoutons le quotient, 0,4 à 44° : nous obtenons ainsi, pour valeur de a, 44° 4.

Remplaçant dans la formule (1) R par sa valeur 2,50 et a par 44° 4, nous aurons :

$$\text{Arc} = 0,01746 \times 2^m50 \times 44, 4$$

Multipliant d'abord les deux premiers nombres entre eux, puis leur produit par le troisième, nous trouvons :

$$\text{Arc} = 1^m 938 \,\tfrac{m}{m}.$$

2ᵉ CAS. — En pratique, un arc de circonférence est fréquemment donné par sa flèche f ou OM et par la corde $2c$ ou AB (*fig. 275, pl. XXII*).

On pourra, dans ce cas, déterminer immédiatement la longueur de cet arc avec une approximation suffisante, au moyen de la formule :

$$\text{AOB} = \frac{2c}{9} \left(1{,}243 + \frac{f^2}{c^2} \right) \left(7{.}242 - \frac{f^2}{c^2} \right) \qquad (2)$$

qui peut se traduire comme suit, en langage courant :

Règle. — Divisez la flèche f par la 1/2 corde c et multipliez le quotient obtenu par lui-même : le produit sera $\dfrac{f^2}{c^2}$.

Ajoutez ce produit à 1,243, d'une part; retranchez ce même produit de 7,242, d'autre part; multipliez les deux nombres ainsi déterminés l'un par l'autre, puis le résultat par la corde entière; divisez enfin par 9, et vous aurez à très peu près la longueur de l'arc AOB.

Application. — Soit à calculer la longueur de l'arc AOB (*fig. 275, pl. XXII*) en supposant qu'on ait :

$$\text{OM} = f = 130 \,\tfrac{m}{m}$$
$$\text{AM} = \text{MB} = c = 1^m 100$$

Suivant la règle ci-dessus, divisons f par c, nous aurons :

$$\frac{f}{c} = \frac{130 \,\tfrac{m}{m}}{1100 \,\tfrac{m}{m}} = \frac{13}{110} = 0{,}118$$

multiplions 0,118 par lui-même, il viendra :

$$\frac{f^2}{c^2} = 0{,}118 \times 0{,}118 = 0{,}0139$$

La formule (2) devient :

$$AOB = \frac{2{,}200}{9} (1{,}243 + 0{,}0139)(7{,}242 - 0{,}0139)$$

Or, $1{,}243 + 0{,}0139 = 1{,}2569$
Et $7{,}242 - 0{,}0139 = 7{,}2281$

Nous aurons donc :

$$AOB = \frac{2{,}200 \times 1{,}2569 \times 7{,}2281}{9} = 2^m 221$$

Valeur qui ne diffère pas de 1 $^m\!/_m$ de la longueur exacte de AOB.

Remarques. — I. — Le rayon de l'arc AOB sera donné exactement par la formule.

$$R = \frac{f^2 + c^2}{2\,f}$$

Il faut donc ajouter au produit de la flèche par elle-même, le produit de la 1/2 corde par elle-même et diviser le total par le double de la flèche.

Ainsi, dans l'exemple considéré ci-dessus, on aurait :

$$R = \frac{0{,}13 \times 0{,}13 + 1{,}1 \times 1{,}1}{2 \times 0{,}13}$$

$$\text{soit} : \frac{0{,}0169 + 1{,}21}{0{,}26}$$

$$\text{ou} : \frac{1{,}2269}{0{,}26} = 4^m 719 \; ^m\!/_m.$$

II. — On n'appliquera la formule (2) que si le rapport $\dfrac{f}{c}$ est inférieur à 0,42.

Lorsque $\dfrac{f}{c}$ sera compris entre 0,42 et 1, on calculera la longueur d'une demi-circonférence, après avoir déterminé le rayon, comme il est dit ci-dessus ; puis on évaluera la longueur de l'arc BO'A' au moyen de la formule

(2); on retranchera cet arc de la demi-circonférence, et le résultat donnera la longueur de AOB.

Pour calculer l'arc BO'A' il est nécessaire de connaître sa flèche f' et sa 1/2 corde c'; à cet effet, on appliquera les formules :

$$f' = \frac{(c-f)^2}{2f} = \frac{(c-f)(c-f)}{2f}$$

$$c' = \frac{c^2 - f^2}{2f} = \frac{(c-f)(c+f)}{2f}$$

III. — On peut éviter tout calcul et rectifier très approximativement les arcs de petite flèche au moyen de la construction ci-après :

Au point O (*fig. 275, pl. XXII*), tirez OP perpendiculaire à AO.

Prenez les $\frac{2}{8}$ de MP suivant MI : AI est à très peu près la longueur de l'arc AO. Doublez AI et vous aurez celle de l'arc entier AOB. (*Newton*).

65. — *Surface du cercle*. — La surface d'un cercle de rayon donné R est exprimée par la formule :

$$S = \pi R^2 = 3,1416 \times R \times R \qquad (1)$$

qui peut se traduire ainsi en langage courant : « Pour obtenir la surface d'un cercle, multipliez par lui-même le nombre qui exprime la longueur du rayon et multipliez ensuite le produit obtenu par le nombre constant π ou 3,1416 ».

Si c'est le diamètre qui est donné, la formule (1) modifiée devient :

$$S = \frac{\pi D^2}{4} = 0,7854 \times D \times D \qquad (2)$$

Autrement dit : multipliez le nombre qui exprime la longueur du diamètre par lui-même, et le produit obtenu par 0,7854.

Exemple. — 1° *Calculer la surface d'un cercle de rayon égal à* 0^m350 ^m/_m.

La formule (1) trouve ici son application directe : multipliez 0^m350 par 0^m350, puis le nombre obtenu 0^mq1225 par 3,1416, et vous obtiendrez pour expression de la surface du cercle proposé : 0^mq3848, soit 38 décimètres carrés 48 centimètres carrés.

2° *Calculer la surface d'un cercle de* 1^m05 *de diamètre.*

C'est la formule (2) qu'il nous faut employer ici : multiplions 1,05 par 1,05, puis le produit 1^mq1025, par 0,7854, nous obtenons ainsi 0^mq8659, soit 86 décimètres carrés 59 centimètres carrés.

ADDITIONS

66. — *Calculer la surface d'une couronne circulaire.*

Lorsque le rayon intérieur et le rayon extérieur seront connus, on appliquera la formule :

$$\text{Couronne circ.} = \pi \times (R + r) \times (R - r)$$

Il faut donc multiplier la somme des rayons par leur différence et le produit obtenu par π ou 3,1416.

Application. — La surface d'une couronne circulaire dont les rayons sont 0^m480 et 0^m620, s'obtient en multipliant la somme $(0,480 + 0,620 = 1^m100)$ des deux rayons, par leur différence $(0,620 - 0,480 = 0,140)$, ce qui donne :

$$1,100 \times 0,140 = 0^{mq}154$$

et faisant le produit du résultat par π ou 0,1416, soit :

$$0^{mq}154 \times 3,1416 = 0^{mq}4838.$$

Si ce sont les diamètres qui sont directement donnés, la formule à employer sera :

$$\text{Couronne circ.} = 0,7854 \times (D + d)(D - d).$$

Enfin, au cas où la couronne serait déterminée par son diamètre moyen δ et par sa largeur L, on aurait :

$$\text{Couronne circ.} = \pi \times \delta \times L.$$

Ainsi, une couronne dont le diamètre moyen serait 1 mètre, et dont la largeur serait 0ᵐ01, aurait comme surface :

$$\pi \times 1^m \times 0^m01 = 0^{mq}0314.$$

67. — *Surface d'un secteur circulaire.*

On nomme *secteur circulaire* la portion du cercle comprise entre un arc AOB (*fig. 276, pl. XXII*), et les rayons unissant ses extrémités au centre du cercle.

La surface d'un secteur AOBC est donnée par le produit de la longueur de l'arc AOB par la moitié du rayon.

$$\text{Surface AOBC} = \text{AOB} \times \frac{\text{AC}}{2}$$

Lorsque l'angle a est donné, on applique la formule :

$$\text{Surf. AOBC} = 0{,}00873 \times R^2 \times a = 0{,}00873 \times R \times R \times a \ (1)$$

en admettant que l'angle a soit exprimé par un nombre exact de degrés.

Si l'angle a contenait une fraction de degrés exprimée en minutes, on réduirait cette fraction en une autre décimale, en divisant le nombre des minutes par 60 et on ajouterait le quotient au nombre entier de degrés ainsi qu'il est, du reste, indiqué plus haut (**64**). Après quoi, on appliquerait la formule (1).

APPLICATION

Calculer la surface d'un secteur de 20°45' d'ouverture et de 1ᵐ20 de rayon.

Réduisons d'abord l'angle comme il est dit ci-dessus.

Ajoutons à 20° le quotient de 45 par 60, soit 0,75 : nous obtiendrons 20°75. La formule (1) deviendra :

Surf. sect^r = 0,00873 × 1^{m}20 × 1^{m}20 × 20,75 = 0^{mq}2607

Si le secteur est déterminé par sa corde AB et sa flèche MO (*fig. 276*), on appliquera la formule (1) ci-dessus, en calculant l'arc AOB et le rayon AC comme il a été dit précédemment (**64** et suivants).

68. — *Surface d'un segment circulaire.*

On désigne sous le nom de *segment circulaire* la portion du cercle comprise entre un arc et sa corde. Exemple : AOBMA (*fig. 276, pl. XXII*).

I. — Quand les éléments connus le permettront, on calculera la surface du secteur AOBCA (**67**), puis celle du triangle AMBC (**55**) et on en fera la différence qui est précisément la surface de AOBMA.

II. — Au cas où la flèche f et la corde $2c$ seraient seules connues, on appliquerait la formule approximative :

$$\text{Surface AOBMA} = \frac{fc}{18} \times \left[3 + \frac{f^2}{c^2}\right] \times \left[8 - \frac{f^2}{c^2}\right]$$

qui peut se traduire comme suit en langage ordinaire :

Divisez la flèche par la demi-corde et multipliez le quotient par lui-même; vous obtiendrez ainsi $\frac{f^2}{c^2}$ que vous ajouterez d'une part à 3, et que vous retrancherez d'autre part de 8, ce qui fournira deux nombres N et M. Faites alors la multiplication des quatre nombres f, c, N, M et divisez le résultat par 18. Le quotient obtenu exprimera à très peu de chose près, avec un léger excès, la surface du segment AOBMA.

APPLICATION

Supposons que l'on ait :

$$f = 0^m134$$
$$c = 0^m500$$

proposons-nous de calculer la surface du segment correspondant.

Effectuons le rapport $\dfrac{f}{c} = \dfrac{0,134}{0,500} = 0,268$

Multiplions 0,268 par lui-même, soit : $0,268 \times 0,268 = 0,0718$; nous aurons ensuite, d'après la marche indiquée :

$$3 + 0,0718 = 3,0718$$
$$8 - 0,0718 = 7,9282$$

Et finalement :

$$\text{Surf.} = \frac{0,134 \times 0,500 \times 3,0718 \times 7,9282}{18} = 0^{mq}0906$$

Soit 9 décimètres carrés, 6 centimètres carrés à moins d'un centimètre carré près de la valeur exacte.

III. — Enfin, on pourra encore évaluer la surface d'un segment AOBMA par le trait et le calcul combiné en joignant le point A au milieu O de l'arc et au milieu m de la flèche OM par les droites AO et Am, et appliquant la formule simple : [1]

$$\text{Surface AOBMA} = \frac{4}{15} \, \text{OM} \times (4\,\text{A}m + \text{AM})$$

qui donne des résultats très exacts.

69. — *Surface d'une zone circulaire.*

On appelle *zone circulaire* la portion de cercle com-

______
[1] Due à Newton.

prise entre deux cordes AB, CD parallèles (*fig. 277, pl. XXII*).

La surface d'une telle figure s'obtiendra évidemment en calculant celle des segments AOB, COD, et faisant leur différence.

Lorsque les cordes AB et CD sont peu différentes l'une de l'autre et que leur distance h est faible, on peut avec assez d'exactitude, calculer la surface de la zone au moyen de la formule :

$$S = \frac{h}{8} \times [AB + CD + 6\, MM']$$ \hfill (R)

M et M' étant les milieux des arcs AC et DB.

Remarque. — La portion de surface d'un cercle comprise entre deux arcs A'C', D'B' et deux cordes non parallèles A'B', D'D', qui se coupent hors de cercle est équivalente à celle obtenue en amenant les deux cordes à être parallèles de manière à ce que la somme des arcs A'C', D'B' reste la même [1].

EXERCICES

70. — *Trouver le côté d'un carré équivalent à un cercle donné.*

Par le calcul, vous obtiendrez la longueur du côté du carré cherché en multipliant le rayon du cercle par le nombre constant 1,7724. Ainsi le côté étant désigné par c, on aura :

$$c = 1,7724 \times R$$ \hfill (1)
$$c = 0,8862 \times D$$ \hfill (2)

suivant que le rayon ou le diamètre seront connus.

EXEMPLE. — Le côté du carré équivalent en surface à un cercle de 0^{m}512 de rayon a pour longueur :

$$1,7724 \times 0^m512 = 0^m9074$$

à moins de un dixième de millimètre près.

---

[1] La formule (R) s'applique encore dans ce cas.

MÉTHODES GRAPHIQUES

71. — On utilisera la figure 274, planche XXI pour trouver le côté du carré équivalent au cercle AO. Ayant déterminé IK comme il est dit (**61**), on prendra au compas sur le diamètre AB la longueur $OG = \frac{1}{2} IK$; de G comme centre avec OG comme rayon, on décrira un arc qui rencontrera en X la perpendiculaire BK. BX est très approximativement le côté du carré équivalent au cercle OA.

Une autre méthode graphique plus simple et suffisamment exacte en pratique, peut être appliquée comme suit :

Soit le cercle OA (*fig. 35, pl. III*). Tracez un diamètre quelconque AOB et menez à la circonférence au point B une tangente.

Prenez ensuite le point M tel que $MB = \frac{7}{6}$ de OB ou $OM = \frac{1}{6}$ de OB et du point M comme centre, avec un rayon double du diamètre AB, marquez le point C sur la tangente en B; enfin joignez AC qui coupe en H la circonférence; BH est le côté d'un carré à très peu près équivalent au cercle; en effet :

$$\text{Surface du cercle} = \pi R^2 = 3{,}1416 \, R^2$$
$$\text{Surface du carré} = \overline{BH}^2 = 3{,}1417 \, R^2$$

72. — *Trouver le rayon d'un cercle équivalent à un carré donné.*

Par le calcul, on trouvera la longueur du rayon cherché au moyen de la formule :

$$R = 0{,}5642 \times c \tag{3}$$

dans laquelle c désigne le côté du carré donné. Ainsi le rayon d'un cercle ayant même surface qu'un carré de 1 mètre de côté a pour longueur $0{,}5642 \times 1^m$, soit 0^m5642.

73. — *Étant donnée la longueur développée d'une circonférence, calculer la surface du cercle qu'elle limite.*

RÈGLE. — Multipliez la longueur L de la circonférence
par elle-même et le produit obtenu par le nombre 0,07957.

$$\text{Cercle} = \text{Circonférence} \times \text{circonférence} \times 0{,}07957$$
$$= 0{,}07957\ L^2. \tag{4}$$

EXEMPLE. — Supposons qu'on ait mesuré à l'aide d'une
ficelle la longueur du contour extérieur d'une cuve cylindrique fabriquée avec de la tôle de 10 $\frac{m}{m}$ et que l'on ait
trouvé comme longueur développée 5^{m}444.

Proposons-nous d'évaluer la surface de la section *intérieure* de la cuve.

Il faut pour cela calculer d'abord le périmètre de cette
section intérieure. On en trouvera la valeur en retranchant de la longueur 5^{m}444 prise extérieurement, le produit de l'épaisseur par le nombre 2 π ou 6,2832, soit :

$$0^m010 \times 6{,}2832 = 0^m063$$

Nous aurons donc pour valeur du développement de
la section intérieure :

$$5^m444 - 0^m063 = 5^m381$$

Enfin, pour obtenir la surface de cette section, nous
appliquerons la règle ci-dessus et il viendra :

$$S = 5{,}381 \times 5{,}381 \times 0{,}07957 = 2^{mq}3040$$

74. — *Calculer les éléments d'un polygone régulier de
20 côtés au plus, connaissant, soit le rayon R du cercle
circonscrit, soit le côté C du polygone. — Utilisation du
tableau n° 75.*

Un tableau annexé à cet ouvrage permettra de
résoudre rapidement les deux questions suivantes concernant les polygones réguliers, depuis celui de trois
côtés jusqu'à celui de vingt côtés (*Voir page 41*).

1er Problème. — *Etant donné un cercle de rayon R, calculer pour un polygone régulier d'un nombre de côtés donné :*

1° la longueur de côté ;
2° la longueur de l'apothème ;
3° la surface.

2e Problème. — *Etant donné le côté d'un polygone régulier de n côtés, calculer :*

1° le rayon du cercle circonscrit ;
2° l'apothème ;
3° la surface.

Exercice I. — Etant donnée une circonférence de 2^{m}56 de rayon, calculer pour le polygone régulier de 5 côtés qui y est inscrit :

1° le côté ;
2° l'apothème ;
3° la surface.

Dans la première partie du tableau nous trouvons, en face du nombre 5, première colonne, les expressions :

Côté $= 1{,}176 \times R.$
Apothème $= 0{,}809 \times R.$
Surface $= 2{,}378 \times R^2.$

Nous avons remplacé dans ces expressions R par sa valeur 2^{m}56 et il est résulté :

Côté $= 3^m010.$
Apothème $= 2^m071.$
Surface $= 15^{mq}5831.$

Exercice II. — Etant donnée une droite de longueur égale à 1^{m}05, calculer pour le polygone régulier de 7 côtés construit sur cette droite :

1° le rayon du cercle circonscrit ;
2° l'apothème ;
3° la surface.

Dans la deuxième partie du tableau, nous trouvons sur la même ligne horizontale que le nombre 7 de la 1re colonne à gauche, les expressions :

Rayon $= 1,152\,c$

Apothème $= 1,038\,c$

Surface $= 3,634\,c^2$

dans lesquelles nous remplaçons c par la valeur donnée 1^m05 et nous obtenons :

Rayon $= 1,152 \times 1^m05 = 1^m210$

Apothème $= 1,038 \times 1^m05 = 1^m090$

Surface $= 3,634 \times 1^m05 \times 1^m05 = 4^{mq}0065$.

75.

Nombre de côtés	R étant donné, on a :			c côté étant donné, on a :		
	Côté =	Apothème =	Surface =	Rayon =	Apothème =	Surface =
3	1.732 R	0.500 R	1.299 R²	0.577 c	0.289 c	0.433 c²
4	1.414	0.707	2.000	0.707	0.500	1.000
5	1.176	0.809	2.378	0.851	0.688	1.720
6	1.000	0.866	2.598	1.000	0.866	2.598
7	0.868	0.900	2.736	1.152	1.038	3.634
8	0.765	0.924	2.828	1.307	1.207	4.828
9	0.684	0.940	2.892	1.462	1.374	6.182
10	0.618	0.951	2.939	1.618	1.539	7.694
11	0.563	0.960	2.973	1.775	1.703	9.366
12	0.518	0.966	3.000	1.932	1.866	11.196
13	0.478	0.971	3.016	2.092	2.031	13.198
14	0.445	0.975	3.031	2.252	2.196	15.370
15	0.416	0.978	3.052	2.405	2.352	17.642
16	0.390	0.981	3.064	2.564	2.513	20.143
17	0.368	0.983	3.068	2.732	2.685	22.896
18	0.347	0.984	3.078	2.879	2.836	25.521
19	0.328	0.986	3.085	3.039	2.996	28.492
20	0.313	0.987	3.090	3.196	3.157	31.569

§ IV. — **NOTIONS PRATIQUES SUR L'ELLIPSE ET LES OVALES**

76. — *Définition.* — L'*ellipse* est une courbe plane fermée telle que la somme des distances d'un quelconque M de ses points à deux points fixes appelés *foyers,* est constante.

Si F et F' sont les foyers de l'ellipse (*fig. 36, pl. III*), que l'on tire le trait FF' indéfiniment et qu'en son milieu O on lui élève une perpendiculaire :

AFOF'B se nomme le *grand axe* de l'ellipse ;
DOC se nomme le *petit axe.*

Chacune de ces droites a son milieu en O, ainsi du reste que toutes celles qui passent en ce point entre leurs deux rencontres avec la courbe.

O est le centre de l'ellipse, A, C, B, D, ses sommets.

77. — *Tracer l'ellipse, connaissant ses deux axes* AB, CD.

1re MÉTHODE. — *Tracé au fil sans fin.* — Elle se déduit de la définition que nous avons donnée ci-dessus (*fig. 36, pl. III*).

Déterminez les foyers F, F' en décrivant du point C ou du point D comme centre, avec OA comme rayon, un arc de circonférence qui coupe AB en F et F'. Fixez alors deux pointes aux foyers, prenez ensuite un fil sans fin dont la longueur totale soit égale à AB + FF'.

Embrassez de ce fil les deux pointes et tendez-le en triangle avec une pointe mobile en M marquant son passage sur la surface du tracé. Allez de A en B et de B en A d'un mouvement continu, et la pointe M décrira l'ellipse qui passe par les points A, C, B, D et qui a son centre en O.

2ᵉ MÉTHODE. — *Tracé par points à l'aide d'une bande de papier.*

Tracez deux droites rectangulaires qui seront les directions des deux axes ; prenez ensuite une feuille de papier mince, ployez-la sur elle-même de façon que le pli présente un profil bien rectiligne (*fig. 37*) et marquez sur ce profil trois points X, Y, Z tels que XZ = le 1/2 grand axe AB donné (*fig. 36*) et que YZ égale le 1/2 petit axe CD. Placez alors le profil XYZ contre les axes, de telle sorte que le point X soit sur PQ, le point Y sur MN et marquez la position exacte du point Z : c'est un point de l'ellipse ; faites ensuite glisser le point X sur PQ, le point Y sur MN en marquant les positions successives de Z : vous obtiendrez ainsi une série de points appartenant à l'ellipse.

En les joignant à la main d'un trait continu, on aura une courbe en général plus exacte que celle obtenue par le procédé donné plus haut.

Pour le tracé pratique, sur le sol, le bois, les métaux, la pierre, on utilisera avantageusement le premier procédé.

Le deuxième procédé a donné l'idée d'un *compas à ellipse,* dans lequel la droite XYZ est l'axe d'une règle munie de deux coulisseaux pivotants, X et Y, et d'une pointe traçante Z. Les coulisseaux X et Y se meuvent dans les rainures de deux règles assemblées d'équerre. Les axes de ces rainures sont PQ et MN. Les distances XZ et YZ étant réglables à volonté, on conçoit très bien qu'il est possible, avec l'instrument en question, de décrire d'un mouvement continu, une ellipse d'axes connus.

N. B. — Pour le tracé de l'ellipse, au moyen du *compas-cône,* voir chapitre V.

78. — *Déterminer les axes d'une ellipse tracée* (fig. 38, pl. III).

Coupez la courbe par deux droites parallèles A'B', C'D' à la plus grande distance possible l'une de l'autre. (Tirez ces droites dans une direction sensiblement perpendiculaire à la plus grande dimension de l'ellipse). Joignez leurs milieux M, M' par un trait droit KMM'L, qui rencontre l'ellipse en K et L; déterminez le milieu O de KL et de ce point comme centre, décrivez une circonférence de diamètre égal à la dimension moyenne de l'ellipse, au jugé, de façon à couper franchement la courbe en P, Q', Q et P'. Enfin, par le point O, menez des parallèles à PP' et PQ' et le problème sera résolu.

79. — *Mener la tangente à l'ellipse en un point M de la courbe.*

1re Méthode (*fig. 36, pl. III*). — Si l'on a déterminé les foyers F, F', (**77**) on joindra F'M, FM*f* et on tracera (**18**) la bissectrice MK de F'M*f* : c'est la tangente en M à l'ellipse.

2e Méthode (*fig. 39, pl. III*). — Par le point M, tirez deux cordes MA, MB, de l'ellipse; par A, menez une parallèle AB' à MB, et par B, une parallèle BA' à MA, tirez B'A' et, par le point donné M, menez-lui une parallèle TMT'; c'est la tangente demandée.

3e Méthode (*fig. 278, pl. XXII*). — Du centre O de l'ellipse, décrivez avec OB, comme rayon le quart de circonférence BM'D' correspondant au quart d'ellipse BMD.

Par le point M donné sur l'ellipse, tirez M'MP perpendiculaire à OB; en M' menez la tangente M'T à la circonférence et joignez MT; c'est la tangente en M à l'ellipse.

Remarque. — On appelle *normale* à l'ellipse en M, la perpendiculaire MN à la tangente en ce point. La normale MN divise en deux parties égales l'angle FM F' (**18**).

80. — *Mener la tangente à l'ellipse par un point* M *extérieur à la courbe* (fig. 279, pl. XXII).

Tirez le grand axe AB de l'ellipse et déterminez ses foyers F, F'; du point M, avec la distance de ce point au foyer le plus rapproché F', décrivez une circonférence. De l'autre foyer F, avec AB comme rayon, décrivez un arc de circonférence qui coupe la première en P et Q; joignez FP, FQ qui rencontrent l'ellipse en T et T' respectivement; MT et MT' sont les tangentes à l'ellipse en T et T'.

81. — *Longueur de l'ellipse.*

Nous allons indiquer ci-après deux méthodes graphiques permettant d'évaluer très approximativement la longueur développée d'une ellipse dont les axes sont connus, sans qu'il soit nécessaire de décrire préalablement la courbe.

1re Méthode. — Pour calculer le développement de l'ellipse ABCD (*fig. 280, pl. XXII*), tirez d'abord deux traits droits indéfinis perpendiculaires l'un à l'autre OC, OB, sur l'un, portez OB égale au demi-grand axe de l'ellipse, sur l'autre, prenez OC égale au demi-petit axe et tirez BC. Prenez ensuite sur chaque axe une longueur égale à BC. Vous déterminerez ainsi B' et C' tels que OB'=OC'=BC. Enfin joignez B'C'.

Ceci posé, mesurez les 3 longueurs OC, OB et B'C', faites en la somme et multipliez la par $\frac{\pi}{2}$ ou 1,5708. Le produit obtenu est sensiblement égal à la longueur développée L de l'ellipse.

On pourra éviter tout calcul en rectifiant graphiquement comme il est dit au n° **61** la circonférence ayant la moitié de OC + OB + B'C' comme rayon.

APPLICATION

Si nous effectuons les constructions indiquées pour une ellipse dont les axes sont : 2 mètres et 1 mètre, nous trouverons :

$$OB = \frac{2^m}{2} = 1^m$$

$$OC = \frac{1^m}{2} = 0^m5$$

$$B'C' = \qquad 1^m581$$

donc : $OB + OC + B'C' = \qquad \overline{3^m081}$

En multipliant cette somme par le nombre constant 1,5708, il vient :

$$L = 4^m840^m/_m$$

à moins de $5^m/_m$ près de la valeur exacte.

Remarque I. — Le lecteur, habitué au calcul, pourra utiliser la formule :

$$L = \frac{\pi}{2} \left(a + b + \sqrt{2\,a^2 + 2\,b^2} \right) \qquad (1)$$

qui n'est que la traduction algébrique du tracé indiqué précédemment et dans laquelle a et b sont le demi-grand axe et le demi-petit axe.

Remarque II. — En désignant par n le rapport $\dfrac{a - b}{a + b}$ on aura avec une approximation suffisante, dans la plupart des cas de la pratique :

$$L = \pi\,(a + b) \left(1 + \frac{n^2}{8} \right)^2 \qquad (2)$$

formule d'autant plus exacte que l'ellipse sera moins aplatie.

Application. — En calculant au moyen de la formule (2) la longueur de l'ellipse dont les axes sont 2 mètres et 1 mètre, nous établirons :

$$n = \frac{1 - 0{,}50}{1 + 0{,}50} = \frac{0{,}5}{1{,}5} = \frac{1}{3}$$

puis

$$\frac{n^2}{8} = \frac{1}{9 \times 8} = \frac{1}{72}$$

$$1 + \frac{n^2}{8} = 1 + \frac{1}{72}$$

La formule (2) devient donc, dans ce cas :

$$L = 3{,}1416 \times (1^m + 0^m50)\left(1 + \frac{1}{72}\right)^2$$
$$L = 4^m8442.$$

La valeur exacte de L est 4^m845.

82. — 2ᵉ Méthode [1]. — Soient portés à la suite l'un de l'autre sur une droite (*fig. 281, pl. XXII*) le demi-grand axe AO et le demi-petit axe OC de l'ellipse ACBD (*fig. 280, pl. XXII*).

Décrivons, sur AC comme diamètre, une demi-circonférence et divisons la en 2, ou 4, ou 8, etc., parties égales, en 8 par exemple, aux points 1, 2, 3, 4, 5, 6 et 7, puis joignons ces derniers au point O par des traits droits : O 1, O 2, etc.

Ceci posé, mesurons les rayons O 1, O 2, etc., sur la figure même.

Effectuons alors, par un calcul très simple, les *moyennes arithmétiques.* [2]

$$l = \frac{O\,1 + O\,3 + O\,5 + O\,7}{4}$$

$$P = \frac{O\,2 + O\,4 + O\,6 + \dfrac{AC}{2}}{4}.$$

---

(1) Déduite du calcul par le célèbre géomètre Jean Bernoulli (1667-1748).

(2) On appelle *moyenne arithmétique* de n quantités : a_1, a_2, a_n, le quotient de leur somme $(a_1 + a_2 + a_3 \ldots + a_n)$ par leur nombre n, soit :

$$\frac{a_1 + a_2 + \ldots + a_n}{n}$$

La première, I, est la moyenne des rayons de rangs impairs, moyenne obtenue, d'une manière générale, en divisant la somme de leurs longueurs par leur nombre, ici, 4.

La seconde, P, est la moyenne des rayons de rangs pairs, en considérant comme un rayon de ce genre le demi-diamètre $\dfrac{AC}{2}$.

Or, le calcul démontre que :

1° La circonférence décrite avec I comme rayon, est *supérieure* à la longueur développée L de l'ellipse dont AO et OC sont les demi-axes.

2° La circonférence décrite avec P comme rayon est *inférieure* à cette même longueur L.

En outre, et la pratique le fait constater, pour un nombre relativement restreint de divisions, 8 par exemple, lorsque AC ne dépasse pas 3 mètres, les rayons I et P diffèrent de si peu, qu'on peut admettre, sans grande erreur, que la longueur L de l'ellipse est moyenne entre deux circonférences décrites l'une avec I et l'autre avec P, comme rayons respectifs. Nous en déduisons immédiatement cette règle d'une application très rapide et conduisant à des résultats très exacts.

Pour développer une ellipse ACBD (*fig. 280, pl. XXII*), dont les axes AB, CD sont donnés, sur une droite AOC (*fig. 281, pl. XXII*) égale à la somme des demi-axes AO et OC, comme diamètre, décrivez une demi-circonférence et divisez-la en 2 ou 4, ou 8, ou 16, etc., parties égales, suivant l'approximation désirée et aussi suivant la grandeur des axes. Joignez ensuite les points de division au point O. Faites la somme des longueurs de tous les rayons, sauf AO et OC.

Ajoutez à cette somme le rayon $\dfrac{AC}{2}$ de la demi-circonférence et divisez le tout par le nombre des divisions, enfin, multipliez le quotient obtenu par 2π ou 6,2832 et le produit représentera la longueur L de l'ellipse développée.

Ainsi, dans le cas de la fig. 281, on aura :

$$(4)\quad L = 2\pi\left(\frac{O\,1 + O\,2 + O\,3 + O\,4 + O\,5 + O\,6 + O\,7 + \dfrac{AC}{2}}{8}\right)$$

Application. — Nous avons fait l'application de cette méthode à une ellipse dont les axes étaient : 240 $^m/_m$ et 160 $^m/_m$; nous avons obtenu :

$$I = 100,92 \qquad P = 100,90$$

D'où, pour rayon moyen : 100,91, et par conséquent :

$$I = 6,2832 \times 100,91 = 634\,^m/_m,$$

qui ne diffère pas de la longueur réelle (calculée exactement), de 7 centièmes de millimètre.

Résultat remarquable, en ce fait qu'il est obtenu avec des moyens très élémentaires et dans un temps très court, ce qui rend la méthode vraiment pratique.

Remarques. — I. — La plus ou moins grande exactitude dans l'application de la méthode ci-dessus, dépend du nombre de divisions de la demi-circonférence et aussi des dimensions de l'épure. On aura donc intérêt à déterminer au moins huit divisions et à amplifier, si c'est possible, le tracé de la figure 281, de façon à relever plus exactement les rayons.

II. — On peut relever les distances O 1, O 2, etc., sans tracer les droites correspondantes.

83. — *Longueur d'un arc d'ellipse.*

Il est souvent utile en pratique, principalement en chaudronnerie, de pouvoir déterminer la longueur d'un arc d'ellipse.

Lorsque l'arc sera décrit, on le mesurera directement, à l'aide d'une des méthodes que nous exposons plus loin. Mais si l'on veut déterminer la longueur d'un arc MNC (*fig. 282, pl. XXII*) de l'ellipse ABCD d'après les dimensions connues :

$$AO = a$$
$$OC = b$$
$$MP = c$$

on opèrera par le calcul et l'on appliquera la formule :

$$MNC = c + \frac{c^3 \, b \, (2\,b + a)}{18 \, a^4}$$

Cette expression conduit à une approximation suffisante pour la pratique, aux conditions suivantes :

1° Le demi-grand axe a ne doit pas dépasser 2 mètres.

2° c doit être tout au plus égal aux trois quarts de AO.

APPLICATION. — Proposons-nous de calculer la longueur développée de l'arc MNC (*fig. 282*) pour le cas où l'on aurait :

$$a = 2^{m}$$
$$b = 1^{m}$$
$$c = 1^{m}20.$$

Reportons nous à la formule ci-dessus, et considérons la fraction

$$\frac{c^3 \, b \, (2\,b + a)}{18 \, a^4}$$

nous aurons :

$$c^3 = c \times c \times c = 1,20 \times 1,20 \times 1,20 = 1,728$$
$$2\,b + a = 2 \times 1 + 2 = 4$$
$$\text{et enfin } b = 1$$

le numérateur de la fraction sera donc :

$$1,728 \times 4 \times 1 = 6,912$$

D'autre part, le dénominateur est égal à :

$$18\ a^4 \text{ ou } 18 \times 2 \times 2 \times 2 \times 2 = 288$$

La fraction à ajouter à c est donc :

$$\frac{6{,}912}{288} \text{ soit } 0^m024$$

On aura donc :

$$\text{MNC} = 1^m20 + 0^m024 = 1^m2240. \;^{(1)}$$

Remarque. — Lorsque la demi-corde MP ou c est plus grande que les trois quarts du demi-grand axe AO, on a intérêt à calculer l'arc MN'A et à le retrancher du quart d'ellipse que l'on évaluera au moyen d'une des méthodes précédemment indiquées (**81, 82**).

Pour calculer MN'A, on appliquera la formule :

$$\text{MN'A} = d + \frac{d^3\ a\ (2\ a + b)}{18\ b^4}$$

84. — *Surface de l'ellipse.*

Pour évaluer la surface d'une ellipse ABCD (*fig. 282, pl. XXII*), on multiplie, l'un par l'autre, les deux demi-axes OA, OC et le produit obtenu par $\pi = 3{,}1416$.

$$\text{S} = \pi\ a\ b = 3{,}1416 \times a \times b$$

APPLICATION. — Soit proposé d'évaluer la surface d'une ellipse dont les axes sont 0^m900 et 0^m500. Les demi-axes sont ici :

$$\frac{0^m900}{2} \text{ et } \frac{0^m500}{2}$$

soit : 0^m450 et 0^m250

Effectuons le produit : $0^m450 \times 0^m250$ et multiplions le résultat $0^{mq}1125$ par π ou $3{,}1416$ et nous obtiendrons pour valeur de la surface cherchée : $0^{mq}3532$.

C.

(1) L'arc proposé est exactement égal à 1^m2225.

85. — *Surface d'une fraction d'ellipse.*

Considérons une ellipse ABCD (*fig. 283, pl. XXII*), dont les axes sont AOB et COD; de O comme centre décrivons, avec OA comme rayon, un arc indéfini AN'I'Q'; des deux points N' et Q' abaissons N'NM, Q'QP perpendiculaires à AB. Tirons Q'O, N'O, QO, NO, N'Q, NQ.

Ceci posé nous aurons :

$$\text{Surface secteur NIQO} = \frac{b}{a} \times \text{N'I'Q'O}$$

$$\text{Surface zone MNIQP} = \frac{b}{a} \times \text{MN'I'Q'P}$$

$$\text{Surface segment NIQ} = \frac{b}{a} \times \text{N'I'Q'}$$

Ces formules serviront à ramener l'évaluation des surfaces de fractions d'ellipses à celle des surfaces de fractions de cercle. — On se reportera pour l'établissement de ces dernières aux méthodes et formules données précédemment (n°s **67** à **69**).

Si, sur CD comme diamètre, nous décrivons une demi-circonférence et que nous menions *mnn'*, *pqq'* parallèles à AB, nous aurons :

$$\text{Surface zone } mn'q'p = \frac{a}{b} \text{ surface } mnqp$$

Remarque I. — La surface du segment ANJ (*fig. 284*), dont la corde est perpendiculaire au grand axe AOB sera donnée sans construction par l'application de la formule approximative :

$$\text{Surface ANJ} = \frac{f\,c\,(3\,a - f)\,(16\,a - 9\,f)}{9\,(2\,a - f)^2}$$

Ainsi, étant donné :

$$AO = a = 1^{\text{m}}$$
$$AM = f = 0^{\text{m}}10$$
$$NM = c = 0^{\text{m}}20$$

on aura successivement :

$$3\,a - f = 3 \times 1^{m} - 0^{m}10 = 2^{m}90$$
$$16\,a - 9f = 16 \times 1^{m} - 0^{m}90 = 15^{m}10$$
$$2\,a - f = 2 \times 1^{m} - 0^{m}10 = 1^{m}90$$

et la formule deviendra :

$$\text{Surf. ANJ} = \frac{0,10 \times 0,20 \times 2,90 \times 15,10}{9 \times 1,90 \times 1,90} = 0,026957$$

soit $0^{mq}026957$ ㎟.

Remarque II. — La surface du $\frac{1}{2}$ segment RSD dont la corde est perpendiculaire au petit axe CD est exprimée avec une exactitude suffisante en pratique par la formule :

$$\text{Surface RDS} = \frac{f_1\,c_1\,(3\,b - f_1)\,(16\,b - 9\,f_1)}{18\,(2\,b - f_1)^2}$$

86. — *Cercle équivalent à l'ellipse* (fig. 284, pl. XXII).

Pour trouver le rayon du cercle ayant même surface que l'ellipse ACBD portez, suivant une direction rectiligne, d'abord le demi-grand axe AO, puis le demi-petit axe OC' = OC. Sur AC comme diamètre décrivez une demi-circonférence, et menez en O à AC' une perpendiculaire OX qui rencontre en X la demi-circonférence.

OX est le rayon du cercle équivalent à l'ellipse ACBD.

Remarque. — La circonférence de ce cercle est toujours inférieure à la longueur de l'ellipse.

87. — *Applications de l'ellipse.*

On rencontre fréquemment l'ellipse dans les arts. Lorsqu'il s'agit simplement de donner à une pièce un profil destiné à flatter l'œil ou un évidement nécessaire pour diminuer le poids de la matière en conservant la résistance demandée, on emploie les courbes *ovales*. Elles sont composées d'arcs de circonférences tangents de différents rayons dont l'ensemble rappelle suffisamment l'ellipse et dont le tracé est beaucoup plus rapidement exécuté.

Nous devons même ajouter que, dans beaucoup de cas, l'ovale sera préférable à l'ellipse pour les profils à découper à la machine soit à fraiser, soit à mortaiser. Ces dernières sont la plupart du temps munies d'un plateau porte-pièce circulaire qui permet de finir complètement à la machine un profil composé d'arcs de circonférences.

TRACÉ ET MESURE DES OVALES

88. — M. Michal, ingénieur en chef des Ponts et Chaussées, a donné une méthode générale pour la description des *ovales* ou *anses de paniers* utilisée en construction de ponts.

Nous allons indiquer la construction des ovales à 4 centres et à 8 centres, d'après cette méthode.

89. — *Tracé d'un ovale à quatre centres* (fig. 40, pl. III).

L'ovale est supposé déterminé par ses deux axes principaux AB, CD.

Tirez deux traits perpendiculaires déterminant le centre O de l'ovale et la direction de ses deux axes. Déterminez suivant ces derniers les 4 sommets A, B, C, D, de la courbe et décrivez sur le grand axe AB une circonférence qui coupe en K et K' l'axe CD prolongé. Avec le rayon AO comme ouverture de compas, marquez en M, N, M', N', quatre points formant avec A et B les sommets de l'hexagone régulier inscrit : joignez KM et, par C, menez CZ_4 parallèle à KM. Enfin, par Z_4 menez Z_4 XY parallèle à MO.

X est le centre et XA, le rayon d'un premier arc $Z_3 A Z_4$ de la courbe; Y est le centre et YZ_4 ou YC, le rayon d'un arc $Z_4 C Z_4$ de cette courbe.

$$\text{Prenant}: OY' = OY$$
$$OX' = OX$$

suivant les directions indiquées, on déterminera les centres Y' et X' ainsi que les rayons $Y'D$ et $X'B$ des deux autres arcs.

En Z_1, Z_2, Z_3, Z_4, les 4 arcs de courbe sont raccordés tangentiellement.

90. — *Remarques*. — 1. — Il sera souvent très utile (en *chaudronnerie* principalement), de pouvoir calculer la longueur de l'ovale et la surface qu'elle limite d'après les demi-axes donnés :

$$AO = a$$
$$CO = b$$

On y parviendra très simplement en appliquant les formules :

Long^r $AZ_4CZ_1BZ_2DZ_3A = 3,4222\,a + 2,8610\,b$
Surf. $AZ_4CZ_1BZ_2DZ_3A = 4,0648\,a\,b - 0,3213\,a^2 - 0,6019\,b^2$

APPLICATION. — Ainsi, pour le cas d'un ovale dont les axes AB et CD sont égaux à 1^m20 et 0^m700, on aura :

$$\text{Longueur} = 3,4222 \times 0^m600 + 2,8610 \times 0^m350$$
$$= 2^m05332 + 1^m00135$$
$$= 3^m055$$

Surf.$= 4,0648 \times 0,60 \times 0,35 - 0,3213 \times 0,6 \times 0,6 - 0,6019 \times 0,35 \times 0,35$
$$= 0,8586 - 0,1167 - 0,0740$$
$$= 0^{mq}6579$$

91. — II. — En raison même du tracé de l'ovale à 4 centres, pour que celui-ci soit praticable, il sera nécessaire que le demi-petit axe b soit plus grand que 0,268 a. Lorsqu'on aura

$$b = 0,268 \, a$$

l'ovale se réduira à *deux* arcs ACB, BDA de rayon égal à AB.

Enfin si b est plus petit que 0,268 a on sera obligé d'utiliser un ovale à plus de quatre centres.

92. — *Tracé d'un ovale à huit centres* (fig. 42, pl. IV).

Soient AOB, COD les axes de l'ovale à tracer. Sur AOB comme diamètre, décrivez une demi-circonférence AMNPQRB que vous divisez ensuite en cinq parties égales en y inscrivant un demi-décagone régulier (**40, 41**). Portez Bm égal à NP, tirez Am, AM et AQ.

Ceci posé, par l'extrémité C du petit axe, menez CT' parallèle à Am et, par le point T pris à volonté, à peu près au tiers de T'C menez TJ parallèle à AQ. Les points T et J appartiennent au quart AC de l'ovale et sont les points de raccord des trois arcs dont il se compose.

Passons maintenant à la détermination des centres et des rayons. Par le point T menez une parallèle TI_2I_3 à NO et par J, une parallèle JI_4I_2 à MO :

I_1 est le centre de l'arc AJ et AI_1 son rayon ;
I_2 est le centre de l'arc JT et JI_2 son rayon ;
I_3 est le centre de l'arc TC et TI_3 son rayon.

Les autres centres et rayons se détermineront dès qu'on aura obtenu I_1, I_2, I_3 avant tout tracé d'arc, en prenant :

$$OV' = OV$$
$$OI'_1 = OI_1$$
$$OI'_3 = OI_3$$

joignant ensuite I_3V', I'_3V', I'_3V, et achevant la détermination des trois derniers centres par de simples reports de longueurs au compas.

Remarques. — I. — En désignant par a, b, c réciproquement les longueurs AO, CO, AI$_4$, on aura :

$$L = 3,7989\,a + 1,6897\,b + 0,7946\,c$$
$$S = 4,3121\,ab + 1,7415\,bc - 0,1056\,ac - 0,2037\,a^2$$
$$- 2,1820\,b^2 - 0,4207\,c^2$$

L étant la longueur totale de l'ovale et S la surface qu'elle limite.

II. — Profitant de ce que l'un des trois rayons de l'ovale peut être fixé à volonté, on peut s'imposer cette condition que le $\frac{1}{4}$ d'ovale passe par un point du $\frac{1}{4}$ d'ellipse qui a pour axes AB et CD. Ce point que l'on fixera exactement au moyen d'une des constructions indiquées précédemment (n° **77**), pourra appartenir à l'un des trois arcs CT, TJ ou JA (*fig. 42, pl. IV*).

Imposons-nous, par exemple, comme condition que le point T soit un point de l'ellipse. Ayant mené CTT', parallèlement à Am, on tirera par le point P une droite PL passant au point de rencontre de CTT' avec le grand axe AB de l'ovale (**21**).

Du point L où PL rencontre la circonférence on abaissera sur AB une perpendiculaire qui coupera CT' au point T cherché.

Par T on tirera une parallèle TJ à MN et TI$_3$ parallèle à NO, puis on continuera le tracé comme précédemment. On obtiendra par ce procédé un ovale se confondant sensiblement avec l'ellipse de mêmes axes et ayant 8 points communs avec elle.

III. — Pour que la construction de l'ovale à 8 centres puisse s'effectuer suivant le mode décrit plus haut, il est nécessaire que le demi-petit axe CO ou b soit plus grand que le demi-grand axe AO ou a, multiplié par 0,1584.

Si cette condition n'était pas remplie, il faudrait tracer l'ovale au moyen d'un plus grand nombre de centres, en divisant la demi-circonférence AKB (**43**) en 7 parties égales, par exemple, ce qui permettrait alors de prendre deux des rayons à volonté. — L'ovale serait dans ce cas à 12 centres et pourrait avoir 12 points communs avec l'ellipse de mêmes axes.

93. — *Tracer un ovale à quatre centres, un rayon étant fixé d'avance.*

Supposons connus (*fig. 41, pl. IV*) les axes AB, CD de l'ovale et le rayon CQ.

Prenons BM = CQ; joignons MQ et élevons VP perpendiculaire à MQ en son milieu V (**11**).

P est un deuxième centre.

Portons : OQ' = OQ.

OP' = OP.

Q' et P' sont les deux autres centres de la courbe.

Joignons QP, QP', Q'P, Q'P' et nous obtiendrons les rayons de raccordement des arcs.

§ V. — NOTIONS SUR LA PARABOLE

94. — DÉFINITION. — La parabole est une courbe plane telle que les distances d'un quelconque de ses points, M, à une droite *fixe* DD' et à un point *fixe* F sont égales (*fig. 43, pl. IV*).

Ainsi la perpendiculaire MP qui marque la distance du point M à DD' est égale à la distance MF du même point à F.

DD' est la *directrice* et F, le *foyer* de la parabole.

95. — *Décrire une parabole, étant donnés son foyer* F *et sa directrice* DD' (fig. 43, pl. IV).

1ᵉ MÉTHODE. — *Tracé par points.*

Du foyer F abaissez FB perpendiculaire sur DD' (**13**).

FB est l'*axe* de la parabole; prenez A milieu de FB; c'est le *sommet* de la courbe.

Du foyer F, avec un rayon arbitraire, tracez une circonférence et menez à l'équerre ZZ' parallèle à DD' à droite de DD' et à une distance égale au rayon de la circonférence décrite.

Cette parallèle ZZ' rencontre la circonférence en deux points M, M' qui appartiennent à la parabole.

En pratique, on commencera par mener une série de parallèles telles que ZZ' et suffisamment rapprochées; on les numérotera de gauche à droite 1, 2, 3... (*fig. 44, pl. IV*).

Puis, on décrira du foyer F comme centre une série de circonférences de rayons B1, B2, B3, etc. Ces circonférences rencontreront les parallèles de même rang chacune en deux points de la parabole.

Remarque. — Aux environs du sommet A on déterminera le plus grand nombre de points possible.

2ᵉ MÉTHODE. — *Tracé mécanique* (fig. 45, pl. IV).

Fixez une règle suivant DD', placez ensuite une équerre contre cette règle par son petit côté et attachez un fil de longueur MN, aux points N et F.

Cela posé, faites mouvoir l'équerre le long de la règle en tendant le fil suivant NIF avec une pointe 1 qui décrira la parabole demandée.

Dans cette position de l'équerre, décrivez l'arc supérieur de la parabole dans le sens JIA qui est préférable au sens inverse; pour tracer l'arc inférieur, retournez l'équerre autour de MN comme charnière et opérez de même.

3ᵉ MÉTHODE. — *Tracé par tangentes* (fig. 46, pl. IV).

Soient ZZ' la directrice et F le foyer : abaissez FB perpendiculaire sur ZZ' : prenez A milieu de FB et par A menez XX' parallèle à ZZ' c'est la tangente en A à la parabole : ceci posé, placez une équerre comme l'indique la figure, le sommet A de l'angle droit sur XX' et

un des côtés de l'angle droit MK passant par le foyer F :
dans cette position tracez une droite indéfinie suivant le
côté MN : MN est une tangente à la parabole ; on voit
aussi qu'en faisant mouvoir M sur XX' à partir A vers X
pour l'arc supérieur de la courbe et de A vers X' pour
l'arc inférieur, on tracera autant de tangentes qu'on le
voudra — et si on a opéré exactement, en raccordant les
tangentes entre elles par une courbe, on obtiendra un
tracé très régulier.

N. B. — Pour le tracé de la parabole au moyen du
compas-cône, voir chapitre V.

96. — *Décrire une parabole dont on donne le sommet* A,
l'axe AX *et un point* M (fig. 48, pl. IV).

Soit donné : le sommet A, la direction AX de l'axe et
un point M.

Achevez le rectangle AKMX ; O étant milieu de KA,
MO est la tangente en A à la courbe ; divisez KM en un
certain nombre de parties égales aux points 1, 2, 3, etc. ;
joignez A1, A2, etc.

Divisez AK en autant de parties égales et menez par
les points de division des parallèles qui rencontrent les
obliques de même numéro en des points appartenant à
la parabole.

97. — *Raccorder deux droites données par un arc de
parabole qui leur soit tangent en des points fixés
d'avance* C, B (fig. 49, pl. IV).

Soient OX et OY les deux droites données, C et B, les
points où la parabole cherchée devra toucher à OY et OX.

Divisez CO et BO en un même nombre de parties
égales, 8, par exemple.

Marquez les divisions de CO dans le sens OC en 1, 2,
3, etc., et celles de BO dans le sens inverse B, 1, 2, 3.

Joignez 11, 22, 33, etc., ce sont des tangentes à la parabole cherchée. Elles en détermineront l'allure beaucoup mieux qu'un tracé par points.

98. — *Mener la tangente à la parabole en un point* M *de la courbe.*

1re MÉTHODE. — Joignez MF et abaissez MP perpendiculaire sur BX, puis tracez (**18**) la bissectrice de l'angle PMF ; c'est la tangente en M à la parabole (*fig. 43, pl. IV*).

2° MÉTHODE. — Sur l'axe BX prenez au compas AK = AP' et joignez KM : c'est la tangente demandée (*fig. 47, pl. IV*).

Remarque. — Si l'on prend une longueur P'N = BF et que l'on tire MN, cette droite est la *perpendiculaire* ou *normale* à la courbe en M (*fig. 47, pl. IV*).

99. — *Par un point* M' *extérieur à la parabole mener une tangente à la courbe* (fig. 47, pl. IV).

Du point donné M', comme centre, avec M'F comme rayon, décrivez une circonférence qui rencontre BX en deux points D, D' ; menez DS, D'S' parallèles à l'axe BF : soient S, S', les points où ces parallèles rencontrent la courbe ; joignez M'S, M'S', ces deux droites sont tangentes respectivement en S et en S' à la parabole.

100. — *Longueur d'un arc de parabole.*

Comme pour l'ellipse, nous allons indiquer successivement deux méthodes pratiques pour déterminer la longueur développée d'un arc de parabole AMB, étant donné (*fig. 50, pl. IV*) :

$$AO = h$$
$$BO = r$$

Ces deux méthodes permettront de résoudre la question, la première par le calcul, la deuxième par le trait principalement. Pour l'application de l'une ou l'autre, il ne sera, du reste, pas nécessaire de décrire l'arc de courbe.

1re Méthode. — Lorsque r sera plus grand ou au plus égal à h, on emploiera la formule approximative :

$$\text{Arc AMB} = r \left[1 + \frac{2}{3}\left(\frac{h}{r}\right)^2 - \frac{3}{16}\left(\frac{h}{r}\right)^4 \right] \qquad (1)$$

Si, au contraire, r est plus petit que h, on utilisera la formule :

$$\text{Arc AMB} = h + \frac{r}{6}\left(1 + 2\,\frac{r}{h}\right) \qquad (2)$$

Exemple I. — Supposons $h = 1^m$, $r = 2^m$, c'est la formule (1) qu'il nous faut employer et l'on aura :

$$\text{Arc AMB} = 2 \left[1 + \frac{2}{3}\left(\frac{1}{2}\right)^2 - \frac{3}{16}\left(\frac{1}{2}\right)^4 \right]$$

$$\text{Or,} \left(\frac{1}{2}\right)^2 = \frac{1}{2}\times\frac{1}{2} = \frac{1}{4} \text{ et } \left(\frac{1}{2}\right)^4 = \frac{1}{2}\times\frac{1}{2}\times\frac{1}{2}\times\frac{1}{2} = \frac{1}{16}$$

On a donc :

$$\text{Arc AMB} = 2 \left[1 + \frac{2}{3}\times\frac{1}{4} - \frac{3}{16}\times\frac{1}{16} \right]$$

$$\text{»} \qquad = 2\,[1 + 0{,}167 - 0{,}012] = 2 \times 1{,}155 = 2^m310.$$

Exemple II. — Soit : $h = 4^m$, $r = 1^m$.

Ici nous devons appliquer la formule (2) et écrire :

$$\text{Arc AMB} = 4 + \frac{1}{6}\left(1 + \frac{2}{4}\right)$$

$$\text{»} \qquad = 4^m25.$$

2e Méthode.[1] — Etant donné un arc de parabole AMB

---

[1] L'exactitude de cette méthode, dont l'idée première nous est venue en étudiant la méthode de Bernoulli pour l'ellipse, se démontre au moyen d'un calcul simple mais dont l'exposé ne saurait trouver place ici.

(*fig. 285, pl. XXII*), à partir du sommet A de la courbe, abaissez BO perpendiculaire sur l'axe, prolongez OA d'une longueur AO' égale à OA, puis, divisez OO' en un nombre pair de parties égales aux points 1, 2, 3,... etc. Enfin tirez B1, B2, etc...

Ceci posé, relevez les longueurs des divers rayons B 1, B 2, B 3,... BO', sur l'épure et établissez les moyennes :

$$I = \frac{B1 + B3 + B5 \ldots + B7}{4}$$

$$P = \frac{B2 + B4 + B6 \ldots + \left(\frac{BO' + BO}{2}\right)}{4}$$

I est la moyenne des rayons de rang *impair*, c'est-à-dire leur somme divisée par leur nombre ;

P est la moyenne des rayons de rang *pair* à compter de B 2, et en considérant comme rayon dernier la moyenne :

$$\frac{BO' + BO}{2}$$

On démontre que I est plus petit que l'arc AMB et que P, au contraire, est plus grand que cet arc. Or, pour un nombre de divisions de O'O relativement faible, la différence entre I et P est peu sensible. On se trouve donc avoir inséré la longueur cherchée entre deux nombres différant de peu. On admettra alors en pratique que cette longueur est moyenne entre I et P, ce qui nous permet d'énoncer la règle suivante :

Règle. — Pour trouver la longueur d'un arc AMB de parabole, AO et BO étant seuls connus, doublez OA suivant OO' et joignez BO'. Divisez OO' en un nombre pair de parties égales et joignez le point B à tous les points de division. Relevez sur l'épure les longueurs B 1, B 2, B 3, etc. Faites la somme des longueurs de tous ces rayons, sauf BO et BO'. Ajoutez à cette somme la moyenne

$$\frac{BO + BO'}{2}$$

et divisez le tout par le nombre des divisions.

Le résultat de ces diverses opérations sera très approximativement la longueur développée de l'arc AMB.

$$AMB = \frac{O1 + O2 + O3 + O4 + O5 + O6 + O7 + \dfrac{BO + BO'}{2}}{8}$$

Remarque. — Plus le nombre des divisions de OO' sera grand, plus la valeur trouvée pour AMB sera exacte.

Néanmoins, en pratique, on aura une longueur suffisamment approchée en divisant OO' en *huit* parties égales, *seize* au plus.

L'exactitude du procédé dépend aussi évidemment de la précision avec laquelle l'épure aura été tracée et les longueurs telles que BO, B 1, B 2, etc., relevées.

Au moyen d'une mesure étalon divisée en millimètres on peut aisément, avec un peu d'habitude, évaluer les dixièmes de millimètre.

101. — *Surface d'un segment parabolique.*

La surface d'un segment tel que AMBO (*fig. 50, pl. IV*) est donné par la formule :

$$\text{Surface } AMBO = \frac{2}{3} \times AO \times BO = \frac{2}{3}\, r\, h$$

soit les $\dfrac{2}{3}$ du rectangle construit sur AO et BO.

Ainsi la surface d'un tel segment dans le cas où $r = 1^m50$ et $h = 2^m20$ est égale à

$$\frac{2}{3} \times 1^m50 \times 2^m20$$

Le produit de 1^m50 par 2^m20 est $3^{mq}30$.

Je multiplie 3,30 par 2 et je divise le résultat 6,60 par 3, ce qui me donne pour valeur cherchée de la surface : $2^{mq}20$.

102. — *Emploi de la parabole dans les arts.*

On trouve l'application des propriétés de la parabole dans un grand nombre d'objets tels que : le miroir parabolique, le cornet acoustique, le porte-voix, etc. En construction mécanique, on utilise la forme courbe parabolique dans les profils d'égale résistance donnés aux pièces de machines ou aux pièces de transmission, balanciers, consoles, etc.

§ VI. — **QUESTIONS DIVERSES**

103. — *Méthode pratique pour décrire au compas une courbe dont on a déterminé exactement un nombre de points suffisants.*

Dans les tracés indiqués dans la partie pratique de cet ouvrage, on a fréquemment à décrire à la main des courbes, des profils dont on a déterminé préalablement un grand nombre de points suffisamment rapprochés les uns des autres.

La description à main levée est difficultueuse et ne donne des profils vraiment nets qu'à la suite de nombreuses retouches.

Voici un procédé qui permettra d'exécuter ces genres de tracés, rapidement et avec suffisamment d'exactitude. Nous envisagerons deux cas :

1° *La tangente en un point est connue* (fig. 51, pl. V).

Soit proposé de décrire par arcs de circonférences raccordés une courbe passant en A, B, C, D, E, et tangente à TT' en C.

Menez en C la perpendiculaire C*db* à TT'; puis, sur CB et CD, en leur milieu, élevez des perpendiculaires (**11**) qui coupent C*db* en *d* et *b* : *b* est le centre de l'arc CB, *d* celui de CD. Tirez B*b* et prolongez, s'il est nécessaire; élevez ensuite sur AB en son milieu une perpendiculaire qui coupe B*b* en *a* : *a* est le centre de BA.

De même, joignez D*d* et sur DE, en son milieu, élevez une perpendiculaire qui rencontre D*d* en *e*, centre de l'axe DE.

Enfin, pour trouver le centre de l'arc EF, joignez E*e* et élevez sur EF en son milieu une perpendiculaire qui rencontre E*e* en *f* centre cherché.

2° *Aucune tangente n'est déterminée* à priori (fig. 52, pl. V). — Dans ce cas, par trois points voisins, A, B, C, par exemple, faites passer un arc de cercle de centre 1 (**22**); joignez C 1 et élevez sur CD, en son milieu, une perpendiculaire qui rencontre C 1 en 2, centre de l'arc CD; puis, tirez D 2 et continuez l'exécution du tracé comme dans le premier cas.

On appliquerait cette méthode pour un nombre quelconque de points à raccorder.

On déduit de ces considérations qu'on peut, en général, raccorder une suite quelconque de points au compas, en allant d'un point à un autre suivant l'allure générale de la courbe exacte. Dans tous les tracés de la pratique, les courbes sont assez simples de forme et on passe d'un point à son plus proche.

Il pourra se présenter des cas où les centres des arcs successifs ne seront pas tous d'un même côté de la courbe : il se produira alors une *inflexion;* ceci aura lieu quand, menant par le dernier point envisagé une droite tangente à la partie de courbe déjà décrite, cette dernière et le point suivant se trouveront séparés par la droite.

Si le point se trouvait sur la tangente, celle-ci servirait de raccordement entre les deux points considérés : c'est, du reste, ce qui n'arrivera pas pour une courbe engendrée suivant une loi uniforme.

Remarques sur l'application de la précédente méthode. — En pratique, les centres successifs se trouvent assez rapidement sans avoir recours à la perpendiculaire au milieu de la droite des deux points à unir. On devra, néanmoins, toujours tirer les rayons extrêmes de chaque arc. *Le point de raccord de deux circonférences se trouve sur la droite unissant leurs centres.*

La méthode que nous venons d'indiquer trouvera naturellement son application dans la description des *ellipses* et *paraboles.*

104. — *Méthode pratique pour décrire au compas une courbe tangente à un certain nombre de lignes droites données* (fig. 63, pl. V). — Soient A, B, C, D, E les droites données. Tirez les bissectrices des angles formés : 1° par A et B; 2° par B et C; soit b_1, leur point de concours; de b_1 comme centre, décrivez un premier arc abc tangent aux droites A, B, C.

Tirez le rayon cb_1, jusqu'à sa rencontre en c_1 avec la bissectrice de l'angle des droites C et D, c_1 est le centre de l'arc cd.

Joignez dc_1 et menez la bissectrice de l'angle des droites E, C et D; soit d_1 le point de rencontre : c'est le centre de l'arc de. Continuez l'application de la méthode jusqu'au raccordement de la dernière droite.

Remarque 1. — Dans la pratique, on ne tracera pas les bissectrices des angles des droites : on mènera les rayons de raccordement tels que ab_1, cb_1, dc_1, etc., et on trouvera rapidement, par tâtonnements, le centre situé sur le rayon envisagé.

Remarque II. — On peut s'imposer un rayon pour l'arc correspondant à deux des droites, ou faire passer cet arc par un point extérieur donné.

105. — *Méthodes pratiques pour évaluer la longueur d'un arc de courbe quelconque.*

Pour mesurer la longueur d'un arc de courbe quelconque, on peut employer l'une des trois méthodes principales suivantes :

1° Divisez par des points de repère l'arc donné en portions suffisamment petites pour qu'on puisse les considérer comme se confondant avec la droite joignant leurs extrémités, leur *corde*.

A l'aide d'un compas, portez sur une droite indéfinie, à la suite l'une de l'autre, ces portions de l'arc et leur somme sera représentée par un segment de droite qu'il suffira de comparer avec les unités courantes, *mètres*, etc.

En pratique, on prendra au compas une ouverture très petite que l'on portera sur la courbe, puis sur une droite, autant de fois qu'on le pourra.

2° Prenez une roulette bien tournée et dont le champ taillé en biseau restera constamment sur l'arc de courbe à développer. Relevez le diamètre de la roulette et calculez sa circonférence bien exactement (**59**). Marquez un repère en un point quelconque de cette circonférence.

La roulette est percée au centre d'un trou par lequel on fait passer un petit axe cylindrique.

Le repère étant placé à l'origine de l'arc à rectifier, faites mouvoir la roulette en la prenant par l'axe entre deux doigts et maintenant le champ suivant la ligne à développer, de façon à ce que tous les éléments de la circonférence s'appliquent sans glissement sur les éléments de la courbe.

Chaque fois que le repère reviendra en contact, vous

aurez parcouru sur la courbe une longueur égale au développement de la roulette. Continuez à faire mouvoir celle-ci jusqu'à ce que le repère vienne pour la dernière fois s'appliquer sur la courbe et marquez le point qu'il y occupe à ce moment. (On aura eu soin de noter le nombre n de tours).

La longueur totale de l'arc donné sera représentée par n fois le développement de la roulette plus le segment restant entre le dernier contact du repère et l'extrémité de l'arc à mesurer.

EXEMPLE. — Supposons que l'on ait mesuré de cette manière une ligne courbe avec une roulette d'un diamètre de $0^m,030\,\frac{m}{m}$, que celle-ci ait eu à faire 41 tours complets et qu'il reste alors un segment égal à $27\frac{m}{m}$.

Proposons-nous de calculer la longueur totale de l'arc.

Cette longueur, nous venons de le voir, est égale à 41 fois le développement de la roulette plus $27\frac{m}{m}$.

Or, le développement (**59**) de la roulette est marqué ici par :

$$30\,\tfrac{m}{m} \times 3,1416 = 94\,\tfrac{m}{m}\,248$$

Donc longueur totale =

$$41 \times 94\,\tfrac{m}{m}\,248 + 27\,\tfrac{m}{m}$$
$$= 3^m,864$$

On devra utiliser une roulette du plus grand diamètre possible relativement à la longueur probable de l'arc.

Un instrument, le *curvimètre*, a été construit sur ce principe (voir chap. II, § V).

3° Enfin, dans certains cas de la pratique, on pourra entourer la courbe à mesurer d'un fil de très faible section bien flexible et aussi peu extensible que possible.

Les deux extrémités seront marquées sur le fil et l'on tendra ensuite en ligne droite ; la distance de ses extré-

mités représentera très exactement la longueur de la
courbe proposée.

Remarques. — On pourra quelquefois transformer
avantageusement la deuxième méthode de la manière
suivante :

Au lieu de faire mouvoir une roulette suivant l'arc à
mesurer, on fera rouler sans glissement l'arc lui-même
sur une droite, une règle bien dressée, par exemple, et on
mesurera la distance rectiligne des contacts des deux
extrémités de l'arc, ou, si la courbe est fermée, la distance rectiligne entre deux contacts consécutifs d'un
même point.

106. — *Etant donnée une courbe* AB, *tracer les
courbes équidistantes de* AB *d'une quantité connue* l.

Prenez au compas un rayon égal à *l*, puis les différents
points de AB comme centres, décrivez au-dessus et au-
dessous des arcs de circonférence (*fig. 54*).

Tracez ensuite à la main les courbes tangentes à tous
les arcs situés d'un même côté de AB. Vous obtiendrez
ainsi les courbes MN et M'N' qui sont dites *équidistantes* de AB.

Pour obtenir les points limites M, N, M', N', tracez en A
et B les tangentes AT, T'B, à la courbe AB; élevez
ensuite aux points A et B les perpendiculaires M'M à AT
et N'N à T'B.

Prenez AM' = AM = BN' = BN = la distance donnée *l*.
Les points ainsi obtenus limitent les courbes *équidistantes*.

On a fréquemment à résoudre le problème précédent,
en chaudronnerie, par exemple, lorsque l'on veut déterminer à plat une collerette à relever suivant une ligne
donnée AB, et sur une largeur prescrite *l*.

On peut aussi appliquer la solution donnée ci-dessus
au cas où l'on aurait à découper une tôle en anneau de

largeur constante et dont le profil intérieur ou extérieur serait donné.

Enfin, nous utiliserons cette solution dans le tracé des *cames* et *excentriques* devant guider un *bouton* ou un *galet* dont le centre doit se mouvoir suivant une loi connue.

Remarque 1. — La courbe directrice AB étant décrite, il suffit pour bien déterminer le contour M'N' ou MN de prendre un grand nombre de centres sur AB. Les arcs décrits de ces centres forment une ligne sensiblement continue et dont l'ensemble permet le découpage exact de la tôle.

Si l'on voulait évaluer la surface M'ABN' par exemple pour calculer le poids du métal supposé d'épaisseur uniforme, on utiliserait la remarque suivante :

La surface AM'N'B est la même que celle d'un trapèze (**58**) ayant pour bases les arcs M'N' et AB rectifiés et pour hauteur la distance AM' $= l$.

On a donc :

$$\text{Surface AM'N'B} = \left(\frac{\text{M'N'} + \text{AB}}{2} \right) \times \text{AM'}$$

Ainsi la surface M'MNN' est égale à AB $\times$ MM' parce que :

$$\left(\frac{\text{M'N'} + \text{MN}}{2} \right) = \text{AB}$$

APPLICATION. — On doit découper dans une tôle de $0^m,005$ millimètres d'épaisseur un disque évidé (*fig. 55, pl. V*) : on propose d'en calculer *à priori* le poids, en attribuant à la tôle employée une densité de 7,8.

Comme on le voit (*fig. 55*), les deux profils intérieur et extérieur ont été obtenus en partant d'une ellipse comme ligne de centre et en prenant au compas un rayon de 0^m100.

Nous supposerons que l'on a *rectifié* l'ellipse par petits

arcs ou mécaniquement (**105**) ou encore par les formules (**81** et suivants) et que l'on a obtenu pour le contour complet $1^m 547 \frac{m}{m}$.

D'après la formule précédemment établie, on aura :

Surface du disque $= 1^m 547 \times 0^m 200$.
$$= 0^{mq} 3094.$$
$$= 0^{mq} 30^{dm} 94.$$

Le volume du disque sera exprimé par
$$0,3094 \times 0,005 = 0^{mc} 0015470$$
$$\text{soit } 0^{mc} 001^{dm} 547$$

La densité étant 7,8 on a
$$\text{Poids} = 1,547 \times 7^k 8 = 12^k 066.$$

Remarque II. — Lorsque la courbe directrice AB est un arc de circonférence, les courbes équidistantes dans les deux sens sont des arcs de circonférences concentriques. Pour les décrire il suffit d'augmenter ou de diminuer le rayon de AB de la quantité l.

107. — *Méthode pratique pour trouver en degrés et minutes l'inclinaison de deux droites l'une sur l'autre, d'après les cotes linéaires du dessin.*

Il arrive fréquemment que sur un dessin l'inclinaison d'une droite sur les axes principaux n'est pas indiquée en degrés, mais bien par deux *cotes* perpendiculaires l'une à l'autre et dirigées suivant les axes principaux.

Il est quelquefois utile, dans la pratique, que l'ouvrier connaisse cet angle en degrés, minutes et secondes, pour le cas, par exemple, où il doit tourner une pièce dont une portion du profil est inclinée sur l'axe du tour.

Le chariot du tour se mouvant autour d'un axe vertical qui supporte un disque circulaire divisé en degrés et fractions de degré, l'ouvrier n'a qu'à faire tourner son chariot d'un certain angle pour que la ligne droite décrite par l'outil soit inclinée du même angle sur l'axe des pointes du tour.

Supposons donc (*fig. 56*) que l'on ait à produire sur le tour l'inclinaison de la droite AB sur l'axe PP', et admettons que les cotes du dessin permettent de calculer MN $= a$ et BN — AM $= b$.

Ceci posé, proposons-nous de calculer l'angle BAD en degrés et minutes au moyen de la table n° **108**.

Etablissons le quotient de b par a et cherchons dans les colonnes de rapports $\dfrac{b}{a}$ la valeur que nous aurons calculée; il se présentera ici deux cas :

1er Cas. — *Le rapport se trouve dans une de ces colonnes :* l'angle cherché nous sera donné par simple lecture sur la même ligne horizontale que ce rapport, à droite et dans la colonne adjacente.

Exemple. — Si le rapport $\dfrac{b}{a}$ était égal à 1,732, l'angle BAD serait de 60°.

2e Cas. — C'est le plus fréquent. *Le rapport calculé* que nous désignerons par m, *ne se trouve pas dans les colonnes de rapports* $\dfrac{b}{a}$; il est alors nécessairement compris entre deux rapports successifs; l'un, m', plus petit que m, l'autre, m'' plus grand que m.

Si A' est l'angle correspondant à m' et x l'angle cherché correspondant à m, rapport calculé, on aura la formule :

$$x = A' + \left(\frac{m - m'}{m'' - m'} \right) \times 60' \qquad (J)$$

Exemple. — Supposons (*fig. 56, pl. V*) que la cote b soit égale à 25 $^m/_m$ et que la cote a soit égale à 36 $^m/_m$, le rapport m aura pour valeur $\dfrac{25}{36}$ d'où $m = 0{,}694$.

Cherchons dans le tableau, dans les colonnes $\dfrac{b}{a}$ et nous constatons que :

$$m' = 0{,}675 \text{ pour } A' = 34°$$
$$m' = 0{,}700 \text{ pour } A'' = 35°$$

Appliquons la formule (J) :

$$x = 34° + \left(\frac{0.694 - 0{,}675}{0{,}700 - 0{,}675}\right) \times 60'$$

108.   ou $x = 34° + 46' = 34° 46'$

$\dfrac{b}{a}$	Angle en degrés	$\dfrac{b}{a}$	Angle en degrés	$\dfrac{b}{a}$	Angle en degrés	$\dfrac{b}{a}$	Angle en degrés
0.000	0	0.424	23	1.036	46	2.605	69
0.017	1	0.445	24	1.072	47	2.747	70
0.035	2	0.466	25	1.111	48	2.904	71
0.052	3	0.488	26	1.150	49	3.078	72
0.070	4	0.510	27	1.192	50	3.271	73
0.087	5	0.532	28	1.235	51	3.487	74
0.105	6	0.554	29	1.280	52	3.732	75
0.123	7	0.577	30	1.327	53	4.011	76
0.141	8	0.601	31	1.376	54	4.331	77
0.158	9	0.625	32	1.428	55	4.705	78
0.176	10	0.649	33	1.483	56	5.145	79
0.194	11	0.675	34	1.540	57	5.671	80
0.213	12	0.700	35	1.600	58	6.314	81
0.231	13	0.727	36	1.664	59	7.115	82
0.249	14	0.754	37	1.732	60	8.144	83
0.268	15	0.781	38	1.804	61	9.514	84
0.287	16	0.810	39	1.881	62	11.043	85
0.306	17	0.839	40	1.963	63	14.301	86
0.325	18	0.869	41	2.050	64	19.081	87
0.344	19	0.900	42	2.145	65	28.636	88
0.364	20	0.933	43	2.246	66	57.290	89
0.384	21	0.966	44	2.356	67	infini	90
0.404	22	1.000	45	2.475	68		

§ VII. — **NOTIONS SUR LES PRINCIPAUX CORPS A FACES PLANES**

109. — Nous avons vu au début de ce chapitre que le *plan* ou la surface *plane* est une surface telle que si l'on prend deux quelconques de ses points et qu'on les unisse par une ligne droite indéfinie, tous les points de cette dernière se trouvent dans la surface.

C'est ainsi qu'en pratique, pour vérifier si une surface dressée est bien plane, on applique en tous sens sur cette surface l'arête rectiligne d'une règle.

Un plan peut être déterminé dans l'espace :

1° Par trois points non en ligne droite ;
2° Par une droite et un point extérieur à cette droite ;
3° Par deux droites qui se coupent ;
4° Par deux droites parallèles.

110. — Deux plans distincts ne peuvent occuper, l'un par rapport à l'autre, dans l'espace, que deux positions :

1° Ils se rencontrent, et alors leurs points communs sont situés suivant une droite qui est située dans chacun des deux plans envisagés et qui est leur *intersection ;*

2° Ils n'ont aucun point commun : ils sont alors dits *parallèles* l'un à l'autre.

On aura l'image de deux plans dans la première position en considérant les deux feuillets successifs d'un livre entr'ouvert.

Par un point de l'espace extérieur à un plan donné, on peut toujours mener un plan parallèle au plan donné, mais on ne peut lui en mener qu'un.

111. — Une droite et un plan ne peuvent occuper

que les deux positions suivantes, en outre de celle où la droite est toute entière située dans le plan :

1° La droite a un point commun avec le plan. Ce point reçoit le nom de *pied* de la droite, ou, plus généralement, d'intersection de la droite et du plan ;

2° La droite et le plan n'ont aucun point commun : ils sont dits *parallèles* entre eux.

Par un point de l'espace on peut toujours mener une infinité de droites parallèles à un plan : il suffit pour cela de mener par le point considéré un plan parallèle au premier : toutes les droites menées par le point donné dans le deuxième plan, satisfont à la question.

De même, par un point de l'espace, on peut mener une infinité de plans parallèles à une droite donnée; il suffit de mener par le point considéré, dans le plan déterminé par ce point et la droite, une parallèle à cette dernière. Tous les plans menés suivant cette parallèle répondent aux conditions du problème.

112. — Lorsqu'une droite est perpendiculaire à deux autres passant par son pied dans un plan, elle est dite *perpendiculaire* à ce plan. On prouve aisément qu'elle est aussi perpendiculaire à toutes les droites passant par son pied, dans le plan donné. Réciproquement, le dernier est perpendiculaire à la droite envisagée.

113. — PROBLÈME. — *Par un point donné* P *mener un plan perpendiculaire à une droite donnée* DD'.

1ᵉʳ CAS. — Le point P est situé sur DD' : dans ce cas menez par DD' deux plans différents et, dans chacun de ces plans, en P, menez les perpendiculaires PM, PN à DD' (*fig. 286, pl. XXII*).

PM et PN déterminent le plan demandé.

2° CAS. — Le point P est situé hors de DD' (*fig. 287*) :

menez par P et DD' le plan qu'ils déterminent; et de P, dans ce plan, abaissez la perpendiculaire PP' à DD'. Enfin, en P', et dans un deuxième plan auxiliaire mené par DD', élevez une perpendiculaire P'M à DD'.

PP' et P'M déterminent un plan perpendiculaire à DD'.

Remarque. — Par un point, on peut toujours mener un plan perpendiculaire à une droite donnée ; mais on ne peut en mener qu'un seul.

114. — Problème. — *Par un point donné* P *mener une droite perpendiculaire à un plan donné* Q.

1er Cas. — *Le point* P *est dans le plan* (fig. 288, pl. XXII). Par ce point tirez une droite quelconque AB dans le plan et menez à cette droite au même point P un plan perpendiculaire R qui coupe le plan Q suivant une droite CD (*Voir problème précédent*). Enfin, dans ce plan R, au point P, élevez à CD une perpendiculaire PM.

PM est aussi perpendiculaire au plan Q.

2° Cas. — *Le point* P *est hors du plan* (fig. 57, pl. V). Du point P avec une longueur arbitraire mais supérieure à la distance de P au plan Q, marquez trois points A, B, C sur ce plan — soit O le centre du cercle qui passe en A, B et C (**22**). PO est la perpendiculaire demandée.

En pratique, on fixe au point P un fil inextensible suffisamment long et on décrit sur le plan, au moyen d'une pointe fixée à l'autre extrémité, une circonférence dont le centre O est le pied de la perpendiculaire PO sur Q.

Remarque. — PO est la *distance* du point P au plan.

115. — *Volumes d'un prisme droit; d'un prisme oblique.*

Le volume d'un prisme droit a pour mesure le produit

de la surface de sa base par l'arête latérale ou hauteur (*Voir fig. 58, pl. V*).

Volume ABCDF A'B'C'D'F' = surface ABCDF $\times$ AA'
ou : en désignant par S la surface ABCDF et par a l'arête du prisme :

Volume prisme = S $\times$ a.

Le volume d'un prisme oblique s'obtient en mesurant la surface de sa base et la multipliant par la hauteur du prisme ou distance des deux bases (*fig. 59, pl. V*).

$$V = (\text{surface ABC}) \times H.$$

116. — *Volume d'un parallélipipède rectangle, d'un cube.*

Les trois arêtes aboutissant à un même sommet ayant pour mesures a, b, c, on aura

$$V = abc \text{ ou } a \times b \times c$$

Ainsi le volume d'un parallélipipède rectangle dont les dimensions sont : $a = 2^\mathrm{m}50$

$$b = 1^\mathrm{m}10$$
$$c = 0^\mathrm{m}50$$

est donné par la formule :

$$V = 2^\mathrm{m}50 \times 1^\mathrm{m}10 \times 0^\mathrm{m}50 = 1^\mathrm{m3}375$$

soit 1375 décimètres cubes,
ou 1375 litres.

$$\textit{Volume du cube} = a \times a \times a = a^3 \qquad (2)$$

a désignant l'*arête* ou côté du cube (*fig. 61*).

Ainsi le volume d'un cube de 3 mètres de côté est égal à $3 \times 3 \times 3 = 27^\mathrm{m3} = 27.000$ litres.

117. — Exercice. — *Couper un cube donné par un plan tel que la section soit un hexagone régulier.*

Joignez les milieux de six arêtes du cube comme l'in

dique la *fig. 61* et vous aurez construit l'hexagone plan demandé.

a désignant l'arête du cube, on aura :

$$\mathrm{K K'} = \frac{a \sqrt{2}}{2} = a \times 0,707$$

Vous aurez de plus divisé le cube en deux parties égales.

La coupe du cube se tracera au trusquin sur le marbre, suivant les principes développés dans notre chapitre IV.

118. — *Volume d'une pyramide quelconque* (fig. 62, pl. VI).

On obtient le volume d'une pyramide en multipliant la surface de sa base par le 1/3 de sa hauteur.

On dit aussi que la pyramide est équivalente au 1/3 du prisme de même base et de même hauteur.

Ainsi, en exprimant par B la surface de la base ABCDF.... d'une pyramide, par H sa hauteur, on aura :

$$\text{Volume} = \mathrm{V} = \frac{1}{3}\, \mathrm{B} \times \mathrm{H}$$

Exemple. — On propose de calculer le volume d'une pyramide régulière à base carrée de côté égal à 1 mètre, et de hauteur égale à 12 mètres.

La surface de base est égale à $1^{\mathrm{m}} \times 1^{\mathrm{m}}$ soit 1^{mq}.

On aura donc, d'après la formule ci-dessus :

$$\mathrm{V} = \frac{1}{3} \times 1 \times 12 = 4^{\mathrm{mc}}.$$

119. — *Volume du tronc de pyramide à bases parallèles.*

Considérons une pyramide quelconque SABCDF (*fig. 62, pl. VI*), coupons-la par un plan parallèle à la base ABCDF qui détermine la section A'B'C'D'F' à la hauteur h au-dessus de ABCDF; désignons par B la surface

ABCDF, b la surface A'B'C'D'F', h la distance des bases ABCDF et A'B'C'D'F'.

Le volume du tronc dè pyramide ABCDF A'B'C'D'F' sera donné par la formule :

$$(1) \qquad V = \frac{1}{3}\, h\, (B + b + \sqrt{B \times b})$$

ou, approximativement, $V = \dfrac{h}{2}\,(B + b)$,

Voici une autre expression d'une application beaucoup plus aisée.

Soit B la surface de la grande base, h la hauteur du tronc de pyramide, L la longueur d'un des côtés de la grande base et l la longueur du côté de la petite base, situé dans la même face que L. Le volume sera donné par la formule :

$$(2) \qquad V = \frac{1}{3}\, Bh\left(1 + \frac{l}{L} + \frac{l^2}{L^2}\right)$$

En observant que lorsqu'on aura obtenu la valeur du rapport $\dfrac{l}{L}$, il suffira de le multiplier par lui-même pour avoir $\dfrac{l^2}{L^2}$.

Remarque importante. — Etant donné dans l'espace, deux polygones plans dont les côtés sont parallèles deux à deux, tels que ABCDF et A'B'C'D'F', on joint deux à deux les extrémités des côtés parallèles, AA', BB', etc. Le solide qui a pour bases les deux polygones et pour faces les trapèzes AB A'B', etc., n'est pas nécessairement un tronc de pyramide. Il le sera si les arêtes AA', BB', etc., concourent en un même point S (*fig. 62, pl. VI*).

Néanmoins, on peut très simplement calculer le volume d'un tel solide.

Si l'on désigne par B la surface de la base supérieure, par B' celle de la base inférieure, par B'' celle du polygone obtenu en coupant le solide par un plan parallèle aux bases et également distant de chacune d'elles; si enfin H est la distance des bases B et B', on aura pour expression du volume :

$$V = \frac{1}{6} H (B + B' + 4 B'')$$

Remarque. — Le plan de B'' coupe les arêtes latérales du solide en leur milieu.

120. — *Développement de la surface latérale d'une pyramide.*

1° Construisez sur le plan de développement une série de triangles $S_1B_2A_1$, $S_1A_1F_1$, etc. (*fig. 63, pl. VI*) respectivement égaux aux triangles SBA, SAF, etc., formant les faces de la pyramide proposée (*fig. 62, pl. VI*).

Ces triangles ont un même sommet S_1 et deux à deux un côté commun.

L'arête d'ouverture SB (*fig. 62*) se trouve dédoublée suivant S_1B_1 et S_1B_2.

2° Pour obtenir le développement du tronc ABCDF A'B'C'D'F' (*fig. 62*) on peut, soit construire (**35**) une série de trapèzes $B_2' B_2 A_1' A_1$, etc., égaux respectivement à ceux B'BA'A, etc., qui forment les faces latérales du tronc, soit figurer le développement de la pyramide totale SABCDF et mener à la distance voulue la ligne brisée $B_2'A_1'F_1'$, parallèle à $B_2A_1F_1$.

§ VIII. — **DU CYLINDRE**

121. — En général, on appelle *surface cylindrique* la surface engendrée par une droite qui se meut en restant constamment parallèle à une direction fixe.

On nomme surface cylindrique de *révolution* la surface engendrée par une droite AB' qui tourne autour d'une droite fixe OO' appelée *axe*, à laquelle elle reste toujours parallèle à une distance constante appelée *rayon* du cylindre. La droite mobile se nomme la *génératrice* du cylindre.

On nomme *section droite* du cylindre, toute section faite par un plan perpendiculaire à l'axe OO' et, par conséquent, à une génératrice quelconque.

La section droite d'une surface cylindrique de révolution est une circonférence, puisque nous avons dit que la droite mobile restait à distance constante de l'axe.

On appelle *cylindre de révolution* le corps compris entre une surface cylindrique de révolution et deux plans perpendiculaires à l'axe OO'.

Si nous considérons un rectangle OAOB' (*fig. 65*) et que nous le fassions tourner d'un tour complet autour de OO' comme charnière, le côté AB' décrira une portion de surface cylindrique de révolution : les côtés OA et OB' engendreront des cercles *bases* du cylindre engendré par la surface AB'OO'.

122. — *Surface latérale d'un cylindre de révolution; d'un cylindre quelconque* (fig. 66, pl. VI).

$$\text{Surface latérale du cylindre de révolution} = 2\,\pi\,\text{RH} = \pi\,\text{DH} \quad (1)$$

D désignant le diamètre. En général, on peut dire que la surface latérale d'un cylindre quelconque à bases parallèles est égale au produit de la longueur de sa génératrice par le périmètre de sa section droite.

Exercice. — Calculer la surface latérale d'un cylindre de révolution de 1ᵐ25 de hauteur et de 0ᵐ400 de diamètre à la base.

D'après la formule (1), on aura :

$$S = \pi \times 0^m400 \times 1^m25$$
$$= 3{,}1416 \times 0^m400 \times 1^m25$$
$$= 1^m5708 \text{ centimètres carrés.}$$

123. — *Volume du cylindre de révolution; d'un cylindre quelconque.* — Le volume d'un cylindre de révolution s'obtient en multipliant la surface (**65**) de sa base par sa hauteur.

R étant le rayon de la base et H la hauteur, on aura (*fig. 66, pl. VI*) :

$$V = \pi\, R^2\, H = \frac{\pi\, D^2\, H}{4}. \qquad\qquad (2)$$

En désignant par D le diamètre qu'il est souvent plus aisé de prendre que le rayon R.

Volume d'un cylindre quelconque à bases parallèles. — On l'obtient en multipliant la surface d'une des bases par leur distance mesurée par la perpendiculaire commune à leurs plans.

Le volume d'un tel cylindre a encore pour mesure le produit de la surface de sa *section droite* par la longueur de sa *génératrice*.

EXEMPLE. — Soit un cylindre à bases elliptiques, a et b les demi-axes d'une des ellipses de bases et H la hauteur du cylindre.

Nous avons vu que la surface d'une ellipse dont les demi-axes sont a et b était égale à $\pi \times a \times b$ ou $\pi\,ab$ (**84**).

Le volume d'un tel cylindre sera donc

$$V = \pi\, a\, b\, H \qquad\qquad (3)$$

§ IX. — **DU CÔNE**

124. — On nomme en général *surface conique* toute surface engendrée par une droite qui passe par un point P fixe dans l'espace et dont un point M décrit une courbe également fixe dans l'espace (*fig. 67, pl. VI*).

On appelle *surface conique de révolution*, une surface conique engendrée par une droite PM qui tourne autour de l'axe *xy* qu'elle coupe en P et avec laquelle elle fait un angle constant (*fig. 68*). Un point M de cette droite décrit une circonférence dont le plan est perpendiculaire à *xy* et dont le centre est en O pied de la perpendiculaire MO abaissée de M sur *xy*.

Le volume compris entre la surface conique décrite par PM et le cercle que décrit MO, s'appelle *cône de révolution* et le cercle MO est sa *base*.

La droite PM, sa *génératrice*, engendre la *surface latérale* du cône.

P est son sommet et PO sa hauteur (*fig. 68, pl. VI*).

Surface latérale du cône circulaire droit. — R et *g* étant le rayon et la génératrice, on aura :

$$\text{Surface latérale} = \pi\, R\, g$$

Si on ne connaît que la hauteur H et le rayon R, on calculera la génératrice *g* au moyen de la formule :

$$g = \sqrt{H^2 + R^2}$$

Pour éviter ce calcul assez compliqué, on pourra opérer par tracé, comme suit : on tirera deux traits droits d'équerre. A partir du sommet de l'angle droit ainsi construit, on portera sur un des traits la longueur H, sur l'autre, le rayon R. La distance des deux points ainsi obtenue représentera exactement *g*.

125. — *Développement de la surface conique.* — Si on désigne par B l'angle MPM_1, on aura toujours (*Voir fig. 68 et 69, pl. VI*) :

$$B = \frac{R}{g} \times 360°$$

qui permettra de trouver l'angle de développement connaissant la longueur de la génératrice et celle du rayon R. Remarquez que B vous sera donné en degrés et parties décimales de degré.

EXEMPLE. — La génératrice d'un cône est égale à 1^m50, le rayon de sa base est 0^m50. On propose de calculer l'angle B du secteur développement de la surface latérale du cône. — Ici $g = 1^m50$ et $R = 0^m50$.

Appliquons la formule ci-dessus et nous aurons :

$$B = \frac{0{,}5}{1{,}5} \times 360° = \frac{1}{3} \times 360°$$
$$B = 120°$$

L'angle au centre du secteur sera donc de 120°. Avec le *rapporteur* (Ch. II, § III) on construira un angle de 120° et on décrira de son sommet comme centre, avec un rayon de 1^m50, un arc dont tous les points seront à l'intérieur de l'angle et qui sera limité à ses côtés.

On aura ainsi obtenu le développement de la surface latérale du cône.

126. — *Volume du cône circulaire.* — Dans le cas où la base du cône est un cercle de rayon R, on aura :

$$V = \frac{1}{3} \pi R^2 H \qquad (1)$$

Si le cône est de révolution, ce qui est le cas le plus fréquent, H sera la distance du sommet au centre de la base.

Volume du cône elliptique. — On déterminera, s'il est nécessaire, les axes principaux de l'ellipse de base et on appliquera la formule :

$$V = \frac{1}{3}\,\pi\,ab\,H \qquad\qquad (2)$$

a et *b* représentant les longueurs des demi-axes.

127. — *Volume du tronc de cône.* — Le volume d'un tronc de cône circulaire à bases parallèles est donné par la formule :

$$V = \frac{1}{3}\,\pi\,H\,(R^2 + r^2 + Rr)$$

qui peut se traduire comme il suit en langage courant : Multipliez chaque rayon par lui-même, puis faites le produit des rayons entre eux ; ajoutez les trois nombres ainsi obtenus ; multipliez le total par la hauteur du tronc, puis par $\frac{1}{3}\pi$ ou 1,0472.

128. — *Sections d'une surface conique de révolution par un plan.*

Considérons dans l'espace un axe fixe XPY ; par le point P de cet axe menons (*fig. 71*) une droite APA' et supposons que l'on fasse tourner d'un tour complet le plan des deux droites autour de XY comme charnière, la droite APA' engendrera la surface conique de révolution. Cette surface se compose de deux nappes identiques décrites par les deux segments PA' et PA.

Si l'on coupe une surface conique de révolution par un plan, on obtiendra les courbes de sections suivantes :

1° Une *circonférence* dans le cas où le plan est perpendiculaire à l'axe de la surface ;

2° Une *ellipse* dans le cas où le plan est oblique à l'axe et rencontre les génératrices d'une même nappe.

3° Une *hyperbole* dans le cas où le plan rencontre les deux nappes de la surface conique.

4° Une *parabole* lorsque le plan est parallèle à une génératrice de la surface.

Enfin, lorsque le plan passe par l'axe, il coupe la surface conique suivant *deux génératrices*.

§ X. — DE LA SPHÈRE

129. — On nomme ainsi le corps engendré par la révolution d'un demi-cercle autour de son diamètre.

La *surface* de la sphère est donnée par la formule :

$$S = 4 \pi R^2 = \pi D^2$$

EXEMPLE. — La surface d'une sphère de 1^{m}40 de diamètre est égale à 3,1416 × 1^{m}40 × 1^{m}40, soit 6^{mq}41575.

130. — Le *volume* d'une sphère pleine est égale à :

$$V = \frac{4}{3} \pi R^3 = \frac{1}{6} \pi D^3 \tag{1}$$

R étant le rayon et D le diamètre, on emploiera les formules :

$$V = 4,1888 R^3 \tag{2}$$
$$V = 0,5236 D^3 \tag{3}$$

EXEMPLE. — Le volume de la sphère de 1^{m}40 de diamètre s'obtiendra en multipliant 1,40 *trois* fois par lui-même, ce qui donnera 1,40×1,40×1,40 et en multipliant le résultat obtenu par 0,5236.

Ce calcul effectué donne : 1^{mc}436758.

131. — *Une sphère pleine étant donnée, trouver la longueur de son rayon.* — D'un point quelconque O' de la surface de la sphère avec une ouverture de compas aussi grande que possible, décrivez sur cette surface (*fig. 72*) une circonférence AA'A" sur laquelle vous prenez trois points A, A', A", placés à peu près à égale distance l'un de l'autre. Relevez alors avec le compas les trois distances AA', A'A", A"A et construisez (**30**) sur un plan le triangle $A_1A'_1A''_1$ dont les trois côtés sont égaux aux distances susdites (*fig. 73*).

Déterminez le centre O''_1 de la circonférence qui passe en A_1, A'_1, A''_1 (**22**) et tracez un rayon O''_1 A'_1, de cette circonférence.

En O''_1, élevez KO''_1K' perpendiculaire au rayon et avec la distance O'A' (*fig. 72*), du point A'_1 (*fig. 73*) comme centre, décrivez un arc qui coupe en K la perpendiculaire KK'.

Enfin, au point A'_1, élevez A'_1K', perpendiculaire à A'_1K et vous aurez KK' le diamètre de la sphère.

132. — *Zone et segment sphériques.*

Une *zone* est une partie de la surface de la sphère comprise entre deux plans parallèles.

Un *segment* sphérique est la partie du volume de la sphère comprise entre deux plans parallèles.

La *hauteur* d'un segment ou d'une zone est la distance des plans qui les déterminent (*fig. 289, pl. XXII*).

$$\text{Surface zone} = 2\pi R h = 6{,}2832 \times R \times h$$

$$\text{Volume segment} = \frac{\pi h}{2}\left(\frac{h^2}{3} + \frac{d_1^2 + d_2^2}{4}\right)$$

133. — *Calotte sphérique* (fig. 290, pl. XXII).

Portion AHB détachée de la surface d'une sphère par un plan qui la rencontre.

$$\text{Surface calotte} = 2\pi R h$$

$$\text{Volume coresp}^t = \frac{\pi h}{2}\left(\frac{h^2}{3} + \frac{d^2}{4}\right) = \pi h^2\left(R - \frac{h}{3}\right)$$

134. — *Fuseau et onglet sphériques* (fig. 291, pl. XXII).

On appelle *fuseau sphérique* la partie de la surface de la sphère comprise entre deux plans passant par un même diamètre ACD de la sphère. C'est la surface courbe ABDIA.

L'*onglet sphérique* est la portion de *volume* de la sphère comprise entre les deux demi-cercles ABDCA et AIDCA.

Si FBIE est plan perpendiculaire à AD, l'angle du fuseau et de l'onglet est BCI.

En désignant par α cet angle en degrés et par R le rayon de la sphère, on a :

$$\text{Surface fuseau ABDIA} = 0,03491 \ R^2 \ \alpha$$
$$\text{Volume onglet ABIDCA} = 0,01164 \ R^3 \ \alpha$$

135. — *Coin sphérique.* — On appelle ainsi la portion du volume d'une sphère détachée par un cône ayant pour sommet le centre de la sphère et pour courbe directrice un petit cercle de cette sphère.

Le volume du coin sphérique s'exprimera par l'une des deux expressions suivantes, suivant les éléments donnés :

$$\text{Vol. coin CABII} = \frac{2}{3} \ \pi \ R^2 \ h \ \text{ou} \ 2,0944 \ R^2 \ h$$
$$= \frac{\pi}{6} \ \frac{(h^2 + r^2)^2}{h} \ \text{ou} \ 0,5236 \ \frac{(h^2 + r^2)^2}{h}$$

§ XI. — DE L'HÉLICE

136. — *L'hélice cylindrique circulaire.*

Considérons un cylindre de révolution à bases droites et développons sa surface latérale suivant le rectangle A'A''B'B'' en supposant le cylindre ouvert suivant la génératrice AB (*fig. 74 et 75*).

Ceci fait, par le point B' dans le plan A'B'A"B" menons une droite quelconque B'Z'.

Replaçons ensuite A'B' en AB et enroulons le rectangle A'B'A"B" suivant le cylindre, de gauche à droite par exemple.

La droite B'Z' va se transformer en une courbe BZ (*fig. 75*) appelée *hélice* et dont les remarquables propriétés ont reçu leur application dans *la vis*.

On démontre que si un point se meut sur l'hélice, il parcourt en hauteur, le long des génératrices, des chemins proportionnels à ceux qu'il suit dans sa rotation autour de l'axe.

La hauteur BZ ou B"Z' dont le point s'élève pour un tour complet s'appelle le *pas* de l'hélice.

BZ est une *spire* de l'hélice.

Si nous supposons que le point mobile continue à se mouvoir suivant la même loi, il engendrera un certain nombre de spires identiques à BZ après un même nombre de tours complets, et il sera distant de B d'une longueur égale à ce pas BZ multiplié par le nombre de spires.

Si par Z', sur le développement, nous menons Z'Z" parallèle à B'B" et par Z" la droite Z"Z'" parallèle à B'Z', Z"Z'" représentera le développement de la seconde spire de l'hélice, et ainsi de suite.

Remarque. — L'inclinaison de la droite B'Z' sur A"B" marque la *vitesse* de l'hélice : c'est l'inclinaison d'une tangente quelconque à la courbe sur la génératrice correspondante.

Application. — On trouve dans les vis à filets carrés, triangulaires ou ronds, l'application la plus importante de l'hélice cylindrique circulaire.

137. — *Hélices progressives.*

Considérons toujours un cylindre de révolution et le

développement A'A"B'B" de sa surface latérale (*fig. 76 et 77*).

Traçons de B' à A" un arc de courbe quelconque B'M'A" et enroulons le rectangle sur le cylindre, B'M'A" va se transformer en une courbe du genre hélice, mais dont tous les éléments ne sont pas également inclinés sur les génératrices du cylindre; autrement dit, *la vitesse de l'hélice* est variable. On exprime cette vitesse en un point M par l'inclinaison de la tangente à la courbe sur la génératrice correspondante : or, si M' est la place occupée par M dans le développement, l'inclinaison cherchée est précisément celle de la tangente en M' à l'arc B'M'A", sur la direction A'B' ou A"B".

Application. — Dans les canons, la surface de l'âme est rayée suivant plusieurs hélices identiques à vitesses progressives, destinées à accélérer le mouvement de rotation du projectile depuis l'instant où il quitte le cône de forcement jusqu'à celui où il sort de l'âme.

Pour pratiquer dans l'âme les rainures exigées, on emploie, pour guider le porte-outil, un axe rainé suivant une hélice progressive déterminée : c'est cette rainure que nous apprendrons à tracer à la surface de l'arbre.

CHAPITRE II

Outils de traçage, de mesure
et de vérification.

L'outillage du traceur doit être aussi complet et aussi soigné, sinon plus, que ceux des autres spécialistes de l'atelier.

Il est évident, en effet, que le traceur ne peut obvier, par une adresse personnelle, aux défauts des outils qui lui sont mis en mains.

Il est nécessaire d'apporter les plus grands soins à l'exécution des différents outils de traçage et de veiller à leur maintien en bon état.

Un traceur prévoyant et désireux de livrer un travail qui lui fasse honneur devra donc, dès qu'il sera mis en possession de son marbre et de ses outils, les vérifier soigneusement en s'inspirant au besoin des méthodes qui vont être indiquées dans le présent chapitre.

§ 1. — LE MARBRE

Le *marbre* est une table ordinairement rectangulaire et en fonte, ajustée de façon à présenter une surface aussi plane que possible (*fig. 78, pl. VII*).

C'est le plan matériel auquel le traceur rapporte les lignes décrites à la surface des pièces brutes ou déjà dressées qui lui sont confiées, afin de déterminer les axes principaux et de délimiter les portions à enlever à l'ajustage.

Le marbre se compose, ainsi que nous l'avons dit, d'une table de fonte dure dressée, placée sur un bâti solide ordinairement aussi en fonte, mais quelquefois en chêne ou en tout autre bois dur. On ménage la plupart du temps sous le marbre une armoire qui reçoit les outils et instruments les plus volumineux.

(Le traceur doit avoir en sa possession une deuxième caisse indépendante contenant les outils et instruments de faibles dimensions (*équerres, compas*, etc.), disposés de façon à ne pas se détériorer par des chocs ou des frottements réitérés).

Le marbre doit reposer sur de solides fondations et, autant que possible, la surface utilisée doit être établie horizontale au moyen de niveau.

La face principale du marbre est souvent divisée en carrés de 0^m100 par des parallèles menées à ses quatre arêtes.

Les quatre faces latérales devront être soigneusement dressées, mises à l'équerre l'une de l'autre et suivant la face principale.

On utilise également pour le traçage et la vérification des pièces de grandes dimensions *(chaudières, bâtis de machines*, etc.), les plateaux des machines à raboter, les bancs de tour, etc.

Les *bancs de tour* utilisés étant indépendants et la plupart du temps non fixés à demeure, on détermine chaque fois leur correspondance au moyen d'une *règle de monteur*.

Certains marbres proprements dits affectent la forme en U, ce qui facilite beaucoup le traçage des grandes pièces que l'on amène devant le trusquin au moyen de grues, moufles ou palans.

La plupart des constructeurs utilisent encore actuellement, pour le traçage et la vérification des pièces de dimensions, les méthodes basées sur l'emploi des *fils* et du *niveau*.

Sans prétendre affirmer que ces dernières ne soient pas quelquefois suffisantes, nous pensons que bien des erreurs, bien des défauts de construction seraient évités si on remplaçait dans certains cas les fils et le niveau par le *trusquin* et le *marbre*.

Marbre du chaudronnier. — Sert soit au dressage des tôles, soit à leur traçage. On n'exige pas du marbre de chaudronnier la précision du marbre ordinaire sur lequel s'appuie le trusquin.

Ajustage du marbre. — Le marbre du traceur se tire généralement d'une plaque de fonte à cause de la dureté relative de ce métal.

On rabote une face avec l'outil diamant, puis on le retourne sur la face dressée et on ajuste l'autre face à très petite vitesse et avec de très faibles passes.

L'ajustage du marbre opéré dans ces conditions ne laisse rien à désirer.

Le marbre de petites dimensions ajusté à la lime et au grattoir ne saurait être fini isolément, mais bien concurremment avec un deuxième de même type.

Les deux surfaces à ajuster se contrôlent l'une l'autre et le dressage de chacune d'elles s'opère avec rapidité.

Vérification et entretien du marbre. — La vérification du dressage sera faite à l'aide d'une règle bien dressée et présentée contre la surface suivant une arête longue en tous sens. (Ch. I, **1,109**).

Le traceur évitera de créer des dénivellations en utilisant une région du marbre de préférence aux autres. La face utilisée sera fréquemment décrassée à l'essence et au papier d'émeri fin.

§ II. — **LA RÈGLE**

La *Règle* du traceur lui sert à décrire les lignes droites et à déterminer, dans l'espace, les plans de coupe des pièces à tracer sous trois dimensions. C'est un parallélipipède rectangulaire de dimensions très variables mais qui s'étend surtout en longueur *(fig. 79, pl. VII)*.

La règle ordinaire admet les proportions suivantes :

$$\text{Longueur} = 0^{m}500$$
$$\text{Largeur} \ = 0^{m}030$$
$$\text{Épaisseur} = 0^{m}008 \text{ à } 0^{m}010.$$

C'est celle qui sert dans la plupart des tracés de mécanique : néanmoins il existe des règles de plus grandes dimensions pour la vérification de certains travaux tels que le *montage* d'une machine-outil, d'une machine fixe, d'une locomotive.

La règle peut alors avoir 2^{m}, $2^{m}200$, $2^{m}500$ et plus.

L'épaisseur et la longueur varient naturellement avec la longueur à cause de la flexibilité du métal.

La règle est le plus ordinairement en acier.

Ajustage de la règle.

1° Si on possède un marbre, l'ajustage de la règle pourra s'opérer de la façon suivante :

On choisira un barreau d'acier forgé déjà suffisamment dégauchi au marteau et on s'appliquera à dégrossir les deux *plats* d'épaisseur en contrôlant à la visée le plan des surfaces. On attaquera ensuite les petits côtés (*champs*) que l'on s'attachera à rendre parallèles entre eux et perpendiculaires aux deux *plats*.

Le dressage des deux champs se commencera comme ceux des plats, à la visée, c'est-à-dire en plaçant le profil suivant le rayon visuel.

Ce premier ajustage terminé, on s'appliquera à finir

les côtés de la règle avec des limes de plus en plus douces et en se servant du contrôle du marbre que l'on enduira d'une faible couche de *minium* bien délayé dans l'huile, afin de marquer sur la face à dresser les points à affleurer.

A la fin de l'opération, les vérifications sur le marbre devront être faites à sec et les points polis par un léger frottement sur la face de la règle indiqueront les parties non encore dressées.

2° Si l'on a pas de marbre à sa disposition, on opèrera sur deux règles dont on mènera l'ajustage de front en les contrôlant l'une par l'autre.

3° Enfin, si la règle est de grande dimension, un rabotage préalable accomplira la première partie de l'opération détaillée ci-dessus.

Nous n'avons pas la prétention de décrire ici la fabrication en grand des appareils de traçage. Les machines à raboter, à fraiser, à mortaiser, dont se sont enrichis pendant le dernier siècle les arts mécaniques, permettent de fabriquer très rapidement les outils du traceur.

Nous avons voulu simplement donner une idée de ce que l'on a pu faire pour construire les premiers marbres, les premières règles, les premières équerres.

Du reste, dans beaucoup d'ateliers, cette partie de l'outillage est encore faite sur place par les apprentis ouvriers auxquels ces quelques conseils ne seront peut-être pas inutiles.

Vérification de deux règles l'une par l'autre.

Cette vérification portera d'abord sur deux arêtes vives, une de chaque règle, que l'on placera l'une contre l'autre (*fig. 79, pl. VII*).

On regardera à la lumière si les profils se confondent bien en les déplaçant dans toute leur longueur. Ayant obtenu une coïncidence parfaite entre les deux profils en opérant ainsi, on se servira de chacun d'eux pour vérifier le dressage des faces.

Si toutes les faces d'une règle sont reconnues bien planes, on sera assuré que toutes ses arêtes sont bien droites.

Vérification d'une règle et d'un marbre l'un par l'autre.

Promenez une arête de la règle sur toute la surface du marbre : si l'arête coïncide bien partout avec la surface, c'est que l'une est bien droite et que l'autre est bien plane.

La règle interrompue. — Sert à vérifier que deux surfaces ajustées interrompues par une partie saillante sont bien dans un même plan.

EXEMPLE. — La face d'un cylindre à vapeur du côté du presse-étoupes.

Cette règle a, en général, la forme représentée *fig. 80, pl. VII.*

Les deux champs AB, CD sont seuls ajustés.

Leur dressage s'effectuera au moyen d'un marbre ou même d'une bonne règle.

Le cordeau. — Remplace la règle pour tracer ou figurer la ligne droite sur une certaine longueur.

Le cordeau est composé de fils très fins, très résistants et fortement câblés.

§ III. — LES ÉQUERRES

Définition. — Instruments qui permettent le tracé de certains angles fréquemment utilisés.

Les équerres du traceur mécanicien se composent ordinairement de deux branches faisant corps et dont les arêtes extérieures et intérieures font entre elles le même angle.

Nous allons étudier les principales variétés d'équerres; nous commencerons par :

L'équerre droite ordinaire. — Elle a la forme générale indiquée (*fig. 81*), son angle est droit : autrement dit une face quelconque est perpendiculaire à l'autre. Les faces larges s'appellent *plats* de l'équerre; les autres sont nommées *champs* et les extrémités des deux branches sont désignées sous le nom de *bouts*.

L'équerre droite sert à tracer les perpendiculaires à une ligne droite donnée, à vérifier la perpendicularité de deux droites ou de deux faces planes d'une pièce. (Pour le tracé pratique d'un angle droit se reporter au *n*° **12**, *chap. I*).

Une équerre droite type doit avoir sa pareille; autrement dit, si on ne possède qu'une règle comme outil de vérification, il sera nécessaire de faire deux équerres simultanément. Voici comment on pourra opérer l'ajustage des deux instruments à l'aide d'une règle bien exacte.

On dressera les plats de chaque équerre à l'aide de la règle, en les mettant d'épaisseur suivant toute leur longueur.

On profilera ensuite les angles des équerres au moyen d'un tracé suffisamment approché sur une tôle à peu près plane.

Les équerres étant ainsi *dégrossies*, on les comparera en deux opérations :

1° On s'assurera que leurs angles extérieurs sont *égaux* en plaçant les deux équerres sur le grand plat de la règle par leur plus petit côté et en vérifiant au toucher que les grandes arêtes adjacentes affleurent, comme l'indique la *figure 82, pl. VII*.

2° On vérifiera que la somme de ces angles est bien égale à deux *angles droits*, en les plaçant en opposition comme l'indique la *figure 83*.

Dans cette position, si les grands côtés s'écartent du haut et que les angles aient été vérifiés égaux (*fig. 82*), on recommencera le dressage des grands champs en appuyant la main vers le sommet des angles de façon à se rapprocher de l'angle droit.

Lorsque les deux angles extérieurs seront égaux et formeront ensemble deux angles droits, on sera certain que chacun d'eux est égal à un angle droit et leur ajustage sera terminé.

On ajustera ensuite l'angle intérieur d'une équerre à l'aide de l'angle extérieur de l'autre, en commençant pour chaque équerre par dresser un champ intérieur, le plus long, parallèlement au champ extérieur de la même branche.

Les *bouts* des branches seront ensuite dressés d'aplomb sur les quatre faces (plats et champs) y aboutissant.

Pour exécuter ce dernier ajustage, on maintiendra l'équerre debout sur le marbre suivant la surface du bout à dresser et on vérifiera avec une équerre à chapeau que les deux plats et les deux champs sont bien d'aplomb sur le marbre.

On s'attachera à faire les deux équerres bien égales dans toutes leurs dimensions, ce qui facilitera la vérification du parallélisme des faces de chacune d'elles.

Les équerres droites, comme toutes celles dont nous allons parler, devront recevoir le *trait d'angle*. Ce trait facilite d'abord l'ajustage définitif de l'angle intérieur et permet aussi de se servir commodément de cet angle pour l'équerrage des pièces ajustées.

On perce ordinairement un trou de 1 à 2 millimètres près du sommet de l'angle intérieur, sur la ligne qui joint ce sommet à celui de l'angle extérieur, et on donne un trait de scie pour achever de dégager l'angle intérieur (*fig. 84, 85, 87, pl. VII*).

Équerre droite du chaudronnier (fig. 84, pl. VII).

Les branches en sont longues, de faible épaisseur (5 à 6 millim.) et entretoisées par une troisième branche de même section destinée à empêcher l'altération de l'angle droit. L'équerre est souvent découpée tout entière à même la tôle.

Équerre à chapeau (fig. 85, pl. VII). — Elle se compose d'une équerre droite ordinaire brasée ou vissée sur une règle bien dressée dont les faces sont d'aplomb sur les plats et sur les champs. Ordinairement l'équerre simple étant ajustée, on calibre une règle de même épaisseur que l'équerre et d'une largeur égale à 5 ou 6 fois cette épaisseur; on la perce de trous d'un diamètre à peu près égal à la 1/2 épaisseur de l'équerre et on trace sur le champ de cette dernière l'exact emplacement des trous correspondants.

Les trous de l'équerre doivent être percés assez profondément (1/2 largeur de plat) et bien d'aplomb sur le champ; ils sont taraudés pour recevoir les vis à tête fraisée qui fixent la règle à l'équerre.

Le chapeau étant fixé sur l'équerre, on vérifiera à l'aide d'une autre équerre simple : 1° que la face inférieure de la règle est bien perpendiculaire aux arêtes de la branche indépendante : à cet effet, on placera l'équerre par son chapeau sur le marbre et on disposera les deux pièces d'abord champ contre champ, puis, de manière à ce que le plan des grands plats de l'équerre à chapeau soit, à la visée, dans le prolongement du champ de l'équerre simple.

On retouchera, s'il est nécessaire, le chapeau de façon à établir la correspondance indiquée : on redressera également les portions libres de la face du chapeau sur laquelle s'adapte l'équerre.

Un tel travail demande beaucoup de soins et d'adresse pour être mené rapidement à bien.

L'équerre à chapeau est un des outils les plus importants du traceur. C'est avec cet instrument que nous pourrons mener les perpendiculaires aux plans, établir les *plans tracés* d'aplomb sur le marbre, etc.

Les applications montreront du reste suffisamment l'utilité de l'équerre à chapeau.

Équerre à T (fig. 86, pl. VII). — L'image de l'équerre à T sera obtenue en plaçant sur un marbre deux équerres simples, identiques, en opposition par un même champ, et leurs grands plats dans le prolongement l'un de l'autre.

Cette équerre est utilisée dans le dressage et dans le montage des surfaces qui doivent être perpendiculaires aux génératrices d'un cylindre creux, ou à deux faces ajustées en regard l'une de l'autre.

L'équerre à T sera dressée au moyen du marbre, de la règle et des équerres ordinaires et à chapeau ; cette dernière n'étant pas, du reste, nécessaire.

On devra s'attacher tout particulièrement à ajuster les deux champs AB, CD dans le prolongement l'un de l'autre, (*fig. 86, pl. VII*) et le champ MN parallèlement à ABCD.

Équerre à 6 pans ou à 120° (fig. 87, pl. VII). — Équerre dont les angles extérieurs et intérieurs sont égaux à l'angle au sommet de l'hexagone régulier (n° **38**, ch. 1er).

Cette équerre n'est pas à vraiment dire un outil de traceur, mais un outil d'ajusteur : elle sert presque exclusivement à calibrer les prismes hexagonaux réguliers, et principalement les *écrous ordinaires* si fréquemment employés dans les constructions mécaniques.

Voici comment, à notre avis, on pourra opérer la

construction de l'équerre à six pans, avec l'aide du marbre, de la règle et de l'équerre ordinaire.

Se basant sur ce fait que l'angle de l'équerre à six pans est contenu *trois* fois dans quatre anglés droits, on ajustera simultanément *trois* équerres.

On commencera par mettre les trois pièces de forge à la même épaisseur, les grands plats bien parallèles.

On passera de là à l'ajustage des angles extérieurs que l'on s'attachera à faire bien égaux entre eux en les copiant tous trois sur un calibre découpé sur la tôle. Ce calibre sera tracé suivant l'angle d'un hexagone régulier, comme il est indiqué (n° **38**, ch. 1ᵉʳ).

L'égalité des angles extérieurs des trois équerres se vérifiera en les plaçant de champ sur le marbre, plat contre plat, et en essayant de placer les trois autres champs dans un même plan ; on constatera les différences, soit à la règle, soit au toucher.

Les angles extérieurs étant ajustés égaux, on disposera les trois équerres en opposition, à plat sur le marbre, et l'on vérifiera si les champs extérieurs coïncident bien deux à deux dans toute leur longueur.

Si un vide se produit près des sommets, c'est que les trois angles sont trop grands. Si, au contraire, les champs s'écartent vers les bouts, c'est parce que les angles extérieurs sont trop fermés.

Dans les deux cas, on retouchera chaque équerre, sur un seul champ, et on recommencera les deux vérifications ci-dessus détaillées.

Cette méthode nous paraît de beaucoup préférable à celle suivie couramment, et qui consiste à n'ajuster qu'une équerre d'après un angle tracé sur la tôle.

Équerre à huit pans. — Elle sert à calibrer les angles des prismes, dont la section droite est un polygone équiangle à huit sommets, ou *octogone.*

L'angle de l'équerre à *huit pans* est égal à 135°.

L'utilisation de l'équerre à huit pans n'est pas aussi fréquente que celle de l'équerre à six pans. Cependant il se présente encore assez souvent dans les arts mécaniques des pièces affectant la forme du prisme octogonal (instruments d'optique, de fonderie, de marine, etc.)

L'angle de 135° n'est pas contenu un nombre exact de fois dans quatre angles droits ou 360°, mais on a :

$$360° = 90° + 2 \times 135°$$

Ce qui nous permettra de suivre, pour l'ajustage de l'équerre à huit pans, une méthode analogue à celle que nous avons indiquée pour l'équerre à six pans.

En effet, il suffira de confectionner simultanément deux équerres à huit pans que l'on fera absolument semblables et que l'on vérifiera en les accolant à plat sur le marbre, à une équerre droite *bien exacte*.

L'égalité des deux angles extérieurs des équerres à huit pans se vérifiera comme pour les équerres droites et à six pans.

Pour dégrossir ces angles extérieurs, on tracera sur une tôle plane l'angle de 135° de la manière suivante.

Menez une droite AB et indéfinie en un point quelconque M (n° **12**, ch. 1ᵉʳ), élevez une perpendiculaire MN' suffisamment longue (100 ᵐ⁄ₘ par exemple), puis avec un rayon MN', du point M comme centre, marquez N sur AM et joignez NN'; l'angle ANN' est égal à 135° (*fig. 88, pl. VII*).

L'équerre en fonte. — Pièce de fonte en forme de cornière ordinaire dont les deux faces dressées d'équerre sont percées de trous destinés au passage de boulons (*fig. 89, pl. VII*).

L'équerre en fonte est d'un usage assez fréquent dans le traçage ; elle permet de donner plus commodément le trait à certaines pièces peu stables que l'on fixe au moyen de boulons ou de *presses* sur une des faces de l'équerre, l'autre face reposant exactement sur le marbre.

Nous utiliserons également l'équerre de fonte pour le tracé de plans faisant entre eux un angle donné.

La confection de ce genre d'équerre s'effectuera commodément sur la machine à raboter ou plus simplement à l'étau limeur. On vérifiera l'angle des faces avec une équerre droite ordinaire à champ large, ou avec l'équerre à chapeau, sur un marbre.

La fausse équerre ou équerre à onglet. — Equerre à angle variable : est formée d'une branche évidée et d'une branche pleine réunies à une de leurs extrémités par une articulation à frottement dur (*fig. 90, pl. VII*).

Cette équerre permet de relever l'angle de deux faces dressées et de vérifier l'ajustage d'un angle qui doit être égal à un autre.

L'équerre dite sauterelle. — Simplement composée de deux branches en tôle mince réunies à demi-épaisseur, permet de copier les angles à plat, sur la tôle par exemple.

Le rapporteur. — Demi-cercle en métal évidé et dont la demi-circonférence est divisée en 180 parties égales appelées degrés. Une numérotation de 10 en 10 et quelquefois de 5 en 5 permet d'évaluer commodément le nombre de degrés correspondant à un angle donné.

§ IV. — LES COMPAS

En principe, le compas est formé de deux branches rigides égales, réunies par une articulation permettant de faire varier la distance de leurs extrémités.

Le compas est d'une très grande utilité dans le traçage.

Nous allons indiquer rapidement les diverses variétés de compas et l'utilisation de chacune d'elles.

1° *Le compas droit ordinaire* (fig. 91, pl. VII). — Il est formé de deux branches droites à section décroissante et réunies par leur extrémité par une vis ou un rivet embrassant par deux rondelles l'assemblage à tenon et mortaise des deux branches.

Il sert à décrire les circonférences, à déterminer les perpendiculaires, les parallèles, à reporter les distances, etc.

Sert également à déterminer à la suite l'un de l'autre, sur une ligne donnée, des points distants d'une longueur donnée.

C'est, avec la règle, l'instrument de traçage le plus fréquemment utilisé.

2° *Le compas droit à 1/4 de cercle* (fig. 92, pl. VII). — Même modèle que le précédent, avec addition d'une pièce évidée en arc de circonférence et fixée à une des branches.

L'autre branche porte un guide fileté qui s'engage dans la rainure de l'arc et porte un petit écrou à oreilles au moyen duquel on fixe l'ouverture du compas à un rayon donné.

3° *Le compas droit à pointes rapportées* (fig. 93, pl. VII). — Ce compas est encore du même genre que les précédents : diffère du n° 1 en ce que les pointes, au lieu d'être les extrémités affûtées des branches sont des pièces démontables fixées au moyen de vis dans les gaînes qui terminent les branches.

Ce compas est naturellement d'un emploi beaucoup plus prolongé que le compas n° 1. Son utilisation est du reste la même.

4° *Compas droit à ressort* (fig. 94). — Compas en acier d'une seule pièce. Les deux branches sont réunies par une partie aplatie, cintrée et trempée. Une tige filetée fixée sur une branche passe à travers l'autre branche et porte un écrou permettant de rapprocher les pointes du compas.

5° *Compas d'épaisseur.* — Compas formé de deux branches courbes, assemblées à une de leurs extrémités; les deux branches ont généralement la forme indiquée *figures 95 et 96.*

On l'utilise comme outil de mesure et de vérification pour déterminer les diamètres extérieurs de corps cylindriques tournés, la distance de deux faces planes parallèles.

On peut, en général, avec ces compas, déterminer le diamètre intérieur d'un cylindre creux, le diamètre d'un trou foré : la distance de deux faces planes parallèles qui se regardent, etc.

Le compas *double* permet de vérifier deux épaisseurs égales en opposition.

5° *Compas d'épaisseur à ressort* (fig. 97, pl. VII). — Analogue au précédent quant à la forme des branches. Le compas est d'une seule pièce en acier. La jonction des deux branches est trempée comme pour le n° 4.

7° *Compas d'épaisseur à 1/4 de cercle* (fig. 98, pl. VII). — Se distingue des autres compas d'épaisseur par l'addition d'un quart de cercle évidé.

8° *Compas maître de danse* (fig. 99). — Formé de deux branches droites articulées au moyen d'un rivet et de deux rondelles et terminées à leur extrémité libre par une partie saillante.

Ce compas permet plus aisément que le compas d'épaisseur la vérification des diamètres intérieurs.

9° *Compas d'intérieur.* — Est formé de deux branches réunies vers leur milieu, découpées de façon à présenter d'un côté de l'articulation un compas maître de danse, de l'autre un compas d'épaisseur (*fig. 100 et 101*).

Le centre de l'articulation est placé au milieu de la distance des points extrêmes de chaque branche, de telle façon que l'écartement donné par chaque compas partiel est toujours le même.

10° *Le compas à poire* (fig. 104). — Sert à décrire des circonférences concentriques à celle d'un trou percé.

11° *Compas à verge.* — Lorsque l'on a des circonférences de grand rayon à décrire, on utilise le compas à verge. Il en existe de plusieurs types qui ne diffèrent, du reste, que par les rayons maxima qu'ils peuvent donner ou par la matière dont ils sont faits (bois, fer, bronze) *(fig. 105, 106, pl. VII)*.

Les pièces principales de tout compas à verge sont : une règle et deux coulisseaux porte-pointe qui se meuvent le long de la règle et peuvent être fixés en un point quelconque de celle-ci par le moyen de vis de pression.

12° *Compas de réduction* (fig. 103, pl. VII). — Ordinairement en cuivre ou en acier : permet la copie d'une figure quelconque avec une altération déterminée des dimensions. Le rapport de réduction ou d'augmentation s'établit au moyen de l'articulation R, mobile dans les rainures des branches. Les rapports simples sont indiqués sur une des branches.

Au cas où, sans s'imposer une échelle déterminée, on voudrait transformer une figure de telle façon qu'une longueur AB donnée de la figure corresponde à une autre longueur *ab*, également fixée de la transformée, on s'attachera à placer l'axe d'articulation à un tel point que prenant AB sur la figure proposée à l'aide d'un des compas simples on ait entre les pointes de l'autre un écartement égal à *ab* : on aura de la sorte réglé l'instrument pour *toute* la transformation.

§ V. — **UNITÉS DE MESURE**

L'unité française des mesures linéaires est le *mètre* dix millionnième (10,000,000°) partie du 1/4 du méridien terrestre (ligne idéale que l'on obtiendrait en coupant la surface de la terre par un plan contenant l'axe de rotation).

Le *mètre* a été divisé en 10 parties égales appelées *décimètres*.

Le *décimètre* a été partagé en 10 longueurs égales nommées *centimètres*.

Enfin le *centimètre* est lui-même fractionné en 10 *millimètres*.

Beaucoup de règles portent même les 1/2 millimètres.

Parmi les mesures types le plus souvent utilisées dans le traçage, nous citerons les suivantes :

1° Le *double mètre* en acier flexible divisé, sur toute sa longueur en millimètres ;

2° Le *mètre*, même modèle ;

3° Le *demi-mètre*, même modèle ;

4° Le *double décimètre*, gradué quelquefois de demi-millimètre en demi-millimètre.

Il existe encore un appareil de mesure très utile au traceur : la *règle debout divisée* (fig. 107). C'est une règle ordinaire divisée, terminée quelquefois par deux biseaux et fixée sur un pied dressé qui permet de la placer perpendiculairement au plan du marbre.

Avec l'aide du *trusquin* et de la *règle debout*, on relèvera rapidement la distance d'un point quelconque au plan du marbre.

La règle debout divisée n'est souvent autre que le grand côté d'une équerre à chapeau dont on a gradué le champ.

Compas à coulisse ou pied à coulisse (fig. 108, 109, 110, 111, pl. VII).

Cet instrument est formé, en principe, d'une règle divisée, en métal, de dimensions variables, portant deux branches dont l'une est fixe, l'autre mobile par l'intermédiaire d'un coulisseau évidé, ordinairement en cuivre ; les deux faces intérieures des branches sont deux plans perpendiculaires aux arêtes longues de la règle et leur distance est indiquée sur celle-ci par un trait de repère tracé sur le coulisseau évidé.

Une vis fixe la position du coulisseau. Le pied à coulisse est utilisé pour la mesure des diamètres, des épaisseurs, etc., et, en général, pour l'évaluation de la distance de deux faces planes parallèles, de deux arêtes opposées parallèles ou de deux points saillants.

Pied à coulisse permettant de relever le diamètre d'un arc de circonférence (fig. 110).

Certains pieds à coulisse portent une deuxième graduation permettant de relever les diamètres de corps tournés cylindriques sans qu'il soit besoin d'ouvrir les branches de l'instrument d'une quantité égale à ce diamètre : il suffit d'amener les arêtes supérieures des branches et le champ intérieur de la règle graduée en contact avec la partie tournée.

La division spéciale du pied à coulisse permet alors de lire au zéro de la graduation le diamètre de l'arc proposé.

Remarque. — Voici comment on calculera le diamètre d'un arc dont on connaît la corde C et flèche f (ici la corde est la distance $a'b'$ des deux branches et la flèche l'un quelconque des *épaulements* AA' *ou* BB' *supposés égaux* (fig. 110). Si D indique le diamètre cherché, on aura :

$$D = f + \frac{C^2}{4f} \qquad (1)$$

Pour obtenir le diamètre multipliez la corde par elle-même, divisez le produit par le quadruple de la flèche et ajoutez au résultat la flèche elle-même.

Au moyen de la formule (1) on pourra utiliser la graduation ordinaire (en millimètres ou demi-millimètres) et la longueur des branches *aa'*, *bb'*.

Exemple. — Calculer le diamètre d'un arbre tourné sachant que l'écartement *a'b'* mesuré comme il est indiqué plus haut a été trouvé égal à 185 ᵐ/ₘ : la longueur commune des branches *a'a* ou *b'b* est de 40 ᵐ/ₘ.

Faisons dans la formule (1)

$$f = 40 \ ^m\!/\!_m$$
$$C = 185 \ ^m\!/\!_m$$

nous aurons :

$$D = 40 \ ^m\!/\!_m + \frac{185 \times 185}{4 \times 40}$$
$$= 40 \ ^m\!/\!_m + 213 \ ^m\!/\!_m \ 9$$

Soit 253 ᵐ/ₘ 9 très exactement.

Pieds à coulisse à vis de réglage.

Certains pieds à coulisse portent à l'extrémité des branches deux petites vis de réglage qui doivent se trouver en contact par leurs extrémités dès que les faces internes coïncident : l'emploi des deux vis remédie à l'usure du bout des branches des pieds ordinaires.

Usage du vernier dans le pied à coulisse. — Le *vernier* du pied à coulisse est gravé sur le biseau du curseur. — La règle du pied est graduée de façon à ce que son zéro et l'origine du vernier correspondent quand les branches sont coïncidentes. La 10ᵉ division du vernier correspond à la 9ᵉ de la règle. L'intervalle est divisé en 10 parties égales valant chacune par conséquent 9/10 de millimètre. Ceci posé, interposons entre les branches du pied une épaisseur quelconque, supposons que le zéro du vernier tombe entre le 2ᵉ et le 3ᵉ trait de la règle et qu'un des traits du vernier, le 5ᵉ par exemple, corresponde exactement à un trait de la règle. L'épaisseur à évaluer est de 1 mètre plus 4/10 de millimètre (différence entre les 4 divisions de la règle et celles du vernier, jusqu'aux traits coïncidents).

Du palmer (fig. 112, 113, 114). — Le *palmer* est un instrument de mesure et de vérification.

Il se compose (*fig. 113*) d'une pièce M à deux bras : l'un de ces bras est l'écrou d'une vis V de 1 ᵐ/ₘ de pas (palmer français). La vis V est solidaire d'un manchon cylindrique N qui s'ajuste à frottement doux sur la surface extérieure de l'écrou. La vis V est terminée par une partie méplate que l'on peut amener en contact parfait avec le talon T du palmer.

Le bord inférieur du manchon N est taillé droit et terminé en biseau ; son contour est divisé en 10 ou en 100 parties égales par des traits numérotés de 5 en 5 ou de 10 en 10.

Une génératrice de la partie écrou est aussi graduée de bas en haut en millimètres.

Le premier trait de la graduation en millimètres doit arraser le bord inférieur du manchon N quand la vis V est au contact avec T : à ce moment aussi le zéro de la graduation circulaire du manchon N est dans le prolongement du trait de générateur de l'écrou.

Ceci posé, d'après la propriété fondamentale de l'hélice (**136**, ch. 1), si on tourne la vis V d'une fraction de tour égale à 5/100 par exemple, la vis sera remontée de 5/100 du pas, ou de 5/100 de millimètre. Or, nous pouvons régler au 1/100 le mouvement du manchon autour de l'écrou, si le bord de ce manchon a été préalablement divisé en 100 parties égales.

Inversement, si une certaine épaisseur est embrassée par le talon T et l'extrémité de V, on l'évaluera en millimètres et centièmes de millimètre au moyen de la graduation de l'écrou et de celle du manchon.

Exemple. — Supposons qu'une tôle étant interposée entre la vis et le talon, le bord inférieur du manchon N soit entre le 2ᵉ et le 3ᵉ traits de graduation de l'écrou et que le trait de génératrice de ce dernier soit en face du trait 94 de la division circulaire; on lira :

Epaisseur de la tôle $= 1$ ᵐ/ₘ $+ 94$ centièmes de millimètre, soit 1 ᵐ/ₘ 94.

La plupart du temps, pour éviter un serrage trop énergique sur la pièce dont on veut évaluer l'épaisseur, la molette du manchon N est reliée à ce dernier par une vis dont le serrage est réglé de telle façon que, lorsque l'on dépasse une certaine force dans le mouvement de rotation imprimé à l'ensemble, la molette devient folle et l'on est averti que les contacts des trois parties (vis, pièce et talon) sont suffisamment établis.

De l'étoile mobile (fig. 115, pl. VII). Cet instrument est fréquemment employé pour la vérification des diamètres d'alésage. Voici quel en est le principe :

Soit une pièce conique parfaitement tournée, fixée sur son axe AB et faisant corps avec lui; plaçons deux tiges T et T' dans des guides g, g' indépendants de AB; faisons simplement reposer les tiges sur la surface inclinée du cône, leur direction étant rigoureusement perpendiculaire à l'axe AB.

Imaginons maintenant une graduation MN qui permette de vérifier le déplacement de AB suivant sa propre direction et ce, au moyen d'un indicateur I relié à AB et parcourant MN.

Le cône étant tourné à la pente de 1 pour 100, il est évident que s'il se déplace de 1 ᵐ/ₘ par exemple, suivant AB, chaque pointe T, T' sera remontée de $\frac{1}{100}$ de ᵐ/ₘ,

La distance des extrémités de ces pointes aura donc augmenté de $\frac{2}{100}$ de ᵐ/ₘ.

Ceci posé, voici comment on se servira de l'appareil pour vérifier un alésage cylindrique, par exemple. On placera l'indicateur I au zéro de la graduation et on amènera les extrémités de T et T' en contact avec deux points diamétralement opposés de l'alésage, au moyen d'écrous fixés dans lesquels T' et T font l'office de vis : puis, on modifiera la position du cône sur sa tige afin de le mettre en contact avec les extrémités de T et T'.

La distance TT' marquera alors le diamètre de l'alésage à la section considérée.

Que l'on ramène le cône, les tiges descendront; on se transportera alors en une autre section et on poussera la tige AB pour amener la surface du cône contre les pointes et T et T' contre les parois de l'alésage : si alors l'indicateur I est bien au zéro de MN, le diamètre de la section est bien le même que celui de la précédente; si l'indicateur tombe à 1 $^m\!/_m$ du zéro, entre O et N, c'est que l'alésage est plus fort $\dfrac{2}{100}$ de $^m\!/_m$.

Enfin, si I se place à 1/2 millimètre du zéro, entre O et M, cela proviendra de ce que l'alésage est trop faible de $2 \times \dfrac{1}{200}$ ou de 1/100 de $^m\!/_m$.

Conclusion. — Comme il est relativement aisé de construire un cône d'une inclinaison aussi faible qu'on le désire, on voit avec quelle approximation on peut, avec cet appareil, relever des différences de diamètre dans un alésage.

On peut aussi, au moyen de l'étoile mobile, vérifier qu'un alésage conique est bien suivant la pente donnée entre deux sections quelconques.

Remarques. — I. — Pour éviter un serrage trop énergique du cône sur les pointes T, T', on manœuvre la tige AB au moyen d'une douille qui devient folle au-delà d'un effort déterminé.

II. — Il n'est nullement nécessaire de fixer l'indicateur I au zéro de la graduation : on peut le mettre en un point quelconque qui tiendra alors lieu d'origine et à partir duquel on devra compter les variations de position du cône.

III. — Pour obtenir un bon centrage de l'appareil suivant l'axe d'alésage, le nombre des tiges T, T', est porté à quatre, disposées suivant deux diamètres d'équerre.

Du cartomètre ou curvimètre. — Nous croyons devoir signaler ici cet instrument d'une très grande utilité dans la mesure des longueurs des lignes courbes.

Le curvimètre se compose en principe d'une petite roulette, que l'on fait mouvoir suivant la ligne dont on veut mesurer le développement. Cette roulette, par l'intermédiaire de roues dentées, communique son mouvement à l'axe d'une aiguille dont l'extrémité parcourt une graduation circulaire; celle-ci permet de lire immédiatement la longueur développée à la circonférence de la roulette, qui n'est autre que la longueur parcourue sur la courbe.

Cet instrument, sans être nécessaire au traceur, peut lui être utile dans plusieurs cas : ainsi pour rectifier une ellipse, une parabole, un arc de circonférence (*voyez* **105**, *ch. I*[er].)

§ VI. — **FIL A PLOMB ET NIVEAUX**

Le *fil à plomb* est un instrument qui indique la direction de la *pesanteur* en un point quelconque de l'espace.

Le fil à plomb se compose ordinairement d'une corde fine, serrée, à laquelle est suspendu un corps pesant, ordinairement en métal (*fig. 116 et 117, pl. VII*).

Ce corps est souvent tourné en pointe vers la partie opposée à celle où il reçoit la corde.

La jonction de la corde avec le poids se fait au moyen d'une vis percée d'un trou central dans lequel passe la corde qui se trouve serrée par son extrémité entre la vis et le poids.

Le *niveau à bulle d'air* est formée essentiellement d'un tube légèrement cintré, fermé à ses deux extrémités après qu'on y a introduit un liquide très fluide (éther ou sulfure de carbone), en y laissant subsister une bulle d'air (*fig. 118, pl. VII*).

Le tube est monté ordinairement dans une gaîne en cuivre dont la face inférieure est soigneusement dressée. L'inclinaison du tube sur la face dressée est rendue variable au moyen d'une vis de rappel qui permet de relever ou d'abaisser une des extrémités du tube, l'autre extrémité reposant sur un appui fixe de la gaîne.

Pour régler la position du tube par rapport à la surface dressée de la gaîne, voici comment on peut opérer :

Placer le niveau par la face dressée sur une surface plane presque horizontale et marquer sur le verre la position A du milieu de la bulle d'air; retourner ensuite bout pour bout le niveau et marquer sur le tube la nouvelle position A' du milieu A de la bulle. Prendre le point milieu K des deux traits et sans changer la dernière position du niveau amener le milieu de la bulle d'air en face de K en faisant varier l'inclinaison de la surface de repère; on aura ainsi établi cette surface horizontale et par conséquent aussi *la face dressée du niveau.*

Dans cette position, il ne reste plus qu'à placer le milieu de la bulle d'air en face du trait situé à égale distance des deux extrémités du tube, et cela au moyen de la vis de rappel dont nous avons parlé plus haut.

Ce dernier résultat obtenu, le niveau pourra être considéré comme réglé.

Toutefois, on s'assurera de la parfaite horizontalité de la surface de repère en retournant le niveau dans une autre position perpendiculaire à la première. Si la vérification donne un bon résultat, on pourra être certain que le niveau est bien réglé.

Niveau à cadre (fig. 121). — Se compose d'un niveau ordinaire monté par ses deux extrémités dans un cadre rectangulaire dont le champ extérieur bien dressé est creusé en forme de V.

Les extrémités du niveau sont rendues mobiles le long de deux côtés opposés du cadre par deux vis de rappel.

Les champs intérieurs suivant lesquels glissent les extrémités du niveau sont gradués de la même façon.

Voici quel est l'emploi de cet instrument :

Soit à relever l'horizontalité d'un arbre *cylindrique* de transmission.

Placez le bord inférieur du cadre à cheval sur l'arbre suivant son axe et amenez la bulle du niveau au point milieu de la graduation du tube au moyen des vis de rappel.

Si les hauteurs des extrémités du tube sont bien égales, c'est que l'arbre est horizontal; sinon la différence d'un côté à l'autre vous indiquera la modification à faire subir à sa position.

Le niveau à cadre servira encore à contrôler la verticalité d'un arbre. On l'appliquera contre l'arbre par un des côtés suivant lesquels se meuvent les extrémités du tube. On amènera comme précédemment la bulle d'air au milieu du tube et on regardera si les extrémités de ce dernier sont bien à la même hauteur au moyen des graduations; l'écart, s'il y en a un, indiquera le sens dans lequel on devra modifier la position de l'arbre.

Clitomètre (fig. 120). — Un niveau ordinaire est fixé invariablement à une tige articulée en un point d'un cadre mobile. L'autre extrémité de la tige parcourt un secteur divisé en degrés et demi-degrés. Le cadre est ajusté suivant le champ inférieur, de telle façon que la bulle du niveau se trouve indiquer l'horizontale lorsque la tige marque 0° sur le secteur.

Pour mesurer l'inclinaison d'un arbre, par exemple, on place l'appareil par son champ inférieur taillé en V, à cheval sur l'arbre, et on fait mouvoir la tige articulée jusqu'à ce que le niveau qu'elle porte indique l'horizontale, c'est-à-dire jusqu'à ce que la bulle d'air soit entre les repères du niveau. Il reste à lire sur le secteur l'angle indiqué par la tige articulée.

Niveau d'angle (fig. 122). — S'emploie également pour évaluer en degrés et fractions de degrés les inclinaisons d'axes cylindriques, de plans sur l'horizontale.

§ VII. — **POINTES A TRACER ET TRUSQUINS**

Pointe à tracer. — La pointe à tracer est une tige cylindrique terminée par une partie conique formant pointe. Sa longueur ordinaire est de 250 $\frac{m}{m}$; son diamètre varie de 4 $\frac{m}{m}$ à 7 $\frac{m}{m}$.

Elle est en acier et trempée pour le traçage sur les pièces forgées ou fondues.

Les chaudronniers emploient ordinairement pour le traçage des tôles la pointe à tracer en laiton.

Trusquin droit ordinaire. — C'est le plus connu : il est composé d'un pied plan dressé sur lequel est fixée (ordinairement vissée) une tige droite cylindrique le long de laquelle se meut une douille porte-pointe.

La douille est rendue fixe par une vis de pression qui agit ordinairement sur la tige du trusquin par l'intermédiaire d'une petite clavette entraînée par la douille dans son mouvement.

La pointe du trusquin est une pointe à tracer ordinaire recourbée dans la plupart des cas une ou deux fois à l'équerre et qui s'engage par son extrémité lisse dans un trou de la douille à laquelle elle est fixée par une vis de pression.

Dans certains trusquins la pointe est fixée dans un porte-pointe à pompe que l'on fait descendre ou monter au moyen de la vis molettée. La vis de côté fixe le porte-pointe lorsque l'extrémité traçante est à hauteur voulue (*Voir fig. 125 et 127, pl. VII*).

Certains trusquins droits portent deux douilles reliées par une vis qui permet, une douille étant fixée à la tige, de mouvoir l'autre douille porte-pointe plus commodément et avec plus de précision que dans le trusquin simple.

Dans le traçage de précision ont fait aussi usage d'un trusquin dont l'extrémité, la pointe à tracer, se meut par la pression d'une vis fixée à la douille : la position de la douille étant fixée pour une hauteur approximative, au moyen de la vis de pression, on amène sûrement et commodément l'extrémité traçante de la pointe à la hauteur exacte (*Voir fig. 126, pl. VII*).

Trusquin américain (fig. 128). — La tige principale est filetée dans toute sa partie inférieure et vissée dans un écrou moletté qui ne peut que tourner. La tige est guidée par une porte alésée du pied ordinairement en fonte.

Au moyen de la molette, en supposant la pointe à tracer fixée définitivement, on fera subir à l'extrémité de cette pointe des déplacements aussi faibles qu'on le voudra.

L'extrémité traçante réglée à la hauteur voulue, on assurera la tige dans sa position à l'aide de la vis de pression V (*fig. 128*).

Emploi du trusquin droit. — Le pied dressé du trusquin reposant sur le marbre, si on le fait mouvoir en appuyant la pointe à tracer contre la surface extérieure d'un corps quelconque, cette pointe tracera *l'intersection de la surface et d'un plan parallèle au marbre* (**110**, ch. 1er).

On comprend d'après cela l'importance du trusquin qui permet *à priori* de déterminer les sections planes d'un solide quelconque et par conséquent de limiter les régions de sa surface qui doivent disparaître.

Du reste, les applications que nous indiquerons dans le chapitre IV feront mieux saisir l'utilité du trusquin.

Trusquin de côté (fig. 123). — Diffère essentiellement des précédents : il se compose, en principe, d'une tige porte-pointe en acier, sur laquelle coulisse un plateau dressé.

Le plateau se fixe à la tige au moyen d'une vis de pression.

La pointe traçante ordinairement très courte est maintenue dans l'œil de la tige par une petite vis de pression.

Emploi du trusquin de côté. — On l'utilise sur les pièces déjà ajustées en partie pour le tracé des épaisseurs, la recherche d'un trait d'axe entre deux faces parallèles dressées, le traçage des tenons, mortaises et en général, des *assemblages à traits parallèles.*

Du trusquin à cornière. — Ne diffère du trusquin droit que par le pied en forme de cornière (*fig. 126*).

Ce trusquin sert à tirer des traits en s'appuyant sur un corps cylindrique ou conique tourné.

La pointe du trusquin à cornière reste à la même distance de la surface du cylindre ou du cône. On peut donc l'utiliser pour tracer sur une pièce tournée la longueur d'un coude.

§ VIII. — **ACCESSOIRES DU MARBRE**

Vés (fig. 130). — Ce sont des supports en métal ayant la forme de parallélipipèdes rectangles droits (échancrés comme l'indique la figure). Ils vont ordinairement par paires.

On les emploie sur le marbre pour supporter les pièces longues.

Certains vés sont à hauteur variable. Ils se composent de la partie fixe en équerre reposant sur le marbre et de la partie mobile reliée à la première par un ou plusieurs boulons.

La partie mobile est échancrée (*fig. 130*).

Cales. — Les cales servent à rehausser les pièces sur le marbre et à rendre le traçage plus facile. Elles ont ordinairement la forme de prisme droit à base rectangulaire, mais affectent souvent aussi celle du double T (*fig. 132*).

Un marbre bien outillé doit être pourvu de plusieurs paires de cales d'épaisseur variant de 20 millimètres à 100 millimètres.

Coins. — Les *coins* en bois ou en métal servent à faire varier l'inclinaison des pièces sur le marbre.

Presses. — Les presses affectent la forme générale donnée par la *figure 131* : elles servent à pincer les pièces contre la face de l'équerre en fonte, de façon à dégager les pièces à tracer et rendre la manœuvre du trusquin plus aisée.

Blanchîment des pièces. — Les pièces à tracer sont ordinairement blanchies dans les régions de leur surface où doivent passer les traits. On prend pour cette opération de la craie ordinaire, ou plus souvent de la peinture blanche.

Les pièces polies de petites dimensions sont quelquefois frottées à la pierre rouge (traçage de précision).

Le blanchîment des pièces a l'avantage de faire ressortir le trait.

Pointeau et Rivoir. — La pièce tracée est généralement pointée suivant le trait à l'aide du pointeau et du marteau rivoir.

Le *pointeau* est un instrument en acier terminé en pointe, trempé et affûté.

L'angle du cône doit être à l'équerre.

Le *rivoir* est le marteau avec lequel on frappe sur la tête du pointeau de façon à déterminer une suite de points placés à cheval sur les traits.

Ces coups de pointeau sont les *témoins* du traçage. Ils permettent à l'ouvrier qui ajuste la pièce de retrouver d'une manière précise le passage du trait suivant lequel la matière doit être enlevée.

Un trou à percer est indiqué par un cercle de même diamètre, le centre de ce cercle doit être pointé fortement et l'on doit en plus marquer sur la circonférence 4 points à peu près également distants l'un de l'autre.

Les centres (fig. 133, pl. VII). — Ce sont des pièces tournées, en métal, affectant la forme générale d'une bonde de tonneau.

Sur ces pièces tournées légèrement en cône, on a laissé subsister le centre correspondant à la plus large base.

On se sert de *centres* lorsque l'on doit tracer les axes de trous déjà alésés ou même venus de fonte. Le cône donné au tour permet de se servir d'un même *centre* pour déterminer les axes d'alésage de plusieurs trous dont les diamètres diffèrent peu.

Afin de rendre l'usage de ces pièces plus commode, on marque très souvent leur diamètre moyen sur la face centrée.

Les *centres* remplacent avantageusement les *témoins* en *cuivre, plomb* ou *tôle.*

Calibres en tôle. — On désigne sous cette dénomination des pièces de tôle mince découpées suivant certains profils d'un usage fréquent.

Les calibres permettent le traçage rapide des séries de pièces identiques et assurent en même temps leur parfaite similitude.

Ils sont d'un emploi répété, principalement dans le *traçage à plat :* aussi ne saurions-nous recommander trop instamment aux traceurs d'opérer le profilage de ces pièces avec le plus grand soin, la plus grande exactitude.

Parmi les calibres d'un usage général, nous signalerons :

1° Les *cintres,* qui donnent le profil des arcs de circonférence d'un rayon trop grand pour qu'on puisse les décrire commodément avec le compas ou le cordeau.

2° Les *quarts de ronds* ou *congés,* calibres permettant de tracer avec la pointe à tracer seulement, et sans recourir au compas, dont l'emploi n'est pas toujours aisé, les arcs de circonférence de faibles rayons raccordant les traits droits.

Voici la série des rayons les plus usités (en millimètres) :

2, 3, 4, 5, 6, 7, 8, 9, 10, 12, 15, 18, 20, 24, 25, 30, 35, 40, 45, 50

Ces calibres sont pleins, c'est-à-dire qu'ils présentent un profil convexe.

CHAPITRE III

Traçage à plat.

Sous cette dénomination, nous comprenons l'exécution des tracés dont tous les éléments (points et lignes) sont dans un même *plan*.

Nous regarderons comme planes les surfaces *dressées* mécaniquement et telles, suivant la définition donnée du plan (*Ch. I*^{er}, *n*^{os} **1, 109**), qu'une règle bien dressée puisse s'y appliquer en tous sens.

Dans ces conditions, les tracés peuvent se classer en trois catégories principales :

1° *Construction de figures élémentaires ;*

2° *Copie de figures composées ;*

3° *Traçage de chaudronnerie (tôles pliées, cintrées et embouties).*

Le traceur fera bien de s'exercer tout d'abord à exécuter les tracés de la première catégorie qui ne sont que la mise en pratique des notions simples données dans le premier chapitre.

Il devra les recommencer plusieurs fois, de manière à se les rendre familiers et à les exécuter rapidement et avec précision.

Les outils les plus fréquemment employés dans le traçage à plat sont : la règle, le cordeau, le compas et ses variétés, le mètre et ses subdivisions, l'équerre sauterelle, l'équerre à onglet, l'équerre de chaudronnier, la pointe à tracer (acier ou laiton), le pointeau et le rivoir.

§ 1. — CONSTRUCTION DE FIGURES ÉLÉMENTAIRES

Nous allons, dans ce premier paragraphe, indiquer rapidement la solution *pratique* des différents problèmes élémentaires qu'il est indispensable de savoir résoudre pour opérer un traçage quelconque sur le métal à plat.

Nous emploierons le mot plan pour indiquer la surface du tracé.

1er Problème. — *Marquer un point sur un plan.*

On résoudra ce problème à l'aide du pointeau et du rivoir.

On s'attachera à marquer le point bien net et bien rond, en tenant le pointeau d'aplomb.

2e Problème. — *Joindre deux points par un trait droit.*

1° Si les deux points sont suffisamment rapprochés, appliquez une règle bien dressée à plat sur le plan et contre les deux points : tirez ensuite le trait droit au moyen d'une *pointe à tracer* s'appuyant contre le champ de la règle.

2° Si les deux points sont à une distance telle que l'emploi de la règle soit impossible, tendez de l'un à l'autre un *cordeau* fin et bien serré, que vous aurez préalablement frotté de blanc.

Pincez ensuite le cordeau tendu vers son milieu et relevez-le dans un plan suffisamment perpendiculaire à celui du tracé (aidez-vous, au besoin, de l'équerre à chapeau). Le cordeau étant dans cette position, lâchez-le brusquement : son élasticité lui fera frapper la surface en y laissant sa trace qui est la droite demandée.

3⁰ Problème. — *Décrire, sur un plan donné, une circonférence de rayon connu, ne dépassant pas 3 mètres.*

Marquez le centre de la circonférence d'un coup de pointeau, servez-vous ensuite pour décrire la courbe soit du compas ordinaire, soit du compas à verge, soit enfin d'un fil bien tendu et le moins extensible possible (un fil d'acier, par exemple).

Le compas à verge ou le fil devront, s'il est nécessaire, être manœuvrés par le traceur et un *aide.*

Le fil pourra être fixé au centre avec une pointe autour de laquelle on évitera de l'enrouler.

4⁰ Problème. — *Mener sur un plan une droite parallèle à une droite donnée à une distance connue.*

Prenez au compas une ouverture égale à la distance connue : placez-vous à une des extrémités de la droite donnée comme centre et décrivez un arc du côté voulu. Opérez de même à l'autre extrémité.

Appliquez ensuite la règle contre les deux arcs décrits ainsi et, dans cette position, tirez un trait droit qui répond aux conditions du problème.

Remarque. — Au lieu de la règle, on peut employer le cordeau avec autant d'exactitude.

5⁰ Problème. — *Elever, en un point donné dans un plan, la perpendiculaire à une droite tracée dans ce plan.*

Déterminez, suivant ce qui a été indiqué précédemment (Chap. I, **12** et **13**), deux points de la perpendiculaire et joignez-les par un trait droit (*2⁰ problème*).

Remarque. — La figure formée par deux axes perpendiculaires est généralement connue sous le nom de *trait carré plan.*

6ᵉ Problème. — *Mener, par un point donné sur un plan, une parallèle à une droite tracée dans ce plan.*

Abaissez du point donné une perpendiculaire sur la droite (*n° **13**, chap. I*ᵉʳ); élevez une deuxième perpendiculaire le plus éloignée possible de la première; prenez, à l'aide du compas, une longueur égale à celle-ci et reportez-la sur la deuxième à partir de son pied et du côté convenable.

Enfin, joignez les extrémités de deux perpendiculaires par un trait droit comme il est indiqué plus haut (*2ᵉ problème*).

Remarque. — On peut encore employer la méthode donnée dans le chap. Iᵉʳ, n° **15**.

7ᵉ Problème. — *Faire passer par deux points donnés, une circonférence de rayon connu.*

Des deux points A, B (*fig. 135*) comme centres, avec une ouverture de compas égale au rayon donné, tracez des arcs qui se coupent en deux points O, O', centres de deux circonférences répondant aux conditions de l'énoncé.

Si le rayon donné est trop grand pour que l'on puisse décrire la circonférence à l'aide du compas ou du cordeau, tracez-la par points comme il est indiqué dans l'exercice suivant. — Pour suivre cette méthode, il est nécessaire de déterminer un troisième point : celui qui se trouve sur la perpendiculaire élevée au milieu de AB. On calculera la distance MM' au moyen de la formule :

$$MM' = R - \sqrt{R^2 - a^2} \qquad (1)$$

R est le rayon donné, *a* la moitié de AB.

Exemple. — Deux points A, B sont distants de 1 mètre, il faut faire passer par ces deux points un arc de circonférence de rayon égal à 10 mètres; on propose de calculer MM', M étant milieu de AB et M' le point où l'arc doit couper la perpendiculaire MM' sur AB.

La formule (1) nous donnera :

$$MM' = 10^m - \sqrt{100 - 0,5 \times 0,5} \qquad (1)$$
$$= 10^m - 9^m087$$
$$= 0^m013.$$

Soit 13 $\frac{m}{m}$.

En général, si R est au moins égal à 10 fois AB, on emploie la formule approchée :

$$MM' = \frac{a^2}{2R} \qquad (2)$$

dans laquelle $a = $ AM (*fig. 135*).

RÈGLE. — Multipliez la moitié de AB par elle-même et divisez le produit par *le diamètre*.

Si R n'est pas égal à 10 AB, tout en étant trop grand pour les limites du tracé, on emploiera la formule approchée plus exacte :

$$MM' = \frac{2\,R\,a^2}{(2\,R + a)\,(2\,R - a)} \qquad (3)$$

RÈGLE. — Multipliez la moitié a de AB par elle-même puis par le double du rayon. Vous obtiendrez un nombre que vous diviserez ensuite par le produit de la somme $(2\,R + a)$ par la différence $(2\,R - a)$.

EXEMPLE. — Supposons : $AB = 2^m$
$$R = 5^m$$

$$\text{donc : } a = \frac{AB}{2} = 1^m$$

$$2\,R\,a^2 = 2 \times 5 \times 1 \times 1 = 10$$
$$(2\,R + a)\,(2\,R - a) = (10 + 1)\,(10 - 1) = 11 \times 9 = 99$$

$$\text{d'où } MM' = \frac{10}{99} = 0^m10101$$

la formule exacte (1) donne :

$$MM' = 0^m10102.$$

8ᵉ Problème. — *Faire passer une circonférence par trois points donnés.*

Reportez-vous pour la solution générale de ce problème au n° **22**, chap. I.

Cas où le centre se trouve hors des limites du tracé.

1ᵉʳ Procédé. — A, B, C sont les trois points donnés; tirez AB, BC, AC et supposons que B soit l'angle obtus (*fig. 136*). Des points A et C comme centres, avec un rayon quelconque, le plus grand possible, décrivez des arcs de circonférence 4'A'4 et 4'C'4.

A partir de A' et de C', dans les deux sens, marquez *avec une même ouverture de compas* les points 1, 2, 3, 4, etc., 1', 2', 3', etc., comme l'indique la figure.

Tirez A1 et C1 : ces droites se coupent en M point de la circonférence ABC. De même, les droites A2 et C2, A3 et C3, etc., se coupent suivant cette circonférence.

Joignez d'autre part A1' C1' : vous obtiendrez un point entre A et C; de même A2' et C2', etc.

Cette construction permettra de tracer par points l'arc ABC et même ses prolongements au-delà de A et de C en dessous de AC.

Les tangentes en A, B et C s'obtiennent de la façon suivante :

Sur AC, construisez (n° **17**, chap. Iᵉʳ) les angles DAC, DCA, égaux à l'angle B, les droites DA, D'C sont les tangentes en A et C. En B : sur BC, construisez FBC égal à l'angle BAC : la droite FB est tangente en B à l'arc ABC.

Au moyen des trois tangentes DA, FB, D'C et de quelques points déterminés comme nous venons de le dire, on décrira assez rapidement à la main l'arc ABC.

2ᵉ Procédé (*fig. 136*). — Découpez dans une tôle mince une pièce *abc* (*fig. 137*) profilée suivant l'angle ABC, les côtés dressés étant au moins égaux à AC.

Appliquez le calibre sur le plan du tracé et faites-le mouvoir en vous attachant à faire passer les côtés par les points A et C : le sommet de l'angle *b* décrira l'arc de circonférence ABC.

Remarque. — Ce procédé ne permet de tracer que l'arc ABC, à moins de prolonger le calibre suivant la partie pointillée de la figure 137.

On pourra construire rapidement une équerre à angle variable pour tous les tracés de ce genre. (Ils se présentent fréquemment en chaudronnerie).

On assemblera à mi-fer deux règles de 4 $^m/_{10}$ d'épaisseur au moyen d'un rivet affleuré des deux côtés. On entaillera chaque règle de façon à permettre de faire varier l'inclinaison de l'une sur l'autre.

On appliquera avec cet instrument le deuxième procédé ; seulement le traçage de l'arc ne sera plus limité aux points A et C : le sommet S pourra se placer au dessous de AC (*fig. 138*).

Remarque. — Ayant décrit un arc de circonférence dont le centre est situé hors des limites du tracé, voici comment on pourra mener le rayon aboutissant à un point M de l'arc (*fig. 136*).

On élèvera en A une perpendiculaire AP à AC, puis, par M, on tracera une droite MR intérieure à AMC et faisant avec MC un angle RMC égal à l'angle PAM : la droite MR passe par le centre de l'arc.

9ᵉ Problème. — *Construction des polygones réguliers*.

Au moyen des procédés pratiques signalés plus haut et en se reportant à ce qui a été dit dans le chapitre Iᵉʳ (nᵒˢ **36** à **52**), on résoudra toutes les questions de traçage sur les polygones réguliers.

On utilisera également le tableau nᵒ **75**, en remarquant qu'il permet, étant donné le côté d'un polygone régulier d'un certain nombre de côtés, de trouver immédiatement le rayon de la circonférence dans laquelle il peut être inscrit.

C'est ce résultat que l'on devra utiliser en pratique : on décrira la circonférence en question sur la pièce de métal et on achèvera le tracé du polygone en portant plusieurs fois à la suite l'une de l'autre la corde donnée.

10ᵉ Problème. — *Tracé d'une ellipse.*

Le tracé d'un mouvement continu au moyen d'un fil sans fin, et de deux pointes maintenues aux foyers par un aide, est assurément le plus rapide et le plus exact (*nᵒ* **77**, *chap. Iᵉʳ*).

11ᵉ Problème. — *Tracé des ovales.*

On se reportera, pour le tracé de ces courbes, à ce qui a été dit précédemment (*chap. Iᵉʳ, nᵒˢ* **88** *à* **93** *inclus*).

12ᵉ Problème. — *Diviser une droite ou une circonférence en un certain nombre de parties égales.*

Méthode générale. — On fractionnera, s'il est possible, la longueur en un certain nombre de parties égales comprenant chacune un même nombre d'intervalles.

On agira pour chaque longueur partielle ainsi obtenue comme pour la longueur totale, jusqu'à ce que le nombre d'intervalles compris dans une des fractions soit un *nombre premier*, c'est-à-dire un nombre divisible exactement par lui-même et l'unité seulement.

· Arrivé en ce point de l'opération, on divisera chaque fragment en portions égales à l'intervalle des deux divisions : la division sera terminée.

Un exemple fera mieux saisir l'esprit de la méthode.

Supposons que nous ayons à diviser une cornière en 72 intervalles. Nous diviserons la longueur totale en 2 parties égales A; chaque partie A en 2 autres égales B; chaque longueur B en 2 autres parties égales C; ce qui nous fera déjà :

$$2 \times 2 \times 2 = 8 \ C$$

72 étant égal à 8×9, chaque portion C doit être divisée en 9 intervalles : on les divisera d'abord en 3, ce qui donnera $2 \times 2 \times 2 \times 3 = 24$ longueurs partielles que l'on partagera à leur tour en 3 chacune et la division de la cornière sera faite.

Pour diviser au compas une longueur en 3, on opère d'abord la division arithmétique; on prend une ouverture de compas égale au quotient ou résultat obtenu et on le porte 3 fois à la suite d'elle-même en ligne droite, en partant de l'origine; on doit retomber à l'autre extrémité.

Voici la liste des nombres premiers de 0 à 100 :

1, 3, 5, 7, 11, 13, 17, 19, 23, 29, 31, 37, 41, 43, 47, 53, 59, 61, 67, 71, 73, 79, 83, 89, 97.

Règle. — Étant donnée une longueur à diviser en un nombre N de portions égales, on pourra opérer comme suit :

1° N est premier.

Dans ce cas, opérer la division arithmétique comme il est dit plus haut (par le calcul);

2° N n'est pas premier (N dépasse rarement 100, on se convaincra qu'il n'est pas premier en le cherchant dans la liste ci-dessus).

Alors décomposer N en 2 autres nombres a et b, tels que

$$N = a \times b.$$

Si a et b sont premiers, diviser la longueur en a parties égales, puis chaque partie en *b* intervalles égaux; la division sera terminée.

Si *a* et *b* ou seulement l'un d'eux ne sont pas premiers, les réduire à des produits de nombre premiers, de telle manière qu'on obtienne ainsi, par exemple :

$$N = a \times b \times c \times d \times f$$

placés par ordre de grandeur croissante.

Divisez en *a*, puis en *b*, etc., comme plus haut.

Exemple. — Si $N = 300$

$$N = 2 \times 2 \times 2 \times 3 \times 3 \times 5$$

expression indiquant clairement l'ordre des divisions successives.

Remarque. — En pratique, on se contente souvent d'opérer par calcul, c'est-à-dire de diviser la longueur totale par le nombre des intervalles et de prendre au compas une longueur égale au quotient.

13ᵉ Problème. — Méthode particulière *pour diviser mécaniquement une circonférence ou un arc quelconque de circonférence en un nombre donné de parties égales.*

Une circonférence de rayon R étant donnée, si on la fait rouler sans glisser suivant une autre de rayon $R \times m$, le point de contact de départ viendra toucher la circonférence fixe en *m* points divisant cette circonférence en *m* arcs égaux.

Si donc, on propose de diviser une circonférence C de rayon donné en *m* parties égales, avec une roulette de rayon *r* on décrira concentriquement à la circonférence C une autre circonférence C', de rayon égal à *m* fois *r*; on marquera un repère P sur le contour de la roulette; on la disposera perpendiculairement au plan des circonférences et on la fera rouler sans glissement sur C' en plaçant au départ le repère sur le point pris comme origine des divisions; on marquera exactement chaque passage du point P au contact et ce jusqu'à ce que toute la circonférence C' ait été parcourue. Si on a opéré avec exactitude, P doit revenir à sa première position et C' doit être divisée en m parties égales.

Pour obtenir la division de C, on tirera les rayons des points de division en se contentant de marquer leur passage sur C.

La division d'un arc quelconque en m parties égales se fera d'une manière analogue, mais un peu moins simple.

On se munira une fois pour toutes d'un disque plan bien tourné, centré exactement et d'un rayon déterminé r.

Un arc quelconque étant donné on en tirera les rayons extrêmes, de façon à construire l'angle dont il est la mesure.

On décrira concentriquement à l'arc donné un arc de rayon égal à r, celui du disque diviseur, et limité aux côtés de l'angle.

On marquera ensuite sur le périmètre du disque deux points P_1 et P_2, comprenant l'arc décrit ci-dessus.

Ceci posé, pour diviser l'angle et les arcs sous tendus en m parties égales, on décrira du sommet comme centre avec un rayon égal à m fois r, celui du disque, un arc limité aux côtés de l'angle même.

On fera alors rouler le disque sur l'arc ainsi obtenu en partant d'une extrémité et y appliquant le point P_1, par exemple. Quand P_2 arrivera au contact, on aura parcouru la m^e partie de l'arc total. On pourra continuer la division au compas, ou remplacer le point P_1 au point obtenu et recommencer comme ci-dessus.

Les rayons des différents points de division partageront l'angle total et tous les arcs compris en m parties égales.

§ II. — **COPIE DE FIGURES COMPOSÉES**

Un dessin coté est livré au traceur; il lui faut reporter sur la surface plane les constructions indiquées sur le dessin, les profils, les évidements, l'emplacement des trous et leur diamètre définitif, etc.

Nous n'avons pas la prétention d'indiquer trait par trait la manière de reporter sur le métal un dessin donné. Nous nous contenterons de donner une marche générale et nous l'appliquerons ensuite à quelques exemples gradués.

Il n'est pas indifférent pour copier un dessin de commencer par un trait plutôt que par un autre : l'opération est sujette à des règles générales qu'il est nécessaire de suivre si l'on veut obtenir un traçage rapide et exact.

Le traceur devra commencer par étudier le dessin qui lui est confié et il déterminera, par la pensée, la forme que devra présenter la pièce découpée.

Tout dessin présente des axes principaux auxquels sont rapportées les distances des traits de contour ou des axes secondaires (axes de trous, d'évidement, de cages, etc.).

L'attention portera d'abord sur les axes principaux que l'on tracera en s'attachant à faire le moins de perte de matière par déchet.

Les axes différents d'un même profil sont ordinairement perpendiculaires.

On commencera par construire les axes les plus éloignés l'un de l'autre, dans les deux sens du tracé.

Ceci fait, on tracera tous les intermédiaires en ayant soin, lorsqu'on aura porté des distances bout à bout, de vérifier que leur somme est bien exactement celle des cotes additionnées.

Ayant ainsi déterminé *tous* les axes du tracé, on commencera à reporter les traits de profil en évitant de prolonger les lignes inutilement, ainsi que le font presque toujours les dessinateurs et traceurs débutants.

On s'attachera à ne déterminer une droite que par deux points le plus éloignés possible.

Les perpendiculaires devront être tracées avec le plus grand soin et la plus grande netteté.

On évitera de déterminer un point par la rencontre de deux lignes formant un angle très petit.

Les traits ne devront pas être corrigés avant d'avoir été complètement effacés. Les traits doubles sont des causes d'erreurs dans l'exécution du travail.

En général, et nous insistons particulièrement sur ce point, les lignes droites devront être tracées *avant* les arcs de courbes qui les raccordent.

L'endroit où deux lignes de différentes espèces se raccordent pourra être indiqué par un petit trait droit transversal passant par le point de raccord.

Cette remarque est particulièrement applicable au cas où la pièce doit être découpée aux machines à fraiser ou à mortaiser.

Le traçage opéré, on pointe, ainsi que nous l'avons dit, les traits d'axe et les traits suivant lesquels doit s'opérer le découpage.

Le pointage devra se faire régulièrement, avec soin, de façon à ne laisser aucun doute sur la ligne à suivre pour le travail d'ajustage.

Nous conseillons au lecteur d'étudier les copies que nous indiquons ci-après et de s'exercer à les dessiner rapidement et exactement; il se rendra ainsi capable d'exécuter n'importe quelle copie de dessin à plat.

Traçage d'un gabarit de cornière ordinaire. — Soit proposé de tracer, sur une tôle mince, le gabarit d'une cornière CAB (*fig. 140*) : tracez les droites AB et AC à angle droit (**11** à **14,** *ch. I*); tirez ensuite l'axe X parallèle à AC et l'axe Y parallèle à AB; ces axes passent par les centres des arcs extrêmes. Placez-vous sur X et Y avec les rayons donnés et décrivez les arcs extrêmes complètement; marquez ensuite le centre K du congé intérieur. Ce centre est donné par ses distances aux faces externes des palettes. Menez les parallèles à AC et AB aux distances données : leur intersection K vous donnera le centre demandé.

De ce point, décrivez le congé. Enfin, au moyen de la règle, tirez les deux tangentes communes à l'arc intérieur et à chacun des arcs extrêmes.

Le profil de section sera complètement déterminé.

Traçage d'un gabarit de cornière à double T (fig. 139). — Tracez l'axe principal XX'; puis, à leur distance respective, les axes y, y', z, z', les 4 axes passant par les centres c_1, c_2, c_3, c_4 parallèlement à XX' et les deux traits parallèles limitant l'épaisseur de l'âme.

Tirez ensuite les lignes AB et A'B', perpendiculaires à XX' et les axes $c_1 c_2$, $c_3 c_4$.

Décrivez alors les 4 arcs c_1, c_2, c_3, c_4, et les 4 arcs de bout de palettes. Enfin, menez à la règle des traits droits raccordant les arcs de congé entre eux et le traçage sera terminé.

Traçage d'un longeron de machine locomotive (fig. 141). — La tôle donnée affecte, en général, une forme se rapprochant de la coupe extérieure du longeron. Commencez donc par tracer, sur toute l'étendue de la tôle, l'axe principal EE qui passe par le centre de deux boîtes E_1 et E_2. Disposez cet axe en prenant les distances aux deux extrémités du longeron.

Déterminez ensuite le trait carré de chaque cage de boîte en tirant les axes $e_1 e'_1$, $e_2 e'_2$, $e_3 e'_3$ perpendiculairement à EE, et après avoir très soigneusement porté les distances $E_1 E_2$ et $E_2 E'_3$.

Si le profil extérieur de la cage E_3 est dégagé, partez de l'axe $e_2 e'_3$ en le plaçant au milieu de la largeur donnée par la forge.

Attachez-vous à placer bien exactement les axes à leurs distances réciproques en vous servant de doubles mètres divisés en millimètres et vérifiez sur le tracé si la distance totale $E_1 E'_3$ est bien égale à la somme des distances partielles $E_1 E_2$ et $E_2 E'_3$.

Sur l'axe $e_3 e'_3$ portez $E'_3 E_3$ égale à la cote donnée, et tirez l'axe GG' parallèlement à EE (*voir 4° problème* de ce chapitre).

Tirez de même parallèlement à EE la ligne principale II' en en déterminant deux points le plus éloignés possible l'un de l'autre.

Passez de là aux traits de profils supérieurs parallèles à EE' en ne les prolongeant pas outre mesure, pour ne pas embrouiller le tracé.

Enfin, limitez le longeron dans sa longueur en tirant les traits BB, L_0l' perpendiculaires à l'axe principal. (On prendra la distance de BB par rapport à $e_1e'_1$ celle de L_0l', par rapport à E'_3; puis, on vérifiera deux fois de suite dans les deux sens, si la longueur donnée au longeron est bien celle prescrite.

Les dimensions générales se trouvant ainsi vérifiées, tracez les cages des boîtes en prenant toutes les distances à partir des axes.

Le traçage de la cage E_1 se fera en déterminant les lignes qui la limitent dans l'ordre suivant mm', $m'n'$ (par les cotes α et β), mn (par les cotes α' et β') et $n'n$ (en joignant n' et n).

Tracez les droites jusqu'en leur rencontre, sans vous occuper des congés de raccord que vous tracerez après.

Après le traçage des cages, passez à celui des évide-

ments du longeron en partant des mêmes axes que précédemment et prenant fréquemment la précaution de
contrôler les distances sur votre tracé avec celles données sur le dessin, par voie d'addition.

Les traits droits étant tous tirés, exécutez les raccords
prescrits (n°ˢ **24** *à* **28,** *ch. 1*), puis passez de là au traçage
des trous de rivets, en commençant toujours par décrire
les lignes d'axe des plus longues clouures.

Traçage des guides pour machines à fraiser. — On
arrive à découper le métal à la fraise suivant des courbes
déterminées de la manière suivante :

Les deux vis commandant les chariots sont enlevées;
la pièce à découper est fixée au petit chariot qui lui-
même est invariablement relié au grand. Celui-ci est
rappelé par un poids contre un profil-guide aux glissières
de la machine.

Pour diminuer le frottement, le grand chariot s'appuie
contre le guide par l'intermédiaire d'une roulette.

La fraise en mouvement, le contre-poids détermine le
travail de l'outil tout en maintenant la roulette en contact
avec le profil. Il en résulte que la pièce est découpée
suivant une certaine courbe.

Il s'agit de tracer le profil du guide, en tenant compte
des diamètres de la fraise et de la roulette, de manière
à obtenir sur la pièce travaillée une courbe donnée
d'avance.

Deux cas peuvent se présenter :

1° Le contact de la pièce et de l'outil a lieu *en avant*
de la fraise par rapport à l'ouvrier.

2° Le contact de la pièce et de l'outil a lieu *derrière* la
fraise, c'est-à-dire du côté du bâti.

Soit F le *rayon* de la fraise, R celui de la roulette et
soit A B le profil à *obtenir* (*fig. 142*).

On tracera préalablement cette ligne sur la tôle qui doit servir de guide (1).

1° Si le travail doit être opéré par la partie *avant* de la fraise, on prendra avec un compas le rayon F de cette fraise; puis d'un grand nombre de points de A B avec ce rayon et *au-dessus* de A B on décrira une série d'arcs très rapprochés dont l'ensemble enveloppera une courbe A'B' (*voir n° **106**, ch. I*). Des différents points de cette courbe comme centres avec R comme rayon et *au-dessous* de A"B", on décrira une autre série d'arcs très rapprochés que l'on réunira aisément à la main par une courbe continue qui est précisément celle du profil-guide.

Remarquons que nous pourrions tracer A"B" en prenant pour rayon (R — F), pour ligne de centre la courbe A B et en ayant soin de décrire les arcs au-dessous de A B si R est plus grand que F et au-dessus si R est au contraire plus petit que F.

Enfin, on verra sans peine que dans le cas qui nous occupe, si R = F le profil-guide sera l'exacte reproduction du profil à obtenir.

Pour s'éviter un traçage supplémentaire, on munira donc le fraiseur d'une série de roulettes correspondant à la série de fraises.

2° Si le contact de la fraise et de la pièce à découper doit avoir lieu *derrière* la fraise, on prendra avec un compas la somme des rayons F et R et de tous les points de AB (*fig. 143*), profil à obtenir, *en-dessous* de la courbe on décrira un grand nombre d'arcs dont les centres seront aussi rapprochés que possible. L'ensemble des arcs ainsi décrits figurera le profil-guide à employer. (*Voir n° **106**, ch. I*).

Remarque générale. — Quand les profils à obtenir sont circulaires les profils-guides le sont aussi.

---

(1) Dans la figure nous supposons la fraise au-dessus de A B.

Exemple I. — Tracer les profils-guides nécessaires pour fraiser une coulisse évidée à arcs circulaires (*fig. 144, pl. IX*).

Les 4 courbes à profiler sont des arcs de circonférences concentriques de rayons 1^m500, 1^m450, 1^m400 et 1^m350.

La fraise a 0,040 $\frac{m}{m}$ de diamètre; la roulette, 0,060.

Les arcs de 1^m500 et 1^m400 seront faits par la partie avant de la fraise; les deux autres, par la partie arrière.

On propose de calculer les rayons des quatre profils-guides sur lesquels doit s'appuyer la roulette.

Profil-guide de A.

Reportons-nous à ce qui a été dit précédemment et traçons le profil à obtenir, un arc de 1^m500.

La différence entre R et F est ici de :

$$\frac{60}{2} - \frac{40}{2} = 10 \frac{m}{m}$$

Le profil-guide est un arc de 1^m500 — 0^m010 = 1^m490 qu'il sera facile de décrire.

Profil-guide de C.

Même méthode. — Ici le rayon du profil-guide sera :

$$1^{m}400 - 0^{m}010 = 1^{m}390 \frac{m}{m}$$

Profil de B.

Si nous opérons comme il est indiqué, la courbe obtenue sera un arc de rayon égal à celui de B diminué de R + F soit :

$$1^{m}450 - \left(\frac{0,040}{2} + \frac{0,060}{2} \right) = 1^{m}400$$

Profil de D.

Même méthode. — Le rayon du profil-guide sera :

$$1^{m}350 - \left(\frac{0,400}{2} + \frac{0,060}{2} \right) = 1^{m}300$$

Exemple II. — Étant donné le croquis d'une *chape* (*fig. 145*), on propose de tracer le profil nécessaire pour fraiser la partie MN composée de deux arcs de 1ᵐ et 1ᵐ800. La fraise, travaillant par sa partie *avant*, a un diamètre de 35 ᵐ/ₘ et la roulette qui s'appuie sur le profil a un diamètre de 50 ᵐ/ₘ.

Tracez sur la tôle le profil MN tel qu'il vous est donné par le dessin (*fig. 145 et 146*).

Marquez les points O' et O centre des arcs, augmentez le rayon O'M du rayon de la fraise 17 ᵐ/ₘ 5, ce qui donne à l'arc M'P' un rayon de 1ᵐ0175.

Diminuez ensuite le rayon O'M' du rayon de la roulette, soit 25 ᵐ/ₘ, vous aurez ainsi le rayon :

$$O'M'' = 1^m0175 - 0{,}025 = 0^m9925\,;$$

il vous servira à décrire l'arc M''P'' qui représente une portion du profil; après quoi, vous décrirez P''N'' avec O comme centre et OP'' comme rayon. (Sur la figure, le centre O est hors de l'épure).

La courbe M''P''N'' donne le profil-guide à employer dans les conditions données.

Remarques. — I. — On remplace souvent la roulette par une pièce terminée en pointe arrondie. On prend alors le rayon de l'*arrondi* et on l'utilise dans le tracé du profil comme nous avons utilisé précédemment le rayon de la roulette.

II. — On remarquera que, pour le cas où la fraise doit travailler par sa partie *avant*, on pourra utiliser pour la confection d'une série de pièces semblables, des fraises et des roulettes de différents diamètres, avec la seule condition que la *différence* de diamètre entre la fraise et la roulette accouplées, doit rester constamment la même. — En effet, si on envisage le tracé (*fig. 142*), on voit que la distance de la courbe de profil A''B'' à la courbe donnée AB est constamment égale à la différence des rayons de la roulette et de la fraise ou à la demi-différence des diamètres.

Ainsi, dans l'exemple II qui rentre dans le cas susdit, on pourra remplacer la fraise de 35 mm par une de 40 mm en ayant soin de remplacer également la roulette de 50 mm par une de 55 mm, car on a :

$$55 - 40 = 50 - 35.$$

III. — Pour le cas où la fraise doit travailler par sa partie *arrière*, si l'on veut employer différentes fraises, pour faire une série de pièces semblables, il sera nécessaire que la *somme* des diamètres de la fraise et de la roulette accouplées soient constamment la même.

Ainsi, dans l'exemple I, pour le profil servant à obtenir l'arc B, nous avons trouvé un arc de rayon 1ᵐ400 ; ce rayon nous l'avons obtenu en retranchant du rayon de B, 1ᵐ450, la somme des rayons de la fraise et de la roulette, soit $0,020 + 0,030 = 0,050$.

Si nous voulons, dans le cours du travail, changer la fraise en conservant notre profil, il sera nécessaire d'employer une autre roulette. Ainsi une fraise de 50 mm de diamètre demandera une roulette de 50 mm parce que $50 + 50 = 100$, somme des diamètres de la fraise et de la roulette qui nous ont servi à tracer le profil. — On pourra ainsi former un tableau de ce genre :

Fraise (diam.)	Roulette (diam.)
60 mm	40 mm
55	45
50	50

En remarquant que ces 3 combinaisons en représentent 6 en réalité, car on peut prendre pour diamètre de la roulette celui d'une fraise en prenant pour diamètre de fraise celui de la roulette correspondante. Ainsi, de ce qu'une fraise de 60 mm et une roulette de 40 mm peuveut être utilisées, on déduira qu'on peut également employer une roulette de 60 avec une fraise de 40.

ENGRENAGES

Les dessins d'engrenage remis au traceur lui permettent de copier sur un calibre le profil des dents et de le reporter au moyen de ce calibre sur la roue cylindrique ou conique qui a déjà subi un premier ajustage au tour.

Dans la pratique, le traçage du calibre pour un engrenage cylindrique se fait au moyen d'un arc de circonférence formant *face* et *flanc*, ou par la réunion de deux arcs tangents dont l'un forme la face et l'autre le flanc de la dent.

Nous n'entrerons donc pas dans l'exposé des différentes méthodes de tracé des engrenages; ce serait nous éloigner du but purement pratique que nous avons visé en composant ce manuel. Il ne manque pas de bons ouvrages spécialement destinés à l'indication détaillée de ces méthodes dont l'application est faite au bureau des projets et non au marbre.

Cependant, nous croyons devoir signaler aux traceurs une méthode dite de *Willis*, conduisant rapidement au traçage pratique des dents d'engrenage au moyen *d'un seul* arc de circonférence.

Traçage des dents d'engrenage au moyen d'un arc de circonférence. — Tracez (*fig. 147*) les deux *circonférences primitives* des deux roues d'engrenage C et C' (sur le dessin, ces circonférences qui coupent les dents vers le milieu de leur hauteur, *à leur emprise*, sont tracées ordinairement à l'encre bleue).

(Pour décrire C,C', on commence par tirer la ligne des centres CC' indéfinie, on prend un point C et on détermine l'autre par la somme des rayons).

Avec le rayon de la plus grande circonférence, ici C', et du point A, décrivez l'arc C'KK' — placez-vous avec ce même rayon en K et marquez K' tel que KK' = KC'; appliquez une règle suivant C'K' et marquez le point M' au milieu de AK.

Tirez AM' très soigneusement et prolongez jusqu'en M où elle rencontre la circonférence C. Enfin, prenez les milieux γ et γ' de AM et AM'.

γ' est le centre de l'arc profil de la dent de C', et γ'A est le rayon.

γ est le centre de l'arc profil de la dent de C supposée en A et γA est le rayon de cet arc.

Donc, des points γ et γ' avec γA et γ'A respectivement comme rayons, décrivez deux arcs : ils pourront servir à découper les calibres des dents de chaque roue.

Si l'on a décrit sur les engrenages mêmes les circonférences C et C', marqué sur ces circonférences l'emplacement des *pleins* et des *creux* (en calculant le *pas*), on pourra se dispenser de tailler un calibre et limiter toutes les dents de chaque engrenage au compas.

On décrira du centre C', par exemple, une circonférence de rayon égal à C'γ', on prendra une ouverture égale à Aγ'. Si PP' est un plein, on se placera successivement en chacun de ces points comme centre et on coupera la circonférence C'γ' en entrecroisant les rayons.

Les deux points p, p', ainsi déterminés sont les centres des arcs à décrire pour limiter la dent PP'.

Ayant tracé les dents par ce procédé, il restera à les limiter suivant la *conduite* que l'on veut donner à l'engrenage.

La marche à suivre pour le pignon C est identique à la précédente : la circonférence contenant tous les centres sera décrite avec Cγ comme rayon.

Odontographe. — L'odontographe est un rapporteur gradué servant à déterminer immédiatement d'après les circonférences primitives et les pas de deux engrenages accouplés, la position du centre et le rayon des arcs de circonférence formant le profil des dents.

C'est une application de la méthode Willis; nous n'en parlons ici que pour mémoire, cet instrument étant d'un usage peu fréquent à l'atelier.

CAME EN COEUR

Rappel de définition. — La came en cœur est destinée à transformer un mouvement circulaire continu à vitesse constante, comme celui d'un arbre de transmission, par exemple, en un mouvement rectiligne alternatif, à vitesse constante.

On donne ordinairement la course du *cadre* ou de l'arbre à *came* que l'on veut animer du mouvement rectiligne, ainsi que le plus petit rayon de la came conductrice.

C'est de ces éléments que nous allons partir pour opérer le traçage du profil.

On peut tracer le profil sur la came même ou bien découper d'abord un calibre sur la tôle pour l'ajustage; c'est en général la seconde méthode qui prévaut : le mode de traçage indiqué ci-après s'applique aux deux cas.

Du point O centre de rotation de la came, décrivez, avec le plus petit rayon OA donné, une circonférence AOA' (*fig. 148*). Tirez le diamètre indéfini AOA'B, et portez suivant A'B la course à donner à l'organe, *cadre, bouton* ou *taquet.*

Divisez la demi-circonférence A2'A' et la course A'B, en un même nombre de parties égales, représentant, sur la demi-circonférence, des fractions de tour de la came et sur A'B des fractions de course de l'organe.

Ici nous avons divisé chacune des lignes en quatre parties égales (**36**, *Ch. I*er).

Tirez les diamètres des points de division de A2'A' indéfiniment, numérotez tous les points ainsi obtenus ainsi que ceux sur A'B comme il est indiqué sur la figure.

Ceci posé, avec le compas, de O comme centre, rabattez 1 de A'B en P'$_1$, et P"$_1$, sur les rayons O1' et O1"; 2 en P'$_2$ et P"$_2$ sur les rayons de O2' et O2", et ainsi de suite.

Joignez les points A, P'$_1$, P'$_2$..., B et A, P"$_1$, P"$_2$..., B ainsi obtenus par un trait courbe continu et vous obtiendrez la ligne guidant le centre du bouton, le cadre ou le taquet suivant le cas. — Immédiatement après avoir décrit le profil de départ, il importe de corriger ce profil aux points A et B où il présente des points anguleux qui nuisent au fonctionnement régulier de l'organe (**104**, *Ch. I*er).

Pour ce faire, placez la pointe d'un compas sur l'axe BA au-dessus de A et avec un rayon à peu près égal au 1/8 de AB décrivez un arc de circonférence $\alpha'\beta\alpha"$ tangent en α' et $\alpha"$ à chacun des arcs de la courbe profil.

Prenez ensuite Bβ' égale à Aβ sur BA et au-dessus de B : puis plaçant la pointe d'un compas sur l'axe BA, tracez un arc de circonférence passant en β' et se raccordant avec les deux arcs de courbes en γ' et $\gamma"$.

Ces deux opérations n'exigeront du reste que très peu de tâtonnements de la part d'un traceur exercé.

Remarque. — Si la came conduit un bouton cylindrique d'un rayon donné, pour obtenir le profil de découpage, décrivez comme il est indiqué au n° **106,** *Chapitre I*[er], une courbe équidistante de celle que nous venons d'obtenir d'une quantité égale précisément à ce rayon et intérieurement à la courbe $\beta\alpha'\gamma'$ B'γ'' $\alpha''\beta$.

Si au lieu d'une came ordinaire, on doit employer une rainure guidant un bouton, pour obtenir les courbes limitant la rainure, tracez intérieurement et extérieurement au profil primitif $\beta\alpha'\gamma'$ B'$\gamma''\alpha''\beta$, avec le rayon du bouton, les courbes équidistantes de ce profil (**106,** *Ch. I*[er]).

Notes relatives au tracé de la courbe AP$_1$'BP$_1$''A (fig. 148).

I. — Pour l'exactitude du tracé, on divisera A2'' A'et A'B en un très grand nombre de parties égales de façon à obtenir des points très rapprochés de la courbe.

II. — On pourra aussi tracer en chaque point la tangente à ce profil, ce qui facilitera singulièrement le traçage à la main. Voici comment on déterminera cette tangente pour un point quelconque, K par exemple *(fig. 148)* : On prendra KM égale à la 1/2 course A'2, on élèvera en M la perpendiculaire MM' à OK et on prendra la longueur MM' égale à OK multipliée par 1,571. Puis on tirera M'KT ; c'est la tangente au point K.

III. — Il suffira toujours de bien déterminer une moitié du profil coupé par AB ; le calibre étant bien ajusté suivant cette moitié et suivant AB servira, en le retournant, pour l'autre région de la courbe.

Cette remarque s'applique naturellement à tous les cas considérés : came à rainure, came ordinaire ; came de marteau frontal, de martinets, de marteau-pilon.

COPIE D'UNE FIGURE IRRÉGULIÈRE (COURBES, ORNEMENTS, ETC.)

Tracez sur le modèle un carré englobant toute la figure à copier (*fig. 149*) ; divisez chaque côté en un certain nombre de parties égales et joignez les points de division opposés comme l'indique la figure.

Copiez ensuite sur la surface du traçage à opérer un carré exactement égal au carré ABCD (*fig. 150*) : divisez-le de la même manière et commencez la copie de la figure irrégulière en reportant au compas, sur votre tracé, les points où les parallèles menées dans ABCD rencontrent les lignes de cette figure.

Joignez ensuite à la main les points obtenus en vous attachant à donner aux lignes la même courbure que sur le modèle.

Remarque. — Si on voulait *réduire* ou *amplifier* la figure donnée, on tracerait le carré A'B'C'D', suivant ABCD, à l'échelle donnée au moyen du compas de réduction (§ *IV, Chap. II*), puis on reporterait sur A'B'C'D', les distances relevées sur ABCD en les réduisant ou amplifiant. Le reste comme ci-dessus.

Copier une rainure courbe d'après une pièce plane ajustée à remplacer. — Soit par exemple l'excentrique en cœur (*fig. 151*) que l'on doit remplacer. Il s'agit de copier la courbe de la rainure sur un disque tourné, dressé et percé.

La méthode de copie pour les carrés peut ici être remplacée par celle-ci :

Passez à la pierre rouge les bords de la rainure et du trou de calage. Appliquez sur la pièce une feuille de papier blanc et au-dessus d'autres feuilles formant épaisseur, serrez l'ensemble sous le disque nouveau, avec la vis d'une machine-outil, d'une machine à percer par exemple. Le contour se dessinera sur la feuille en contact d'une façon suffisamment nette.

Découpez dans la feuille le trou de calage, montez un axe légèrement conique dans celui du disque et appliquez la feuille sur le disque en vous centrant sur l'axe. Pointez suivant les contours et vérifiez au compas avec le diamètre du galet comme ouverture que les deux courbes limitant la rainure sont en tous points équidistantes (**106**, *Ch. I*ᵉʳ).

Tracer dans un disque plan une rainure devant guider un galet suivant une courbe donnée. — Tracez dans les conditions données, à la surface du disque, la courbe que doit suivre le centre du galet. Puis, d'un grand nombre de points de cette courbe comme centres, avec le *rayon* même du galet, tracez de part et d'autre des courbes équidistantes de la première (**106**, *Chap. I*ᵉʳ); ces courbes limitent la rainure demandée.

§ III. — **TRAÇAGE DE CHAUDRONNERIE**

A. — DÉVELOPPEMENT DES TÔLES PLIÉES

Les boîtes de formes diverses : cuves, hottes de forges, caisses métalliques, réservoirs, sont formées de tôles planes pliées ou réunies deux à deux suivant leurs bords rectilignes, soit par cornières, soit par soudure. Il faut pouvoir, étant donné le dessin d'un appareil de ce genre, tracer à plat les lignes de découpage, les arêtes de soudure, les lignes de rivets ou les bords tombés.

Nous allons indiquer ici la marche à suivre lorsque les tôles ne sont pas cotées suivant leurs véritables dimensions, mais d'après leurs projections. Nous prendrons pour exemples : une trémie, une hotte de forge, une brouette à caisse métallique.

Traçage d'une trémie à bords ajustés. — La trémie se compose de 4 parois que nous supposerons assemblées par cornières suivant leurs arêtes après échanfrinage.

1° Parois ABCD (*fig. 152*). — Copiez, sur la tôle à utiliser, suivant les *cotes* AB, CD, AA_1, données sur le dessin, la figure ABCD qui représente en bout, en projection, une des grandes parois de la trémie. — Si vous prenez ensuite (*fig. 152*) $B_1b = A_1a$ et toutes deux égales à BD (*fig. 153*) et que vous tiriez Ca, *ab, b*D, vous aurez suivant Ca*b*D la *vraie grandeur* de la paroi. (La disposition de notre figure est faite pour la clarté de la description : mais il est évident qu'en pratique, toutes les constructions s'opèrent du même côté de A_1B_1 que l'on tire alors près du bord de la tôle).

2° Parois BFDG (*fig. 153*). — Vous obtiendrez la

vraie grandeur D*b*f G des deux parois BFDG d'une manière identique à la précédente. — Ici $B_2 b = F_2 f = AC$
longueur prise sur la *figure 152*.

Remarque. — On voit qu'il est tout d'abord nécessaire
de construire les deux *vues* ou *projections* ABCD, BFDG,
données par le dessin.

Traçage d'une hotte de forge irrégulière (fig. 154, 155,
156).

1° Tôle de face. — Tracez le trapèze ABDC (*fig. 156*)
tel qu'il est coté sur le dessin par : AB, h, CA_1, $B_1 D$
(*fig. 154*).

Aux points C et D élevez des perpendiculaires à CD
(*fig. 156*).

Abaissez BB' perpendiculaire sur CD et prenez BB'
(*fig. 156*) égale à AC (*fig. 155*) que vous pouvez construire par AA_2 et $A_2 C$.

Par B' menez C'B'D' parallèle à CD : tirez AC', BD' :
la figure AC'D'B représente en vraie grandeur la tôle
de face (*fig. 156*).

2° Tôle de côté BDGH. — Sur BD' comme diamètre
(*fig. 156*) décrivez une demi-circonférence.

Puis, par un arc décrit de B avec BD, marquez le point
D'' et tirez D'D''H' et BD'' (*fig. 156*) ; par B menez BG'
parallèle à D'H' et prenez (*fig. 156*) D''H' = BG' = EA
(*fig. 155*) ; enfin, tirez G'H'.

La figure BG'H'D' représente en vraie grandeur la
tôle du côté BD.

3° Tôle de ACEF.
Même marche que pour l'autre tôle de côté.
Décrivez une demi-circonférence sur AC' comme
diamètre (*fig. 156*), puis avec AC (*fig. 155*) du point A

(*fig. 156*), marquez le point C'', tirez AC'', C'C'' et prolongez cette dernière ligne, élevez en A la perpendiculaire AE' à AC'' : prenez AE' = C''F' = AE (*fig. 155*) et joignez E'F'.

La figure AE'F'C' représente en vraie grandeur la tôle du côté AC (*fig. 154*).

Tracez sur chaque tôle la ligne de rivets, et, s'il y a lieu, le bord à relever le long de F'C'D'H.

Au cas où il y aurait une quatrième tôle formant fond vertical, elle serait représentée en vraie grandeur par le trapèze ABCD (*fig. 154*).

Remarque. — Il faut, avant toute opération, tracer les projections de la hotte pour avoir la longueur des lignes obliques non cotées telles que AC, BD (*fig. 154* et *155*).

Traçage d'une caisse de brouette métallique.

La caisse se compose d'un fond DC, DF, et de quatre côtés dont il faut trouver la vraie grandeur (*fig. 157, 158, 159*).

1° Le fond est un rectangle de dimensions DC, DF.

2° Tôles latérales, telles que ABCD (*fig. 157*).

Tracez la figure ABCD (*fig. 159*) suivant les cotes AD_1, BC_1, D_1D, et CC_1, D_1C_1 (*fig. 157*).

Puis, suivant D_1A (*fig. 159*), portez $D_1A' = DA$ que vous prenez sur la vue en bout (*fig. 158*).

De même, suivant C_1B (*fig. 159*) portez $C_1B' = DB$ (*fig. 158*).

Enfin, tirez A'B' — A'B'CD est la vraie grandeur des deux parois latérales de la brouette.

3° Tôle de bout AEDF. Sur A'D (*fig. 159*) décrivez

une 1/2 circonférence; du point D avec AD comme rayon marquez le point D" : tirez A'D" et prolongez; par D menez DF' parallèle à A'D".

$$\text{Prenez A'E'} = \text{AE} \ (\textit{fig. 158});$$
$$\text{DF'} = \text{DF} \ (\textit{fig. 158}).$$

Enfin joignez E' F' (*fig. 159*); la figure A'E'F'D représente en vraie grandeur la tôle de bout AEDF;

4° Tôle d'avant B'G'CK' (*fig. 159*).

Sur CB' comme diamètre (*fig. 159*) décrivez une 1/2 circonférence; du point C, avec CB, décrivez BG" tirez B' G" et prolongez.

Par C menez CK' parallèle à B'G' prenez B'G' égale à BG; CK', égale à DF (*fig. 158*); enfin, joignez K'G'.

La figure CB'G'K' (*fig. 159*) représente la vraie grandeur de la tôle d'avant.

Tracez les lignes de rivets à la demande des cornières ou couvre-joints et ajoutez les bords à tomber s'il y a lieu.

REMARQUE. — Les deux tôles trapézoïdes de bout, peuvent s'obtenir sans recourir à la *figure 159*, mais bien en suivant la même méthode que pour la *trémie*.

B. — TRAÇAGE DES TÔLES A CINTRER.

Ce genre de traçage est un de ceux qui demandent le plus de soins. Il est, du reste, aussi l'un des plus intéressants, eu égard aux résultats obtenus.

Le calcul des développements de tôle, le traçage des intersections avant ou après le *cintrage* demandent une sérieuse attention et une certaine habitude du trait.

Aussi ne saurions-nous trop engager nos lecteurs à travailler cette partie de l'ouvrage.

Nous nous sommes efforcé de donner l'exposé des méthodes le plus clairement et le plus simplement possible.

Nous nous sommes surtout attaché à *réduire les tracés aux limites des surfaces dont on dispose.* On n'aura pas, de la sorte, à recourir aux grandes épures tracées sur d'immenses panneaux, comme on en voit dans presque tous les ateliers de chaudronnerie.

Nos méthodes ne sont pas générales, il est vrai : elles sont néanmoins mathématiquement rigoureuses et conduisent à un traçage rapide et exact.

D'autre part, les problèmes à résoudre dans l'application sont loin d'être les plus généraux de leur espèce. C'est ainsi que le *cylindre* et le *cône* circulaires droits entrent comme données dans un grand nombre de cas. En outre, les axes des surfaces en question, sont presque toujours dans des positions mutuelles particulières.

C'est, du reste, de ces seuls cas simples que l'on peut donner des solutions *réduites* vraiment pratiques : lorsque les surfaces seront placées d'une manière quelconque, il sera beaucoup plus commode de tracer les épures complètes.

Deux tôles sont le plus souvent réunies suivant un des modes ci-après :

1° Les bords des jonctions sont percés de trous de même diamètre et également espacés sur l'une et l'autre tôle — les tôles sont ensuite amenées l'une au-dessus de l'autre, les trous en correspondance; l'ensemble est rivé et constitue la *clouure.*

2° Les bords des jonctions percés comme il est dit

plus haut sont simplement amenés en regard l'un de l'autre, champ contre champ et réunis par une bande de tôle intermédiaire rivée à chacune des deux autres et constituant le *couvre-joint*.

Dans le cas d'une tôle cintrée devant s'appuyer sur une autre, l'assemblage peut se faire soit par l'intermédiaire d'une cornière cintrée suivant la courbe d'intersection, soit en repliant le bord de la première tôle suivant une *collerette* de largeur constante, que l'on perce de trous correspondant exactement à d'autres percés sur la seconde tôle.

Lorsque l'on doit assembler deux bords droits, on peut tracer et percer séparément les trous sur chacune des tôles. — On les présente ensuite l'une à l'autre, on assujettit l'ensemble au moyen de quelques *goujons* et l'on *broche* ou *alèse* les trous dont les axes ne coïncident pas.

On peut cependant, pour plus de sûreté, tracer et percer des trous d'une des tôles et tracer les centres des trous de la 2ᵉ en superposant les deux pièces et pointant la tôle non percée au moyen d'un *pointeau* bien centré d'un diamètre sensiblement égal à celui des trous.

De même, lorsque les tôles doivent être assemblées par une cornière, on percera d'abord sur la cornière, puis on pointera sur chacune des tôles.

Enfin si l'assemblage se fait par une collerette s'appliquant sur une tôle cintrée et non percée, on tracera et percera la collerette et on pointera sur la deuxième tôle.

Nous donnerons les tracés d'intersection sans tenir compte des collerettes ou *bords tombés,* c'est-à-dire, en supposant que les enveloppes sont soudées suivant leurs lignes de rencontre : on décrira la ligne de découpage d'après la courbe d'intersection déterminée par l'épure en traçant une deuxième courbe équidistante de la première. A cette fin, on pourra utiliser le procédé indiqué au n° **106** du chapitre Ier.

Remarque importante. — Lors du cintrage d'une tôle, il se passe un fait dont on ne doit pas négliger l'importance : les fibres du métal extérieures au cintre s'allongent; les fibres intérieures se raccourcissent; on admet, en règle générale, que les fibres du milieu ne varient pas.

Le cintrage des cornières donne lieu à des remarques analogues. Le phénomène est plus complexe à cause de la variété de profil de sections; on pourra considérer comme fibre neutre, la fibre passant par le centre de gravité de la section.

Il est bien entendu que nous ne reviendrons pas sur cette remarque dans l'exposition des méthodes qui vont être données. Quand nous développerons un cylindre, ce sera sur sa circonférence moyenne dont le diamètre est égal au diamètre extérieur diminué de l'épaisseur de tôle ou au diamètre intérieur augmenté de cette épaisseur. Nous procèderons de même lorsqu'il s'agira de développer un cône ou un tronc de cône.

Lorsque la section extérieure ou intérieure d'une tôle cintrée sera une ellipse, on admettra que la ligne moyenne est aussi une ellipse.

Voici un exemple qui permettra de déterminer dans tous les cas cette section moyenne :

Une tôle cylindrique de 14 millimètres est cintrée intérieurement suivant une ellipse dont les axes sont 1ᵐ50 et 1 mètre; on propose de développer la tôle à plat.

Décrivez une ellipse dont les axes soient :

$$1^m500 - 14 \tfrac{14}{10} \text{ soit } 1^m486$$
$$\text{et } 1^m000 - 14 \tfrac{14}{10} \text{ soit } 0^m986$$

et rectifiez la courbe suivant un des procédés donnés au n° **105** du chapitre Ier, la longueur obtenue sera celle de la tôle à plat.

Pince. — Dans l'exposé des méthodes de traçage des développements de tôles, nous ne tiendrons pas compte des *pinces;* il sera facile de le faire après l'exécution complète du tracé et en s'inspirant du genre de travail auquel il s'applique.

1er Exercice. — *Développement d'une enveloppe cylindrique à joint rivé dont les coupes doivent être perpendiculaires aux génératrices.*

Le développement se fait suivant un rectangle dont la base est égale à la longueur rectifiée de la section (circonférence, ellipse, etc.), et dont la hauteur est représentée par celle même de l'enveloppe.

On commencera donc par tracer sur la tôle à découper le rectangle en question. Pour le développement de la section, si c'est une circonférence, on utilisera la formule donnée précédemment, Chapitre Ier, n°s **59** et suivants. Si c'est une ellipse, on se reportera aux n°s **81** et suivants du Chapitre Ier. Dans tous les cas, on pourra employer l'une des méthodes données au n° **105**, même chapitre.

Si l'assemblage doit se faire par recouvrement, on ajoutera, au développement de la section, celui du recouvrement.

Après quoi, on tirera les traits du rivetage à la distance prescrite des bords de la tôle ; on divisera les clouures suivant le nombre des rivets ou suivant leur écartement et on pointera.

EXEMPLE. — Traçage à plat d'une virole circulaire de chaudière dans une tôle de 14 ᵐ/ₘ d'épaisseur. Longueur de la virole : 1ᵐ510; diamètre intérieur : 1ᵐ097; recouvrement : 0ᵐ080.

Dans le cas présent, le diamètre moyen est égal à 1ᵐ097 + 0ᵐ014 soit 1ᵐ111. Le développement de la section moyenne est donc (**59**, *ch. Iᵉʳ*) :

$$1^m111 \times 3,1416 = 3^m487$$

le rectangle à tracer aura donc une hauteur de 1ᵐ510, et une base de 3ᵐ487 + 0,080 de recouvrement soit 3ᵐ567.

2ᵉ Exercice. — *Développement d'une des tôles d'une enveloppe cylindrique formée d'une série de tôles égales alternées et rivées.*

EXEMPLE : *Gazomètre*. — On développera la tôle en question en suivant les cotes de rivetage : puis on ajoutera sur les quatre côtés une bande de largeur égale au demi-recouvrement des tôles l'une sur l'autre, en ménageant les pinces.

EXEMPLE. — La partie cylindrique d'un gazomètre doit être formée par la réunion d'un certain nombre de tôles égales : il doit y en avoir 15, suivant la circonférence et 10 suivant la hauteur

Le gazomètre doit avoir 6 mètres de hauteur et 5ᵐ500 de diamètre moyen. Le recouvrement des tôles l'une sur l'autre sera pris égal à 0ᵐ060. On propose de calculer les dimensions d'un rectangle pouvant servir de calibre pour tracer les tôles à plat.

La circonférence moyenne du gazomètre est égale à

$$5^m500 \times 3,1416 = 17^m278$$

Cette longueur divisée en 15 nous donnera la distance rectifiée de deux lignes verticales de rivets; soit 1^m152.

La distance de deux lignes horizontales successives sera prise égale à $\dfrac{6^m}{10}$ soit 0^m600. On tracera donc un rectangle de 1^m152 sur 0^m600 et on tirera ensuite extérieurement à ce rectangle quatre traits droits parallèles aux côtés et à une distance de $\dfrac{0^m060}{2}$ ou 0^m030. — Le calibre, convenablement pointé, pourra servir au traçage des trous de rivets.

3e Exercice. — *Développement d'une tôle cylindrique circulaire dont une coupe est oblique à l'axe* (fig. 160, 161, pl. XI).

Supposons la ligne de joint suivant la plus courte génératrice.

Tracez un rectangle $A_1B_1A_2B_2$ (*fig. 161*) tel que A_1B_1 soit égale à AB (*fig. 160*), toujours cotée sur le dessin et que B_1B_2 soit égale au développement de la section moyenne ainsi que nous l'avons indiqué dans le 1er Exercice.

Prenez les milieux O_1, D_1, de A_1A_2 et B_1B_2; tirez D_1O_1 et prolongez d'une longueur $O_1C'_1$ telle que $D_1C'_1$ soit égale à la plus longue génératrice DC (*fig. 160*).

Enfin joignez C'_1A_1, C'_1A_2, et prenez-en les milieux N_1 et N'_1.

Les cinq points A_1, N_1, C'_1, N'_1, et A_2 appartiennent à la courbe de découpage. Cette courbe est formée de quatre parties égales allant la première de A_1 en N_1, la deuxième de N_1 en C'_1, etc. De sorte qu'ayant très exactement relevé sur un patron un arc C'_1N_1 par exemple, suivant la méthode que nous allons donner, il suffirait de tracer successivement chaque partie suivant le patron découpé.

Nous allons indiquer comment on devra s'y prendre pour trouver rapidement, sur la tôle même, un grand nombre de points de la courbe de découpage.

Sur C'_1O_1 (*fig. 161*) comme diamètre, décrivez une circonférence; du même centre, avec un rayon égal au rayon moyen de l'enveloppe, tracez une deuxième circonférence P_0P_1...

Divisez la demi-circonférence $P_0P_3P_6$ en un nombre pair de parties égales (en tirant d'abord $N_1N'_1$) suivant les méthodes données dans le premier chapitre n° **36** et suivants. Soient P_0, P_1, P_2, P_3, P_4, P_5, P_6, les points de division : tracez les diamètres de ces points et soient C'_1, 1, 2, 3, 4, 5 et O_1 les points où ces diamètres coupent la circonférence C'_1O_1 : par 1, 2, 3, 4, 5 menez des parallèles à A_1A_2. Sur la parallèle du point 1, à droite et à gauche de m_1, portez *une* fois l'arc P_0P_1 (ici, le $1/12^e$ de la circonférence moyenne développée suivant A_1A_2) — vous obtiendrez K_1 et K'_1. Sur la parallèle du point 2, à droite et à gauche de m_2, portez *deux* fois l'arc P_0P_1, suivant m_2K_2 et $m_2K'_2$, d'où, deux nouveaux points K_2 et K'_2.

Dans le cas présent, si l'on a bien opéré N_1 et N'_1 étant les milieux de C'_1A_1, C'_1A_2, les longueurs, N_1m_3 et N'_1m_3 doivent contenir chacune *trois fois* l'arc P_0P_1.

Continuez la détermination des points de la courbe en portant $m_4K_4 = m_4K'_4 = $ *quatre fois* P_0P_1, et ainsi de suite, suivant le plus ou moins grand nombre de divisions.

Joignez ensuite les points $C'_1K_1K_2N_1K_4K_5A_1$ par un trait continu (soit à la main, soit en s'inspirant du procédé donné chapitre 1er, n° **103**).

Tracez de même la partie droite de la courbe et pointez.

Si l'on veut utiliser la remarque faite au début de cet article, on pourra découper dans de la tôle, du carton même, une courbe passant par les points et se servir de ce calibre pour tracer les quatre arcs de la courbe en remarquant que le point K_4 correspond au point K_2, le point K_4 à K_5, et A_4 à C'_4.

Remarque. — I. — En divisant la demi-circonférence $P_0P_3P_6$ en 12 parties égales, on aura suffisamment de points dans la plupart des cas pour pouvoir tracer le profil de découpage de la tôle.

II. — Au cas où la tôle cintrée doit s'appuyer par sa coupe oblique, au moyen d'une collerette rivée sur une autre surface, on tracerait la courbe équidistante de celle obtenue ci-dessus en utilisant le procédé indiqué au n° **95** du Chapitre Ier.

Remarque analogue pour le cas où l'on aurait à tracer une ligne de rivetage intérieure à la courbe.

III. — Si la fermeture de l'enveloppe doit se faire par recouvrement, on tirera extérieurement à $A_4B_4 A_2B_2$ deux traits parallèles à A_4B_4 et A_2B_2 à une distance égale au demi-recouvrement (*fig. 161*).

La ligne de clouure est ordinairement ou la plus courte ou la plus longue des génératrices, c'est-à-dire AB ou CD (*fig. 160*).

C'est aussi parfois une des deux génératrices moyennes N_1n_1, $N'_4 n'_4$ (*fig. 161*).

Dans chacun de ces différents cas, le traceur saura modifier la méthode précédente, et placer les points remarquables A_4, N_4, C'_4, N'_4, A_2, comme l'exigera la position de la génératrice d'ouverture.

Il s'attachera avant tout à bien fixer la position de la plus longue génératrice sur le développement.

Dans le cas où l'on aurait à sa disposition une virole

cintrée au diamètre voulu, on pourrait obtenir très rapidement la transformée à plat d'une coupe oblique quelconque de la façon suivante :

On enroulera autour de la virole cintrée une feuille de fort papier qu'on fixera par un moyen quelconque. On disposera ensuite la pièce sur un *marbre* à l'inclinaison voulue (*voir Chap. IV, 4ᵉ Exercice*). Après quoi, au moyen d'un *trusquin* muni d'une pointe en cuivre, on tirera à la surface du papier un trait plan qui se transformera après déploiement sur la tôle à utiliser en une courbe qu'il suffira de pointer.

4ᵉ Exercice. — *Développement d'une tôle cylindrique elliptique coupée par un plan oblique à l'axe.*

Le plan de section sera supposé parallèle à l'un des axes et par conséquent perpendiculaire au plan contenant l'autre axe de l'ellipse et l'axe même du cylindre. Nous admettrons, pour fixer les idées, que la clouure se fait suivant la plus courte génératrice.

Tracez en premier lieu sur la tôle à découper un rectangle a_1a_2 B_1B_2 (*fig. 162*), dont la hauteur soit égale à la longue génératrice CD, et dont la base soit le développement de l'ellipse moyenne suivant laquelle est cintrée l'enveloppe (voir nᵒˢ **81** et suivants, Chap. 1ᵉʳ).

Prenez ensuite les milieux C, D de a_1a_2 et de B_1B_2 et joignez-les ; portez DB égal au grand axe de l'ellipse, élevez BA perpendiculaire à B_1B_2 et égale à la plus courte génératrice (cotée sur le dessin), enfin joignez AC. La figure BACD représente la coupe de l'enveloppe par un plan contenant son axe et le grand axe de l'ellipse de base.

Portez B_1A_1 $=$ B_2A_2 $=$ BA ; tirez les traits droits A_1C, CA_2 et prenez-en les milieux N_1, N'_1.

Les points A_1, N_1, C, N'_1, A_2 appartiennent à la courbe de découpage qui est composée de 4 arcs égaux A_1N_1, N_1C, CN'_1, N'_1A_2.

Proposons-nous de trouver un point du profil entre N_1 et C.

Décrivez sur BD la demi-ellipse BND dont le demi-petit axe NO est donné sur le dessin (*voir Chapitre Ier, n°s 76 et suivants*).

Rappelons ici que l'on doit prendre les axes moyens. (Voir observations générales pages 156 et suivantes).

Entre D et N prenez un point P de la demi-ellipse et tracez la génératrice Pp : portez $DP_1 = DP'_1 = $ l'arc DP rectifié (voir n°s 83, 105, Chap. Ier); en P_1 et P'_1 élevez deux perpendiculaires à B_1B_2, puis portez $P_1p_1 = P'_1p'_1 = P_1p$; les points p_1, p'_1 appartiennent à la courbe de découpage.

Tirez p_1N_1, $p'_1N'_1$ et prolongez de longueurs égales, les points ainsi obtenus π_1, π'_1 appartiennent aussi à la courbe.

On pourra de la sorte trouver autant de points qu'on le voudra et on les joindra d'un trait continu soit à la main, soit avec des calibres de rayons différents.

5e Exercice. — *Développement d'une tôle tronconique circulaire* (voir pl. XII).

Le dessin présente ordinairement l'aspect des figures 163 et 164.

Nous supposerons que l'ouverture de l'enveloppe se fait suivant la génératrice BA.

Le développement du tronc de cône est une portion de couronne circulaire $A_1B_1A_2B_2$ (*fig. 165*).

Pour tracer ce développement, on calculera d'abord le rayon OB_1, par la formule

$$OB_1 = \frac{gD}{D - d} \tag{1}$$

d'une application très facile (au cas où la génératrice

g ne serait pas cotée sur le dessin on pourrait, soit l'y relever à l'échelle, soit la calculer par la formule :

$$g = \sqrt{h^2 + \left(\frac{D-d}{2}\right)^2} \qquad (2)$$

ou bien encore utiliser la construction indiquée pour la génératrice du cône (n°s **124**, Chap. Ier). Les longueurs à porter sur les traits d'équerre seront alors h et $\left(\dfrac{D-d}{2}\right)$

La valeur de OB$_1$ obtenue, on décrira sur la tôle à découper l'arc B$_1$B$_2$ indéfini, on tirera un rayon de départ OB$_1$ sur lequel on portera B$_1$A$_1$ égal à g (*fig. 163*); enfin, on décrira, de O comme centre, l'arc A$_1$A$_2$ indéfini (*fig. 165*).

Ces constructions étant terminées, il s'agit de limiter le développement du tronc de cône, et pour cela il faut trouver le point B$_2$ tel que l'arc B$_1$ VB$_2$ soit de même longueur que la circonférence moyenne de grande base.

Pour exécuter cette partie du traçage on pourra :

1° Calculer le développement de cette circonférence au moyen de la formule donnée précédemment (Chap. Ier, n° **59**), puis prendre au compas une ouverture égale au 20e, par exemple, de la longueur trouvée et porter vingt fois cette ouverture de B$_1$ en B$_2$ sur l'arc B$_1$B$_2$; on obtiendra de la sorte un résultat déjà très rapproché.

2° Faire rouler d'un tour complet un disque de diamètre D sur l'arc B$_1$B$_2$ en partant d'un point de repère marqué à la circonférence du disque. (*Voir* **105**, *Ch.* Ier)·

Le point B$_2$ déterminé, on tirera le rayon OA$_2$B$_2$; on ajoutera, s'il est nécessaire, le demi-recouvrement de part et d'autre et on pointera. Les lignes de rivetage seront A$_1$B$_1$ et A$_2$B$_2$. Les lignes limitant le recouvrement doivent passer par le centre O.

Exemple du calcul du rayon OB₁.

Supposons (*fig. 163 et 164*) que l'on ait :

$$D = 1^m800$$
$$d = 1^m300$$
$$g = 0^m500$$

En appliquant la formule (1) donnée ci-dessus, on aura :

$$OB_1 = \frac{0,500 \times 1,800}{1,800 \times 1,300} = \frac{0,900}{0,500} = 1^m800.$$

Il faudra donc prendre un rayon de 1^m800, soit au compas à verge, soit au cordeau.

Cas où le cône est peu prononcé (fig. 166) :

Dans ce cas, le rayon OB₁ (*fig. 165*) devient très grand et le traçage des arcs B₁B₂, A₁A₂ doit se faire soit par points, soit à l'aide de calibres circulaires.

1° Tracé par points :

Commencez par tracer en vraie grandeur sur la tôle à utiliser, à peu près au milieu, la coupe moyenne ACDB de l'enveloppe par un plan contenant l'axe XY.

A cette fin, tirez l'axe XY de longueur égale à *h* (*fig. 166*); en X et Y menez AC, BD perpendiculaires à XY et prenez :

1° AX = XC = au rayon moyen de la petite base ;
2° BY = YD = au rayon moyen de la grande base ;

Tirez AD et CD; élevez en D la perpendiculaire DK à CD (Voir n° **12**, chap. Ier) et divisez l'angle YDK en deux parties égales par la droite DR (n° **18**, chap. Ier).

L'arc de développement doit passer par B,R,D. Pour

le tracé par points, on se reportera au problème IX de ce chapitre (*fig. 136, 137, 138, pl. VIII*).

On remarquera ici qu'ayant déterminé la portion BRD on obtiendra d'autres points de l'arc en abaissant des différents points de BRD des perpendiculaires à AB et CD et les prolongeant de longueurs égales à elles-mêmes. Ainsi du point V j'abaisse (n° **13**, chapitre Ier) une perpendiculaire VV' sur CD et je la prolonge d'une longueur V'V" = VV' : le point V" appartient à la circonférence passant par BRD ;

Ayant déterminé un nombre de points suffisant de l'arc, on le tracera à la main le plus soigneusement possible ; puis, à partir de R, de chaque côté, on développera la moitié de la circonférence de la grande base BD. (Voir le cas précédent du même exercice).

On obtiendra ainsi les points limites B_1, B_2 (*fig. 166*). Pour tracer le développement de la petite base, on prendra au compas un rayon égal à CD ou AB et des différents points de l'arc B_1BDB_2 comme centres, et intérieurement à cet arc, on tracera une série de petits arcs très rapprochés l'un de l'autre et dont l'ensemble donnera le profil A_1ACA_2.

Si AB est trop grand, on pourra utiliser le compas à verge et même le cordeau.

Sur l'arc ainsi obtenu on déterminera A_1 et A_2 comme on a déterminé B_1 et B_2 ; puis on joindra A_1B_1, A_2B_2 qu'on aurait pu aussi tracer au moyen de la construction *mf m'f'* (*fig. 166*) d'un usage généralement peu commode.

Les demi-recouvrements s'obtiendront en prolongeant les arcs A_1A_2 et B_1B_2 de quantités proportionnelles à AC et BD respectivement.

2° Traçage par calibres :

On commencera par calculer le rayon OB_1 (*fig. 165*).

suivant la formule (1) ; on prendra le calibre correspondant à ce rayon et on l'appliquera suivant les points R et B (*fig. 166*) ; on tracera ainsi la portion RB, puis RD ; on fera ensuite mouvoir le calibre suivant les arcs tracés précédemment pour décrire de nouveaux arcs, en s'attachant à ne déterminer que des arcs partiels, inférieurs à la demie de celui du calibre, pour plus de précision.

On pourra tracer de la même façon l'arc A_1ACA_2 (*fig. 166*) avec un calibre dont le rayon sera celui du premier diminué de AB.

Pour l'achèvement du traçage on s'inspirera de ce qui est dit plus haut.

Remarque sur ce dernier procédé. — Au cas où le calibre ne serait pas assez développé pour aller de R en B, on déterminerait un point intermédiaire V, par exemple, de façon à ce que le profil du calibre puisse contenir en même temps les points B et V.

Plus ce profil sera développé, plus le tracé aura de chances d'être exact.

Notes supplémentaires.

MÉTHODE pour calculer l'angle B_1OB_2 (*fig. 165*) en degré et fraction de degré.

L'angle B_1OB_2 s'obtiendra très rapidement par la formule

$$B_1OB_2 = 180° \times \frac{D - d}{g} \tag{3}$$

EXEMPLE. — Trouver l'angle du développement d'une tôle tronconique qui doit avoir les dimensions moyennes suivantes (*fig. 163 et 164*).

$$D = 1^m800$$
$$d = 1^m300$$
$$g = 0^m500$$

On aura pour l'application de la formule (3) :

$$B_1OB_2 = 180° \times \frac{1,800 - 1,300}{0,500}$$

$$= 180° \times \frac{0,500}{0,500} = 180°$$

Dans ce cas le développement sera une demi-couronne complète.

On voit par là combien il est avantageux de rechercher l'angle B_1OB_2, lorsque le rapport $\dfrac{D - d}{g}$ est simple. Si $\dfrac{D - d}{g}$ par exemple était égal à $\dfrac{3}{5}$ on aurait :

$$B_1OB_2 = 180° \times 3/5.$$

On diviserait la demi-circonférence en 5 et on prendrait trois des arcs ainsi obtenus.

En général, si on utilise la formule (3) on devra se servir, pour copier l'angle obtenu, d'un cercle divisé de très grand rayon.

2° L'angle B_1OB_2 étant calculé, utiliser le tableau du n° **108**, chapitre I$^\text{er}$, pour le construire plus exactement qu'avec le rapporteur.

Supposons que l'on ait trouvé par la formule (3) ci-dessus :

$$B_1OB_2 = 52° 1/2$$

Reportez-vous au tableau susdit, lisez les valeurs de $\dfrac{b}{a}$ en face de 52° et de 53° et prenez-en la moyenne puisque l'angle B_1OB_2 est moyen entre 52° et 53° : vous aurez

$$1,280 + 1,327 = 2,607$$

dont la moitié 1,3035 est sensiblement le rapport $\dfrac{b}{a}$ pour l'angle considéré.

Sur la tôle à découper (*fig. 167*) tracez un trait droit MN de 1 mètre de longueur et en N élevez un 2ᵉ trait NN' perpendiculaire à MN et tel que NN' = 1ᵐ303.

Tirez N'M; l'angle N'MN est l'angle B_1OB_2 du développement en question.

Remarque importante. — Dans tous les cas où le cône de la tôle est très peu prononcé, on pourra calculer la demi-corde B_1U et la flèche UV (*fig. 165*) au moyen des formules :

$$B_1U = 3,1416 \times R \times (1 - 1,645 \times P^2) \qquad (4)$$
$$VU = B_1U \times 1,5708 \times P \qquad (5)$$

en désignant par P le rapport $\dfrac{R - r}{g}$.

6ᵉ Exercice. — *Traçage à plat de tôles formant la calotte d'un gazomètre.*

La calotte de gazomètre (*fig. 168*) est fournie par la réunion de tôles embouties suivant la forme sphérique et limitée sur les quatre côtés par des arcs de circonférence. Ces tôles sont disposées suivant les *zones* (**132**) de la calotte sphérique.

Les lignes de joint des tôles d'un étagement correspondent aux milieux des tôles des étagements voisins.

Il s'agit de découper (à plat) pour chaque zone les tôles nécessaires à sa confection.

Il nous suffira de tracer, pour chaque étagement, le *calibre* des tôles qui doivent le former.

En raison de la faible courbure que présente en général la calotte de gazomètre, nous assimilerons une *zone* quelconque ABB'A', par exemple, à un *tronc de cône de révolution* que nous avons appris à développer. (Voir exercice précédent).

Les éléments de ce tronc de cône seront déterminés en

joignant AB, A'B' qui se coupent en S sur la perpendiculaire abaissée sur AA', en son milieu C.

Voici maintenant comment, connaissant les rayons SA, SB et CA, on tracera le *gabarit* commun des tôles de la zone AA'.

Avec le cordeau, décrivez sur la tôle de gabarit deux arcs de circonférence concentriques ayant comme rayons SA et SB; soient *aa'*, *bb'*, ces arcs (*fig. 169*.)

Calculez ensuite le développement de la circonférence (CA) par la formule du n° **59**, chap. Ier. Divisez le développement en autant de parties égales qu'il doit y avoir de tôles dans la *zone* AB A'B' puis, prenez l'arc *aa'* égal à la longueur ainsi calculée, par fractions, au compas.

Tirez alors les droites *ab*, *a'b'* qui convergent au centre *s*.

Ajoutez de toutes parts les bandes de $\frac{1}{2}$ recouvrement des tôles et vous obtiendrez (*fig. 169*, trait plein) le *gabarit* suivant lequel vous devez découper vos tôles à plat pour qu'après un emboutissage déterminé par le rayon de la calotte elles puissent être rivées suivant *aa' bb'* qu'on aura eu soin de pointer.

On pourra construire deux gabarits tels que le précédent, en tôle mince, en conserver un pour le découpage à plat et emboutir le second très soigneusement pour servir de type.

On fera successivement pour chaque zone ce que nous venons d'indiquer pour la première : la marche est absolument la même.

Il faudra naturellement que les rayons tels que SA SB, CA soient cotés sur le dessin pour que le traceur puisse immédiatement appliquer la méthode précédente.

Si ces renseignements ne sont pas directement donnés, et si l'on ne connaît que le rayon CA, la hauteur CH, et les hauteurs des diverses zones, on tracera soit sur une aire plane, soit sur un panneau, une figure réduite au 10° par exemple.

Puis, pour calculer le rayon SA', par exemple, on abaissera B'B$_1$ perpendiculaire sur AA', on mesurera B'A', B$_1$A' et CA', et on appliquera la formule :

$$SA' = \frac{\overline{CA'} \times \overline{B'A'}}{B_1A'}$$

La valeur obtenue sera à l'échelle de la réduction ; si c'est au 10° on la multipliera par 10 et on obtiendra la vraie grandeur de SA'.

EXEMPLE. — Admettons que le tracé soit au 15° de l'exécution et qu'on ait relevé :

$$B'A' = 0^m051$$
$$B_1A' = 0^m048$$
$$C A' = 0^m500$$

On aura S A' $= \dfrac{0,500 \times 0,051}{0,048} = \dfrac{0,0255}{0,048}$

Soit 0^{m}531

Mais comme le tracé est le 15° de l'exécution, la longueur à prendre pour décrire l'arc *aa'* de notre *figure 169*, sera :

$$15 \times 0,531$$
Soit 7^{m}965 $\frac{m}{10}$

7° Exercice. — *Développement d'une tôle tronconique circulaire dont une base est oblique à l'axe.*

Les éléments fournis par le dessin livré au traceur sont ceux de la *figure 170*. (Portion en traits pleins).

Il est nécessaire ici de tracer la figure 170 en vraie grandeur sur une tôle à part, ou en réduction sur la tôle à découper elle-même.

On copiera donc la figure S A C B D d'après les données du dessin; en partant de l'axe S Q_3 et du sommet S on portera S P'_3, puis on tirera A P'_3 C d'aplomb sur S Q_3 et on marquera les points A et C, etc.

La figure S A B C D copiée, décrivez sur A C comme diamètre une 1/2 circonférence et divisez-la en un nombre pair de parties égales aux points $P_1 P_2 P_3 P_4 P_5$. (*Voir ch. Ier, n^os* **36** *et suivants*).

Abaissez de ces points des perpendiculaires $P_1 P'_1$, $P_2 P'_2$ etc., sur A C et tirez $SP'_1 Q_1$, S $P'_2 Q_2$, etc.

Par les points Q_1, Q_2, Q_3, etc., menez à A C les parallèles $Q_1 K_1$, $Q_2 K_2$, $Q_3 K_3$, etc.

Ceci posé, par le milieu de la tôle à découper, tirez un trait droit $S_1 B_1$ égal à S B (*fig. 171*), portez $S_1 A_1 = SA$ et décrivez l'arc de circonférence $C_1 A_1 C'_1$ indéfini.

Développez la 1/2 circonférence A P_3 C suivant l'arc $A_1 C_1$ en vous inspirant des méthodes données précédemment (*ch. Ier, n° **105***).

Divisez $A_1 C_1$ en autant de parties égales que A P_3 C aux points $p_1 p_2$, etc., et reportez toutes ces divisions sur l'arc $A_1 C_1$: joignez S_1 à tous les points ainsi obtenus et prolongez.

Prenez ensuite $p_1 K'_1 = p'_1 K''_1 = AK_1$ (*fig. 170*).
$$p_2 K'_2 = p'_2 K''_2 = AK_2$$
$$p_3 K'_3 = p'_3 K''_3 = AK_3$$
$$p_4 K'_4 = p'_4 K''_4 = AK_4$$
$$p_5 K'_5 = p'_5 K''_5 = AK_5$$
$$C_1 D_1 = C'_1 D'_1 = CD$$

Joignez les points ainsi déterminés par un trait continu soit à la main, soit par le procédé indiqué au n° **103** du chapitre Ier, et vous aurez en $D_1 C_1 A_1 C'_1 D'_1 B_1 D_1$ le développement de votre tôle supposée coupée suivant la génératrice CD.

Les recouvrements, les bords à rabattre se détermineront aisément en s'appuyant sur les considérations développées au début de ce chapitre (considérations sur le traçage de chaudronnerie).

Remarque sur la courbe $D_1B_1D'_1$.

Lorsque la perpendiculaire abaissée de S sur BD (*fig. 170*) rencontrera cette ligne entre B et D, la courbe $D_1B_1D'_1$ n'aura pas d'inflexion — elle en aura sur D_1B_1 et $D_1B'_1$ si la perpendiculaire tombe en dehors de BD.

Si en D_1, D'_1, B_1, on mène les perpendiculaires aux rayons correspondants (*fig. 171*), ces perpendiculaires seront tangentes à la courbe de découpage (nous conseillons aux traceurs de tirer ces droites qui les aideront à donner à la courbe une plus grande exactitude.

ADDITION AU 7ᵉ EXERCICE

La transformée d'une coupe plane d'un cône ou tronc de cône quelconque, au moyen du marbre et du trusquin s'obtiendra en suivant une méthode analogue à celle indiquée dans l'*Addition au 3ᵉ exercice* (même chapitre).

En général, il sera toujours possible d'obtenir, par ce procédé, la transformée à plat de la section plane d'une surface développable quelconque.

8ᵉ Exercice. — *Développement d'une tôle conique circulaire dont les deux bases sont elliptiques.*

On imaginera une section circulaire intermédiaire et on opérera sur chacune des bases de l'enveloppe comme nous venons de l'indiquer (*7ᵉ exercice*).

9ᵉ Exercice. — *Développement de deux tôles cylindriques circulaires dont les axes se rencontrent et sont perpendiculaires.*

Réduite à ses lignes moyennes comme nous le supposons dans toutes les questions de chaudronnerie, la représentation des deux cylindres offrira l'aspect de la *figure 172* de notre *planche XIII*. Cette figure va nous suffire pour tracer les développements des deux tôles ABCD, *abcd*, avec leur ligne de rencontre.

1° *Développement de la tôle ABCD* (fig. 173).

Développez d'abord sur la tôle à découper l'enveloppe ABCD sans tenir compte de l'entrée du cylindre *abcd* (*voir 1ᵉʳ exercice de ce chapitre*). Nous supposons ici que la génératrice d'ouverture est CD.

Placez la génératrice AB sur le développement en prenant B_1 milieu de $D_1D'_1$ et A_1 milieu de $C_1C'_1$. Tirez ensuite un 2ᵉ axe transversal parallèle à $D_1D'_1$ et $C_1C'_1$ à la distance f de $D_1D'_1$ (cette distance est cotée sur le dessin), (*fig. 172*) : du point O de rencontre des deux axes, décrivez deux circonférences avec les rayons moyens des deux tôles : soient OM et O*m*, ces deux circonférences.

En *m* élevez mp_3 perpendiculaire à MO jusqu'à sa rencontre avec la circonférence MO.

Divisez l'arc p_3p en un certain nombre de parties égales aux points p_1, p_2.

Des points de division abaissez des perpendiculaires à MO jusqu'à leur rencontre avec la circonférence *m*O, au-dessous de MO.

Par les deux points, où chaque perpendiculaire rencontre la circonférence *m*O, menez à l'axe MO des parallèles indéfinies (*fig. 173*).

Ces parallèles rencontrent B_1A_1 respectivement en K_1, K'_1, K_2, K'_2, etc.

Prenez au compas la longueur d'une division de p_3p rectifiée (*voir n° **105**, chap. I*er*), et portez-la *une* fois suivant K_1P_1, $K_1P'_1$, $K'_1P''_1$, $K'_1P'''_1$ *deux* fois suivant K_2P_2, $K_2P'_2$, $K'_2P''_2$, $K'_2P'''_2$, et ainsi de suite.

OP_3 et OP'_3 sont ici égales à l'arc p_3p rectifié.

La courbe suivant laquelle se transforme l'intersection des 2 cylindres est formée de 4 arcs égaux allant de n en P_3, de P_3 en n', de n' en P'_3 et de P'_3 en n.

Ayant déterminé un certain nombre des points de la courbe on les unira par un trait continu soit à la main, soit en utilisant le procédé donné n° **103**, chapitre Ier.

Remarques. — I. — Les tangentes en n,n' sont parallèles à MO.

Celles en P_3, P'_3 lui sont perpendiculaires.

II. — La courbe ainsi obtenue a l'aspect général d'une *ellipse* par laquelle on la remplace souvent dans un traçage approximatif.

Lorsque $P_3 P'_3$ dépasse 150 ᵐ/ₘ il est toujours préférable de tracer exactement la courbe.

III. — Si on veut tracer une ligne de rivetage autour de l'intersection, on utilisera le procédé indiqué au n° **106**, chapitre Ier.

2° *Développement de la tôle* a b c d (fig. 174, pl. XIII).

Nous prenons *cd* pour génératrice d'ouverture.

Développez la partie *abcd* de l'enveloppe (*fig. 172*) en un rectangle $c_1d_1d'_1c'_1$ (*fig. 174*), suivant la méthode indiquée au 1er exercice de ce chapitre.

Placez la génératrice *ab* sur ce développement en a_1b_1, a_1 et b_1 milieux de $c_1c'_1$ et $d_1d'_1$ et prolongez a_1b_1 d'une longueur b_1O égale au rayon R de l'enveloppe ABCD ; puis par O menez une parallèle indéfinie à $d_1d'_1$.

Ceci fait, décrivez du point O comme centre avec les rayons moyens des deux enveloppes deux demi-circonférences op et ob_1.

Divisez l'arc pp_3 de la petite en un certain nombre de parties égales, trois par exemple (voir n°⁾ **36** et suivants du Chapitre Ier).

Des points de division $p_1 p_2 p_3$, abaissez des perpendiculaires à $d_1 d'_1$ jusqu'à leur rencontre avec la grande demi-circonférence. Par les points ainsi obtenus, menez des parallèles $K'_1 K_1 K''_1$, $K'_2 K_2 K''_2$, etc., à $d_1 d'_1$ (*voir fig. 174*).

Enfin, prenez : $K_1 P_1 = K_1 P'_1 = K'_1 P''_1 = K''_1 P'''_1 = une$ division pp_1 rectifiée,
$K_2 P_2 = K_2 P'_2 = K'_2 P''_2 = K''_2 P'''_2 = deux$ divisions, et ainsi de suite.

Observez que les points P'_3, P_3 situés sur la parallèle supérieure sont les milieux de $K'_3 K_3$ et de $K_3 K''_3$.

Joignez ensuite tous les points ainsi obtenus d'un trait continu, soit à la main, soit au calibre, ou encore en utilisant le procédé indiqué au n° **103** du chapitre Ier.

Remarques. — I. — Les 4 arcs $d_1 P'_3$, $P'_3 b_1$, $b_1 P_3$ et $P_3 d'_1$ sont égaux, de sorte qu'ayant exactement ajusté un calibre suivant l'un d'eux, on pourra s'en servir pour décrire les autres commodément.

II. — $d_1 d'_1$ est tangente à la courbe aux points d_1, b_1, d'_1; de même $K'_3 K''_3$ lui est tangente aux points P'_3 et P_3.

III. — Chaque arc possède une inflexion : les 4 points où la concavité change de sens, sont tous sur une parallèle à $d_1 d'_1$.

IV. — Lorsque la génératrice de joint n'est pas celle que nous avons prise, c'est ordinairement P'_3 ou P_3 (*fig. 174*) qui est choisie. On n'éprouvera aucune difficulté à appliquer dans ce cas la méthode donnée ci-dessus.

V. — On ajoutera un bord à tomber suivant la courbe $d_1 P_3 b_1 P_3 d'_1$ (*fig. 174*), en appliquant la méthode indiquée au n° **106** du chapitre Ier. La courbe ainsi obtenue sera le profil de découpage.

VI. — L'addition du recouvrement se fera par moitié, extérieurement à $d_1 c_1$, $d'_1 c'_1$.

Remarque générale. — Lorsque les axes de deux enveloppes cylindriques circulaires de même rayon (*fig. 175*) se rencontrent, la ligne d'intersection des deux enveloppes est dans un plan également incliné sur chaque axe : le découpage de chaque enveloppe se ramène donc à celui d'une enveloppe coupée par un plan oblique à l'axe (voir 3° Exercice).

Les tôles sont alors très souvent coupées franchement et réunies après cintrage par une cornière elliptique. Si l'assemblage était fait à collerette, on l'ajouterait à plat suivant la méthode ordinaire sur une des enveloppes (voir n° **106**, chap. Ier).

On appliquera les considérations précédentes au cas de deux enveloppes cylindriques quelconques égales, se rencontrant dans les mêmes conditions de symétrie que CD et AB.

10° Exercice. — *Développement de deux tôles cylindriques circulaires dont les axes ne se rencontrent pas mais sont chacun dans un plan perpendiculaire à l'autre* (fig. 176 et 177, pl. VIII).

Les *fig. 176 et 177* donnent l'aspect du dessin dont les éléments vont nous servir pour tracer à plat le développement de chacune des tôles.

1° *Développement de la tôle* ABCD (fig. 178). — Nous

ne faisons figurer que le développement de la 1/2 tôle B'bXdD' (*fig. 176*).

Tracez le rectangle $A_1B_1C_1D_1$ (*fig. 178*), développement de la 1/2 tôle, en vous inspirant de la méthode donnée précédemment (1er Ex.). A la distance h donnée (*fig. 177*), tracez l'axe indéfini b_1d_1 parallèle à A_1C_1 (*fig. 178*); puis un 2e axe SX$_1$S' perpendiculaire a b_1d_1 et distant de C_1D_1 de la longueur XdD' développée (*fig. 176*). Pour trouver cette longueur, on tracera sur un coin de la tôle à découper, la vue supérieure de la fig. 176 et on rectifiera l'arc XdD' suivant l'un des procédés indiqués au n° **105** du chapitre Ier.

Du point X$_1$ comme centre, avec le rayon moyen r de tôle $abcd$ (*fig. 176*), décrivez une circonférence SS' (*fig. 178*). Tracez ensuite l'axe Z'V' parallèle à SS' à la distance cotée f (*fig. 176*) ; puis, du point V' (pris quelconque sur Z'V') comme centre (*fig. 178*), avec le rayon moyen R de la tôle ABCD (*fig. 177*), décrivez l'arc b'Od' qui coupe SS' en O.

Aux deux extrémités du diamètre ii' (*fig. 178*) élevez les perpendiculaires ib', i'd' à ce diamètre.

Ceci posé, prenez au compas une ouverture arbitraire, mais tout au plus égale au quart de l'arc b'M_2M_1O et portez cette ouverture à partir du point O, autant de fois qu'il vous sera possible sur les arcs OM_1M_2b' et Om_1m_2d'.

Par les points ainsi obtenus M_1, M_2,... d'un côté, m_1, m_2,... de l'autre, tracez les parallèles à SS' (*fig. 178*) jusqu'à leurs points de rencontre avec la circonférence SiS'i'.

Par ces points de rencontre menez des traits indéfinis parallèles à ii' en les terminant dans un sens aux points où ils rencontrent l'axe SS'.

Sur les 4 parallèles fournies par les 2 points M_1 et m_1, portez à partir de l'axe SS' une même longueur égale à *l'un* des arcs égaux OM_1 ou Om_1, rectifié (n° **105**, chap. Ier)

— Vous obtiendrez, de cette façon, 4 points $P_1, P'_1, p_1 p'_1$ appartenant à la courbe de découpage.

De même, sur les 4 parallèles fournies par les 2 points M_2 et m_2, portez, toujours à partir de SS', une longueur égale à *deux* fois l'un des arcs OM_1 ou Om_1 — vous aurez ainsi fixé la position de 4 nouveaux points P_2, P'_2, p_2, p'_2.

En prenant un grand nombre de points sur les arcs Ob', Od', on déterminera suffisamment de points de la courbe de découpage pour la tracer ensuite d'un trait continu soit à la main, soit au calibre ou encore par le procédé (n° **103**, chap. Ier) en s'appuyant sur les remarques générales suivantes, très importantes :

1° La longueur $X_1 b_1$ est égale à l'arc $OM_1 M_2\ b'$ rectifié De même $X_1 d_1$ est égale à $Om_1 m_2... d'$ rectifié ;

2° Les extrémités S,S' du diamètre SS' sont aussi deux points de la courbe ;

3° Les tangentes en b_1 et d_1 sont perpendiculaires à $b_1 d_1$. Les tangentes en S et S sont perpendiculaires à SS'.

On aura soin de les tracer.

4° Enfin la courbe est divisée en deux arcs absolument égaux par $b_1 d_1$; de sorte qu'ayant très soigneusement relevé l'arc $b_1 S d_1$ sur un patron découpé, on pourra utiliser ce même patron pour le traçage de l'arc inférieur.

2° *Développement de la tôle* abcd (fig. 179, pl. XIII). — Nous supposerons que l'ouverture de la tôle a lieu suivant la génératrice *ab* (*fig. 176*). Il sera facile d'appliquer le procédé que nous allons indiquer au cas où une autre génératrice aurait été choisie.

Tracez d'abord sur la tôle à employer un rectangle de base $a_1 a'_1$, égale au développement de la circonférence moyenne du rayon r et de hauteur $c_1 d_1$ égale à la plus longue génératrice *cd* (*fig. 176*). Pour trouver les longueurs *ab* et *cd*, au cas où elles ne seraient pas cotées sur le dessin (*fig. 176*), on copiera en vraie grandeur la portion utile de la dite figure, et on relèvera très soigneusement ab et cd sur le tracé obtenu.

Tirez ensuite le trait c_1d_1 par les milieux c_1 et d_1 des bases du rectangle (*fig. 179*). Portez $d_1 Y_1$ égale au rayon moyen de l'enveloppe $abcd$, décrivez la circonférence $Y_1 d_1$ et menez $M_1 Y_1 M_2$ parallèle à $a_1 a'_1$.

Tracez à la distance cotée f (*fig. 176*) un trait parallèle à c_1d_1 ; par M_1 et M_2 menez les parallèles à c_1d_1 ; du point l avec le rayon moyen R marquez le centre V'' et décrivez de V'' l'arc IJ (*fig. 179*).

Divisez ensuite la demi-circonférence $M_2d_1M_1$ en un nombre pair de parties égales (ici, 4) et, par les points de division M_3, M_4... menez les parallèles à c_1d_1 jusqu'en leurs points de rencontre avec l'arc IJ (*fig. 179*).

Par ces derniers points menez les parallèles à $a_1a'_1$.

Puis, sur la parallèle $P_1P'_1$ fournie par le point de division M_1, portez $K_1P_1 = K_1P'_1 =$ la longueur *d'un arc* M_2M_1 rectifié. (Dans le cas présent on *calculera* (n° **59**, chap. Ier) la longueur de la circonférence $M_2d_1M_1$ et on la divisera par huit).

Les points P_1, P'_1, appartiennent au profil de découpage.

Sur la parallèle $P_2P'_2$ fournie par la 2e division d_1 portez $K_2P_2 = K_2P'_2 = deux$ fois la longueur de l'arc M_2M_1 rectifié ou l'arc $M_2M_1d_1$. Les deux points P_2, P'_2 appartiennent également à la courbe de découpage.

De même, suivant $K_3P_3 = K_3P'_3$ on portera *trois* fois l'arc M_2M_1 rectifié ou l'arc $M_2M_1M_3$.

On obtiendra d'autant plus de points de la courbe qu'on aura divisé la demi-circonférence en un plus grand nombre de parties égales.

On joindra ensuite ces points par un trait continu soit à la main, ou au calibre, soit encore par le procédé n° **103** du chapitre Ier.

On utilisera les importantes remarques qui suivent :

1° Les points b_1, b'_1 sont immédiatement obtenus en menant par le point J la parallèle à $a_1a'_1$ ou, plus commodément en prolongeant M_1J suivant JJ' et prenant $a_1b_1 = a'_1b'_1 = JJ'$ (*fig. 179*).

2° Les tangentes à la courbe en b_1,d_1,b'_1, sont parallèles à $b_1b'_1$.

3° La courbe se compose de deux arcs b_1d_1 et $d_1b'_1$ absolument identiques, de sorte qu'un calibre découpé suivant le 1er peut servir à tracer le 2e.

4° Au cas où le rayon r est plus grand que la distance f, la courbe offre l'aspect de la *fig. 180* : on obtient les deux points de la courbe le plus près de la base $a_1a'_1$ en menant à l'arc Jl la tangente parallèle à cette base même. Cette tangente l'est aussi aux deux branches de courbe : les remarques précédentes s'appliquent encore à ce cas.

5° Les lignes de rivetage, bord à tomber, se traceront en s'aidant de la méthode donnée au n° **106** du chap. 1er.

11° Exercice. — *Développement des tôles d'une chaudière à bouilleurs.*

Le traçage à plat des tôles de corps principal, de bouilleurs et des *jambettes* ou *communications* se fera en s'inspirant des méthodes indiquées dans l'exercice précédent au cas où les jambettes sont dans la position particulière envisagée. — (Les axes des jambettes dans des plans perpendiculaires aux axes du corps principal et des bouilleurs).

Dans le cas, très rare du reste, où les axes des jambettes seraient placés d'une manière quelconque par rapport à ceux des autres enveloppes, on appliquerait la méthode générale donnée dans le 13e exercice de ce chapitre.

12ᵉ Exercice. — *Développement de deux tôles cylindriques dont les axes se rencontrent d'équerre et dont les sections droites moyennes sont : pour l'une, une circonférence, pour l'autre une ellipse. L'axe de l'enveloppe circulaire étant parallèle à l'un des axes principaux de l'ellipse.*

La *fig. 181* de notre *planche XIV* donne l'aspect du dessin fourni au traceur : on y a supposé l'axe de l'enveloppe circulaire parallèle au grand axe de l'ellipse, section droite de l'autre enveloppe.

1° *Développement de la tôle* ABCD (fig. 182, pl. XIV). Nous supposerons que BD est la génératrice d'ouverture.

Tracez sur la tôle à découper le rectangle $D_1D'_1B_1B'_1$ (*fig. 182*); tirez l'axe C_1A_1 par les milieux de $D_1D'_1$ et de $B_1B'_1$ — prenez A_1Y_1 égale à la distance cotée h (*fig. 181*) et menez la parallèle $b'd'$ à $B_1B'_1$.

Pour trouver la longueur de $D_1C_1D'_1$ qui est le développement de l'ellipse moyenne, section droite de l'enveloppe ABCD, on décrira par exemple le quart de l'ellipse $a'b''M$ (*fig. 182*) et on appliquera une des méthodes données au n° **105** du chap. Iᵉʳ.

Rappelons ici que l'on doit tracer l'ellipse moyenne de section (voir remarques générales sur le traçage de chaudronnerie, pages 156, 157).

Du point Y_1 comme centre avec le rayon moyen r de l'enveloppe *abcd* (*fig. 181*), décrivez une circonférence.

Sur $a'Y_1$ et MY_1 comme demi-axes moyens, décrivez un quart de l'ellipse de section en orientant suivant C_1A_1 l'axe parallèle à XY (*fig. 181*), ici le grand axe.

En b' (*fig. 182*) élevez $b'b''$ perpendiculaire à $b'd'$ et divisez l'arc de l'ellipse $b''a'$ en un certain nombre d'arcs de longueurs égales, soit par tâtonnements au compas, soit en vous inspirant d'une des méthodes données au n° **105** du chap. 1er.

Par les points de division ainsi obtenus tirez les parallèles à $a'Y_1$ jusqu'aux points où elles coupent la circonférence $Y_1 b'$. — Par ces derniers points menez des parallèles à $b'd'$ en les prolongeant de part et d'autre de $C_1 A_1$.

Ceci posé, sur les parallèles $P_1 P'_1$ et $p_1 p'_1$ fournies par le point m_1 portez de chaque côté de $C_1 A_1$ une longueur égale à *un* arc $a'm_1$ rectifié (n° **105**, chap. 1er). — Vous obtiendrez de la sorte les quatre points P_1, P'_1, p_1 et p'_1 appartenant à la courbe de découpage de la tôle — de même, vous obtiendrez quatre nouveaux points P_2, P'_2, p_2 et p'_2 (*fig. 182*) en portant sur les parallèles $P_2 P'_2 - p_2 p'_2$, fournies par le point m_2, *deux* fois l'arc $a'm_1$ ou l'arc $a'm_1 m_2$, et ainsi de suite. — Puis, joignez les points obtenus par un trait continu, à la main, ou au calibre, ou au compas (voir n° **103**, chap. 1er) en utilisant les remarques suivantes :

1° $Y_1 i = Y_1 i' = $ l'arc $a'm_1 m_2 \dots b''$ rectifié.

2° Les points J, j, extrémités du diamètre vertical de la circonférence $b'd'$ appartiennent à la courbe.

3° Cette dernière se compose de 4 arcs égaux : ij, ji', $i'J$, et Ji (*fig. 182*) : il suffira de relever très soigneusement un des arcs suivant un calibre découpé et ce calibre servira à tracer toute la courbe.

4° Les tangentes en j et J sont perpendiculaires à jJ ; celles en i et i' le sont à ii'.

Pour tracer une ou plusieurs lignes de rivets autour de la courbe, on utilisera le procédé donné au n° **106** du chapitre 1er.

2° *Développement de la tôle* abcd (fig. 183, pl. XIV).

Nous supposerons la ligne de rivetage établie suivant ab (*fig. 181*).

Tracez un rectangle $a_1a'_1b_1b'_1$ (*fig. 183*), aa'_1 représentant le développement de la circonférence moyenne de la tôle (voir pour son calcul n^{os} **59** et suivants, ch. 1er); et a_1b_1 ayant la longueur de la génératrice ab (*fig. 181*).

Divisez ensuite $a_1a'_1$ en 4 parties égales et tirez les traits LP_0, $c_1 d_1$, KP'_0 perpendiculaires à $a_1a'_1$.

Prenez $d_1 Y_2 =$ au rayon moyen r : tirez le trait indéfini m_0Y_2 parallèle à $b_1b'_1$ et décrivez le quart de circonférence $m_0m_1d_1$;

Suivant Y_2d_1O comme axe et en dehors de $b_1b'_1$, tracez une certaine portion de l'ellipse moyenne section droite de la tôle ABCD. Limitez cet arc au point n_0 où il rencontre la perpendiculaire à m_0Y_2 en m_0. (Pour tracer commodément l'arc d'ellipse, découpez un calibre en fort carton sur la première épure $a'M$ (*fig. 182*) et guidez-vous, pour bien orienter ce calibre, suivant d_1O ;

Ceci posé, divisez l'arc m_0d_1 en un certain nombre de parties égales, le plus grand possible pour l'exactitude du traçage (voir n^{os} **36** et suivants, chap. 1er), par les points de division $m_1,m_2...$ menez à c_1d_1 des parallèles jusqu'en leur rencontre avec l'arc d'ellipse.

Par ces points de rencontre et par n_0 menez des parallèles à $b_1b'_1$ soit P_0, P'_0, les points de rencontre de LP_0, KP'_0 avec la 1re parallèle ; ils appartiennent à la courbe.

Sur la parallèle du point n_1 fournie par la division m_1, à droite et à gauche de LP_0 et KP'_0, portez une même longueur égale à l'arc $m_0 m_1$ rectifié, en divisant La_1 comme $m_0m_1....d_1$; vous obtiendrez ainsi P_1,P'_1, p et p'_1 appartenant à la courbe de découpage.

Portez de même, sur la parallèle du point n_2 correspondante à la division m_2, de part et d'autre de LP_0 et KP'_0 une même longueur égale à l'arc m_0m_2 rectifié, ou à *deux* fois l'arc m_0m_1 rectifié : cette opération vous fournira quatre autres points P_2, P'_2, p_2 et p'_2;

En continuant l'application de cette méthode, vous arriverez au point de division d_1 correspondant à la parallèle $b_1b'_1$ et si le traçage a été soigneusement exécuté, vous retomberez sur les points b_1 b'_1, d_1 qui sont tous trois sur la courbe.

Remarques. — 1° Le profil de découpage se compose de quatre arcs $b_1P_0 — P_0d_1 — d_1P'_0$ et $P'_0b'_1$ égaux. — On peut donc utiliser un calque de l'un d'eux pour tracer les trois autres;

2° Les tangentes en b_1, P_0, d, P'_1, b'_1 sont parallèles à $b_1b'_1$;

3° Le bord à tomber suivant le profil se tracera comme il est dit au n° **106** du chapitre 1ᵉʳ.

13° Exercice. — *Développement de deux tôles cylindriques circulaires dont les axes sont disposés d'une manière quelconque.*

Nous admettons que le dessin donné au traceur indique les deux tôles en deux vues, sur un plan vertical parallèle au deux axes, et sur un plan horizontal parallèle à l'un d'eux (*voir fig. 184 et 185, pl. XIV*).

Les éléments donnés seront donc : 1° la position relative des deux axes; 2° les rayons des enveloppes à la ligne.

Il faut avant de tracer les développements exécuter l'épure sur une grande tôle ou sur un panneau, en vraie grandeur ou en réduction.

Tirez d'abord les projections des deux axes, en vue de face A^v et B^v (*fig. 184*) et en vue de plan A^h et B^h (*fig. 185*) en remarquant que d'après notre hypothèse $B^v A^h$ et B^h sont parallèles.

Placez les deux vues le plus près possible l'une de l'autre pour réduire le champ de l'épure. L'angle de A^v et B^v doit être indiqué sur le dessin ainsi que la distance entre A^h et A^h (*fig. 185*).

Menez les traits parallèles aux axes dans les deux vues suivant les rayons moyens donnés pour les enveloppes cylindriques.

Marquez ensuite la section droite du cylindre B à la distance donnée K du point O (*fig. 184*) où les projections A^v et B^v se rencontrent, puis limitez le même cylindre vu en plan.

Limitez de même le cylindre A, mais en vue de face seulement. La vue en plan de chaque base circulaire serait une ellipse qu'il est inutile de décrire sur l'épure pratique.

Ceci posé, traçons sur la vue de face la projection de la ligne suivant laquelle l'enveloppe B entre dans l'enveloppe A.

Décrivez ainsi qu'il est indiqué les sections moyennes des enveloppes A et B.

Divisez la section de B en un certain nombre de parties égales (8, 12 ou 16) et numérotez les points de division dans chaque vue comme le montre la figure.

Par les points 1, 2, 3, 4, 5 de la section du cylindre B, dans la vue en plan, menez les parallèles à B^h jusqu'à la rencontre avec la section P' q'.

Ces parallèles contiendront aussi les autres points de division et correspondront, sauf 1 et 5, à deux génératrices chacune.

Numérotez les points de rencontre d'après les points de division en mettant deux chiffres à ceux qui correspondent à deux génératrices.

Ceci posé, sur la vue de face à partir de q" (*fig. 184*) portez sur la section du cylindre A les arcs (q" 5") (q"4"6") etc., respectivement égaux aux arcs (q'5'),

($q'4'6'$) etc. (*fig. 185*) et menez par les points 5" etc., des parallèles à A^v.

Tracez également par les points de division 1, 2, 3, 4, de la section de B des parallèles à B^v (*fig. 184*).

La parallèle à A^v menée par 1" coupe en P_1 la parallèles à B^v menée par 1.

P_1 est la projection d'un point de l'intersection.

La parallèle à A^v menée par 2"8" rencontre en P_2 et P_8 respectivement les parallèles à B^v menées par les points 2 et 8.

P_2 et P_8 sont encore les projections de deux points de l'intersection.

On voit aisément comment on trouvera les points de la projection, au moyen du numérotage.

Ayant déterminé le plus grand nombre de points possible, on peut les joindre d'un trait continu afin de représenter en vue de face la courbe d'entrée de l'enveloppe B dans A.

Mais cette courbe ne nous est d'aucune utilité pour le développement de nos tôles que nous allons tracer comme suit :

1° *Développement de* B (fig. 186). — Tracez près du bord de la tôle à travailler une droite de longueur égale au développement de la circonférence (1, 2, 3, 4, 5, 6, 7, 8) section droite de B (*voir n° 59, chap. Ier*).

Divisez cette droite en autant de parties égales que la circonférence — supposons que la ligne de clouure soit la génératrice $2P_2$ (*fig. 186*), numérotez les divisions du développement à partir de $2P_2$ pour revenir à cette même division suivant $K_2K_3...K_2$; élevez en ces points des perpendiculaires à K_2K_2 et portez sur chaque perpendiculaire une longueur qui vous est donnée sur l'épure (*fig. 184*) entre les points correspondants de la courbe $P_1P_2P_3...$ et la tranche KK' de l'enveloppe.

Ainsi, aux deux points K_2 prenez sur la perpendiculaire la longueur $K_2P'_2$ égale à $P_2\pi_2$ (*fig. 184*) ; au point K_3 prenez $K_3P'_3$ égale à P_33 et ainsi de suite.

Par exemple, $K_4P'_4 = P_4\pi_2$ (*fig. 184*).

π_2 est le point où P_2P_424 rencontre KK' (*fig. 184*).

Ayant ainsi déterminé les points P'_2, P'_3 etc., du développement de la coupe, unissez-les par un trait courbe continu soit à la main, soit au moyen de calibres de rayons divers, ou encore suivant le procédé n° **103** du chap. 1er.

Ajoutez à la tôle de chaque côté le demi-recouvrement et, s'il y a lieu, la collerette d'applique sur le cylindre A, suivant ce qui a été dit au n° **106** du même chapitre.

· 2° *Développement de* A (fig. 187). — Tracez d'abord le rectangle développement total du cylindre sans tenir compte de l'entrée de B dans A, placez ensuite la génératrice $q''l''$ (*fig. 187*) sur le développement, suivant sa position par rapport à la ligne de clouure.

Ceci posé, portez sur le développement de $q''P''$ les longueurs $q''5''$, etc., que vous prendrez directement sur la vue en plan (*fig. 185*) suivant $q'5'$, etc., *rectifiés*.

Tracez les génératrices des points ainsi obtenus et numérotez-les de la même manière que sur la vue de face.

Enfin, pour trouver l'emplacement des points P''_5, P''_6, etc., correspondants aux points P_5, P_6, etc., de la *fig. 184*, portez les longueurs $5''P''_5$, $6''P''_6$ égales respectivement aux distances de P_5 et P_6, à la tranche P'' q'' (*fig. 184*) soit $P_5\pi_5$, $P_6\pi_6$ et non P_55'', P_66''.

π_5, π_6 sont les points en lesquels les génératrices rencontrent P'' q'' (*fig. 184*).

Opérez de même pour les différents points et unissez les points ainsi obtenus par un trait continu en remarquant que ce trait est tangent en P''$_5$ et P''$_1$ aux génératrices correspondantes.

Complétez le tracé par l'addition du recouvrement et pointez les trous de rivetage.

14° Exercice. — *Développement de deux tôles, l'une cylindrique circulaire, l'autre conique circulaire, dont les axes se coupent et sont perpendiculaires l'un à l'autre* (fig. 188, pl. XV).

1° *Développement de la tôle cylindrique* ABCD (fig. 189 pl. XV).

Nous la supposerons ouverte suivant la génératrice CD.

Tracez le rectangle de développement total C$_1$D$_1$C'$_1$D'$_1$ de la virole cylindrique : placez suivant A$_1$B$_1$ la génératrice médiane AB (*fig. 188*) et tirez à une distance h de C$_1$C'$_1$ (distance cotée sur le dessin *fig. 188*) le trait d'axe yz parallèle aux bases C$_1$C'$_1$ et D$_1$D'$_1$.

Du point O comme centre, avec R, rayon moyen de la tôle cylindrique, décrivez une circonférence et, suivant yz comme axe, tracez $b'c'd'a'$, coupe moyenne de la tôle conique. Les éléments de cette construction vous seront fournis par le dessin (ordinairement par la distance O''O et les diamètres moyens $b'c'$, $a'd'$).

Si la longueur C$_1$D$_1$ le permet, on pourra copier la coupe $a'b'c'd'$ suivant l'axe A$_1$B$_1$.

Ceci posé, par O', menez $f'O'g'$ parallèle à A$_1$B$_1$, divisez O''c' et O'g' en un même nombre de parties égales (ici trois) et joignez les points de division dans l'ordre indiqué sur la figure, en prolongeant les traits jusqu'aux points m_1, m_2 où ils rencontrent la circonférence.

Développez alors l'arc O'm_1m_2d' suivant Oa_1 et Od_1 (*voir n° 105, chap. I°°*) et marquez en M$_1$,M$_2$,M'$_1$M'$_2$, les développements

$$OM_1 = OM'_1 = O'm_1 \; (\textit{fig. 189})$$
$$M_1M_2 = M'_1M'_2 = m_1m_2, \; \text{etc.}$$

En ces points, élevez les perpendiculaires à l'axe yz.

Par m_1, m_2, menez les parallèles $n_1 i_1, n_2 i_2$, etc. à $f'g'$ et en ces mêmes points élevez les perpendiculaires $m_1 p_1$, $m_2 p_2$, etc., à ces parallèles.

Puis, de n_1 comme centre, avec $n_1 i_1$ comme rayon, décrivez un arc qui coupe la perpendiculaire $m_1 p_1$ au point p_1; de n_2, avec $n_2 p_2$, décrivez un arc qui rencontre $m_2 p_2$ au point p_2, et faites la même opération pour chaque point de division de l'arc $O'm_1 m_2 d'$.

Ceci posé, prenez au compas une longueur égale à $m_1 p_1$ et portez-la suivant $M_1 P_1 - M_1 P'_1 - M'_1 P''_1 - M'P'''_1$.

Les points P_1, P'_1, P''_1, P'''_1, appartiennent à la courbe de découpage.

De même, prenez $m_2 p_2$ au compas et portez cette longueur suivant $M_2 P_2 - M_2 P'_2 - M'_2 P''_2 - M'_2 P'''_2$; vous obtiendrez de la sorte, quatre nouveaux points de la courbe.

Continuez cette construction pour tous les points placés entre a_1 et d_1 et unissez les différents points obtenus par un trait continu soit à la main, soit au compas (*voir* n° **103,** *chap. Ier*).

Les points g_1 et f_1, où la courbe rencontre l'axe $A_1 B_1$ s'obtiennent en prenant $Og_1 = Of_1 = O'g'$ (*fig. 189*).

Le traçage de la courbe sera rendu plus facile en s'appuyant sur les considérations suivantes :

I. — Les 4 arcs $a_1 g_1 - g_1 d_1 - d_1 f_1$ et $f_1 a_1$ sont égaux : on découpera soigneusement un calibre en carton ou en tôle mince suivant un arc tracé par points comme il est indiqué plus haut : puis on tracera les 4 arcs très aisément et très exactement.

II. — Les tangentes en a_1 et d_1 sont perpendiculaires à $a_1 d_1$: celles en g_1 et d_1 le sont à $g_1 d_1$. — On aura soin de les tracer avant de décrire la courbe.

Si l'on a une ligne de rivets à tirer autour de la courbe, on se reportera au n° **106** du chapitre Ier.

Au cas où l'enveloppe conique doit reposer sur l'enveloppe cylindrique par sa petite base, le traçage se conduira absolument de la même façon.

2° *Développement de la tôle conique* abcd (fig. 190, pl. XV).

Nous la supposons ouverte suivant la génératrice ab.

Tracez en vraie grandeur, vers le milieu de la tôle à découper, la figure A'B'C'D' représentant la coupe $abcd$ (*fig. 188*). — Puis, développez le tronc du cône A'B'C'D' suivant $a_1 b_1 a'_1 b'_1$, en appliquant l'une des méthodes données précédemment (5° exercice de ce chapitre). — Marquez en K_1 et K_2 les milieux des arcs $a_1 d_1$ et $d_1 a'_1$.

Sur A'D' comme diamètre, décrivez une demi-circonférence, et faites passer par A' et D' un arc A'O'D' ayant pour rayon le rayon moyen de la tôle cylindrique, de façon à compléter la coupe de l'ensemble (*voir 7° problème de ce chapitre*).

Ceci posé, divisez B'O" et A'O en un même nombre de parties égales (ici, trois) et joignez les points de division deux à deux comme il est indiqué (*fig. 190*) par des traits droits $i_1 J_1$, $i_2 J_2$, etc., qui coupent l'arc A'O'D' respectivement en n_1, n_2, etc.

Par $n_1 n_2$... et O' menez des traits parallèles à A'D' jusqu'à leur rencontre en $p_1 p_2$... O'" avec B'A'.

La génératrice d'ouverture étant ici ab (*fig. 190*) développez l'arc A'm_1 suivant $a_1 M_1$ — $a'_1 M'_1$ — $d_1 M''_1$ et $d_1 M'''_1$ — et tirez les génératrices des point M_1, M'_1, M''_1, M'''_1.

De même, développez $m_1 m_2$ suivant $M_1 M_2$ — $M'_1 M'_2$ — $M''_1 M''_2$ — $M'''_1 M'''_2$, et tracez les génératrices correspondantes.

Opérez pareillement pour tous les arcs en lesquels vous aurez fractionné le quart de circonférence A'm_1m_2 V par la division en parties égales de B'O" et A'O.

(Nous sommes partis de cette division parce qu'elle facilite le traçage des génératrices i_1J$_1$, etc., lorsque le sommet S, ce qui arrive fréquemment, est hors des limites de la pièce : dans le cas contraire on partirait de la division en parties égales de l'arc A'V, dont les portions se développeraient alors aisément en divisant a_1K$_1$ — K$_1d_1$ — d_1K$_2$ et K$_2a'_1$ suivant le nombre adopté).

Ayant déterminé sur le développement l'emplacement des génératrices i_1J$_1$ — i_2J$_2$ et de leurs correspondantes dans les trois autres quarts, portez les longueurs M$_1$P$_1$ — M'$_1$P'$_1$ — M"$_1$P"$_1$ — M'''$_1$P'''$_1$ égale à A'p_1 (*fig. 190*) : puis, suivant M$_2$P$_2$ — M'$_2$P'$_2$ — M"$_2$P"$_2$ — M'''$_2$P'''$_2$ une même longueur égale A'p_2 et ainsi de suite d'après une règle facile à saisir : enfin suivant K$_1$O'''$_1$, et K$_2$O'''$_2$ prenez des longueurs égales à A'O'''.

Joignez les points ainsi déterminés par un trait continu, soit à la main, soit au compas (*voir n*° **103**, *chap. I*er) et vous aurez déterminé le profil de découpage : ce profil ce compose de 4 arcs égaux. On pourra en tracer un très exactement et découper un patron qui servira à décrire commodément les trois autres.

Remarque. — Les tangentes à la courbe aux points a_1, O'''$_1$, d_1, O'''$_2$ et a'_1 sont perpendiculaires aux génératrices correspondantes : on aura soin de tracer ces tangentes avant la courbe elle-même.

Si l'on doit ajouter un bord à tomber suivant la courbe d'intersection, on tracera ce bord sur la tôle à plat en s'inspirant de la méthode donnée au n° **106** du chapitre Ier.

15ᵉ Exercice. — *Tracer à la surface d'une tôle cintrée cylindrique :*

1° *Une génératrice passant par un point donné sur la tôle ;*

2° *La section droite passant par un point donné.*

1° *Traçage de la génératrice.*

A LA RÈGLE. — Placez une règle bien droite et bien rigide suivant une arête sur la surface de la tôle ; l'arête comprenant toujours le point donné, faites-la s'appliquer exactement sur la surface et menez un trait droit qui sera la génératrice demandée.

AU CORDEAU. — Le traceur et son aide tendront un cordeau le plus près possible de la surface sans la toucher, et en le faisant passer par le point donné. Lorsque le cordeau bien tendu à proximité de la tôle aura tous ses points à la même distance de la surface, on sera assuré qu'il est parallèle à l'axe du cylindre ou à la direction générale des génératrices. Il suffira de le pincer vers son milieu et de le tendre un peu, normalement, pour que, lâché brusquement, il marque à la surface de la tôle un trait droit qui est la génératrice demandée.

2° *Traçage de la section droite.*

Nous rappelons ici qu'on nomme *section droite* d'un cylindre la section par un plan perpendiculaire à l'axe et aux génératrices.

Par le point donné, menez la génératrice du cylindre comme il est dit plus haut ; ceci posé, pour obtenir deux autres points de la section droite, à l'aide du compas à pointes, marquez sur la génératrice deux points à égale distance du point donné, l'un d'un côté, l'autre de l'autre.

Puis, de chacun des deux points comme centre, avec une ouverture de compas supérieure à leur distance au point donné, décrivez de chaque côté de la génératrice, sur la surface du cylindre, quatre arcs de courbe qui se coupent deux à deux en deux points appartenant à la section droite.

En faisant varier l'ouverture du compas et opérant de la même manière, vous obtiendrez une série de points aussi rapprochés que vous voudrez.

Cependant, à cause précisément de la convexité de la surface, il arrivera un moment où le traçage ne sera plus praticable.

Par le dernier point obtenu, menez alors la génératrice du cylindre et opérez sur ce point et cette génératrice, ainsi qu'il est dit ci-dessus.

Trois génératrices au plus suffiront à la détermination précise de la section droite.

Ayant ainsi fixé la position d'un certain nombre de points de la ligne demandée, on entourera la tôle cylindrique d'un cordeau à blanc passant par tous les points ; on le serrera fortement en tordant les extrémités réunies et la trace continue qu'il laissera, donnera une exacte représentation de la section droite.

Ce qui vient d'être dit s'applique à tout cylindre, circulaire, elliptique, etc.

16ᵉ Exercice. — *Tracer à plat le développement d'une tôle cylindrique que l'on veut remplacer.*

Supposons données deux enveloppes cylindriques assemblées se rencontrant dans une position quelconque et soit proposé de remplacer l'une d'elles complètement.

Nous n'aurons plus ici à tracer l'épure de l'intersection ; il faut la copier d'après l'enveloppe à remplacer. Voici comment on pourra procéder :

Tracez à la surface de l'enveloppe cintrée la section droite de cette enveloppe (*voir Exercice précédent*), divisez-la en un certain nombre de parties égales, douze par exemple, tirez la génératrice partant des points de division et aboutissant à l'intersection des deux tôles ; ceci fait, tracez sur la tôle à découper une ligne droite convenablement placée par rapport aux limites de cette tôle.

Suivant cette droite, développez bien exactement la longueur totale de la section droite de l'enveloppe à remplacer.

Divisez cette longueur comme vous l'avez fait pour la section et par chacun des points de division, tirez des traits perpendiculaires au développement de cette section.

Ces perpendiculaires représentent les emplacements occupés par les génératrices de l'enveloppe dans son développement sur la tôle à découper.

Portez donc les longueurs respectives de chaque génératrice sur la perpendiculaire à laquelle elle correspond ; puis, joignez les points ainsi obtenus par une ligne courbe qui déterminera le profil de découpage en tenant compte, s'il y a lieu, de la bande à rabattre, comme il a été dit.

Dans l'exposé rapide de cette méthode, nous supposons que la tôle remplacée pénètre l'autre.

Proposons-nous de *tracer le développement de la tôle pénétrée*.

Tracez de part et d'autre de l'ouverture une section droite de l'enveloppe ; tracez ensuite les deux génératrices tangentes à la courbe d'intersection.

Développez sur la tôle à découper les arcs des sections droites compris entre les deux génératrices limites. Divisez ces arcs en autant de parties égales que vous désirez obtenir de points pour chaque région de la courbe de découpage. Menez les génératrices des points de division et reportez-les sur le développement; achevez le traçage de chaque arc de section droite, comme il est dit plus haut.

Remarque. — Le plus souvent, on pourra se dispenser de tracer les sections droites à la surface des enveloppes à remplacer, les viroles adjacentes présentant, suivant leur tranche, une section droite toute déterminée.

17ᵉ Exercice. — *Traçage d'une ligne de rivets sur la palette d'une cornière.*

Pour la division en intervalles égaux d'une cornière droite ou cintrée circulairement, reportez-vous au 12ᵉ problème, § Iᵉʳ de ce chapitre.

Commencez par tirer sur la palette la ligne des centres de rivets; si vous pouvez utiliser *le marbre*, la cornière reposant sur ce dernier, prenez au *trusquin* la hauteur voulue et tirez sur la palette le trait des centres de rivets; sinon, servez-vous d'un compas mixte, appuyez la branche recourbée sur la face perpendiculaire à la palette de clouure et la branche droite affûtée sur cette dernière; faites glisser le compas sans changer l'inclinaison de la ligne des pointes et la ligne des centres sera tracée.

18ᵉ Exercice. — *Tracer au trusquin, sur tôles cintrées ou embouties le passage d'une tôle cylindrique.*

Une tôle est cintrée, en cylindre ou en cône, ou

même emboutie suivant une forme quelconque : on veut
pratiquer dans cette tôle un évidement livrant passage à
un cylindre circulaire dont on connaît le rayon et la
position de l'axe par rapport à l'enveloppe considérée :
voici un procédé toujours applicable et que nous ne
supposons pas connu :

Marquez sur l'enveloppe donnée le point où vient
passer l'axe du cylindre et percez en ce point un trou
d'un diamètre de 20 à 30 %₀ suivant le cas ; faites ensuite
passer par ce trou un axe bien cylindré auquel vous
donnerez aisément la direction exacte que doit avoir
l'axe de l'enveloppe cylindrique dont vous voulez déterminer la ligne de passage.

Ceci fait, prenez un *trusquin à cornière* (*voir ch. II,
§ VII*), appliquez-le contre l'axe par son pied et placez
sa pointe à une distance de cet axe précisément égale au
rayon extérieur de l'enveloppe cylindrique.

Vous obtiendrez ce résultat en appuyant une équerre
contre la surface de l'axe et en tenant compte, bien
entendu, du rayon de cet axe lui-même ; ainsi, le rayon
extérieur de l'enveloppe cylindrique étant de $0^m,500$ et
le diamètre de l'axe de 30 %₀, la distance de la pointe à
tracer, mesurée sur le champ libre de l'équerre sera
égale à $0^m,500 — 0^m,015$, soit $0^m,485$ %₀.

Ayant placé la pointe à la position voulue, faites
mouvoir le pied autour de l'axe en le faisant également
tourner dans toutes les directions et maintenant la
pointe contre la tôle que vous voulez tracer.

La pointe reste évidemment toujours à la distance
voulue de l'axe ; elle est donc constamment sur un
cylindre circulaire de rayon égal à celui donné pour
l'enveloppe cylindrique.

Les points où l'extrémité de la pointe à tracer vient
toucher la tôle, appartiennent donc à la courbe de
découpage.

Vous pourrez ainsi décrire la courbe d'un mouvement continu, ou tout au moins en déterminer autant de points que vous voudrez.

Le procédé s'appliquera même au cas où la tôle sur laquelle on trace, entre complètement dans l'enveloppe cylindrique. (*Voir ch. V, Trusquin-Cône.*)

C. — NOTE SUR LE TRAÇAGE DES EMBOUTIS

Les tôles sont fabriquées et livrées au chaudronnier, sous leur forme la plus simple : *le plan;* il est du ressort de l'ouvrier de transformer ce plan en toute autre surface de nature bien déterminée, au moyen des deux opérations suivantes :

1° Le *cintrage*, qui consiste à enrouler la tôle plane suivant des surfaces cylindriques ou coniques;

2° L'*emboutissage*, opération au moyen de laquelle la tôle plane est amenée à s'appliquer sur des surfaces diverses, non développables sur un plan, et dont les plus ordinairement employées sont : la sphère, l'ellipsoïde, le paraboloïde et leurs analogues.

Nous avons vu que, pour le traçage à plat des tôles à cintrer, on admet, ce qui est suffisamment exact en pratique, que le plan moyen de la tôle ne se déforme pas, ce qui revient dans le calcul, à considérer comme *rayon de cintre* le rayon intérieur augmenté de la demi-épaisseur.

Le second mode de travail, au contraire, altère complètement la direction et les distances réciproques des molécules du métal, resserrant ces dernières en certaines régions, les rendant moins denses en d'autres, et ce, de différentes manières, pour une même pièce, suivant les méthodes de travail.

Il est donc assez difficile de tenir un compte exact des modifications apportées par l'emboutissage aux formes et dimensions des lignes tirées sur la tôle à plat.

Il appartiendra à l'ouvrier de tracer à plat ses emboutis en s'inspirant des quelques observations qui vont suivre et en en modifiant les conclusions d'après son *coup de main*, suivant l'importance relative du *rétreint* et de *l'emboutissage*.

a. — *Emboutis réguliers sans joints soudés ou rivés.*

Le cas le plus simple de l'emboutissage est celui qui comprend les formes courbes dites *de révolution* (Calotte sphérique, elliptique ou parabolique, etc)

Il vient naturellement à l'idée que la forme plane de départ est le cercle, en admettant, bien entendu, que le travail s'exécute en partant du centre et que les mollécules situées au début sur une circonférence concentrique à ce cercle se retrouveront, l'emboutissage terminé, sur une même section circulaire perpendiculaire à l'axe naturel de l'embouti.

Dans cette hypothèse, il ne reste plus qu'à déterminer le diamètre même du cercle à découper dans la tôle plane.

Là, les méthodes varient, à cause des différentes manières de travailler, et parce qu'il est quelquefois nécessaire de ménager au métal certaines qualités de résistance ou d'élasticité.

Deux modes principaux sont généralement choisis comme bases de la détermination des dimensions des tôles planes de départ.

D'après le 1er mode, on prend comme diamètre à plat le *développement* de l'arc *moyen* suivant lequel s'opère l'emboutissage.

Suivant le 2e mode, on découpe dans la tôle plane un disque circulaire ayant la même *surface* que l'embouti à obtenir, la surface de ce dernier étant calculée d'après ses dimensions moyennes.

Le premier mode donne toujours un excès de matière conduisant au *rétreint*.

Le second nécessite, en général, la prépondérance de l'*emboutissage* proprement dit.

1re APPLICATION. — *Tracer à plat la tôle nécessaire pour confectionner un embouti en calotte sphérique à des dimensions connues* (fig. 191, pl. XV).

1er Mode. — Si l'on décrit sur une tôle la coupe moyenne et que l'on rectifie l'arc AOA' (n° **105**, chap. Ier), on lui trouvera une longueur égale à 1^m257 diamètre de la tôle à découper.

2e Mode. — La surface de la calotte sphérique AOA', est la même que celle d'un cercle ayant pour rayon AO (corde de l'arc AMO). — Si l'on relève la longueur de cette droite sur la figure, on trouvera qu'elle est de 0,600.

Le diamètre de la tôle de départ sera donc : 1^m200.

Soit un diamètre sensiblement inférieur à celui donné par le 1er mode.

2° APPLICATION. — *Tracer à plat la tôle nécessaire pour confectionner un embouti de forme parabolique à des dimensions moyennes données* (fig. 192, pl. XV).

1er Mode. — Pour trouver la longueur de l'arc AOA' ou plus simplement celle de sa moitié AmO, on pourra employer la méthode graphique (n° **100**, chap. Ier, 2° méthode); cette méthode évite le tracé de la courbe :

mais comme il est toujours nécessaire d'avoir un calibre pour guider le travail, on tracera ce calibre d'après l'un des procédés indiqués dans le chapitre Ier (n° **95**) et on rectifiera l'arc sur le calibre ou en s'inspirant d'une des méthodes indiquées dans le même chapitre (**105**). On obtiendra de cette façon pour le rayon du disque, une longueur de 1^{m}091 $\frac{m}{m}$.

2e Mode. — Le 2e mode est ici d'une application moins aisée que le 1er. Le calcul du rayon x de la tôle à découper est assez compliqué et conduit à une extraction de racine carrée; nous ne le donnons ici que pour mémoire.

Si l'on pose : $OI = f$ $OK = g$ $KI = m$, on aura :

$$x = \frac{2}{f} \sqrt[2]{\frac{2}{3}\, m\, (g^3 - m^3)} \qquad (1)$$

formule donnant exactement le rayon d'un cercle de même surface que le paraboloïde engendré par la rotation de AOA' autour de l'axe OI.

Voici une construction qui n'est que la traduction graphique de la formule ci-dessus, et qui permettra aux traceurs peu exercés au calcul, de trouver x tout aussi exactement (*fig. 193, pl. XV*).

OI étant la flèche moyenne de l'embouti, AI son rayon moyen et K le milieu de AI :

1° Sur AI comme diamètre, décrivez une circonférence et prolongez OK jusqu'en J.

2° Sur OJ comme diamètre décrivez une demi-circonférence;

3° En K, sur OJ, élevez une perpendiculaire KNL; prenez la distance ON, portez-la à partir de K sur KO, suivant KN' et joignez N'L;

4° Prenez le 1/3 de KS à partir de K, suivant KT et,

sur TO décrivez une demi-circonférence; enfin, en S, élevez SS' perpendiculaire à OJ.

Ceci posé, prenez : OL' = N'L

$$IV = 2 \text{ fois } SS'.$$

Tirez OV et prolongez jusqu'en Z à la rencontre avec L'Z perpendiculaire à OL'.

L'Z représente le rayon x dont la formule (1) donne la valeur algébrique.

Voici une 2e construction beaucoup plus simple et que l'on pourra utiliser chaque fois que OK ne dépassera pas 0^m500 (*fig. 194, pl. XV*).

Prolongez IO (*fig. 192 et 194*) d'une longueur OK' égale à KI et, dans le sens OI d'une longueur IA' égale à IA; puis, sur A'K' comme diamètre, décrivez une demi-circonférence qui coupe en X le rayon IA prolongé.

IX représente avec assez d'exactitude le rayon du disque ayant même surface que la calotte paraboloïde de rayon IA et de hauteur IO (*fig. 194*).

Si on applique à l'exemple numérique envisagé, soit la formule (1), soit le tracé de la figure 193, on obtiendra pour valeur du rayon x :

$$0^m855$$

beaucoup moins grande que celle (1^m091) obtenue par le premier mode.

La construction approchée (*fig. 194*) donnerait pour x une valeur encore plus faible; en règle générale, la longueur IX (*fig. 194*) devra être multipliée par 1,07 dans les limites des valeurs que peuvent avoir AI et OI dans la pratique.

3e APPLICATION. — *Tracer à plat la tôle nécessaire pour la fabrication d'un embouti en forme de demi-ellipsoïde de révolution aplati* (fig. 195, pl. XV).

La surface moyenne suivant laquelle se produit l'emboutissage est celle qu'engendrerait la demi-ellipse (*fig. 195*) ABA tournant autour de BO.

1ᵉʳ Mode (fig. 195, pl. XV). — Nous avons à calculer le développement de l'arc AMB : à cet effet nous nous reporterons au chapitre Iᵉʳ, nᵒˢ **81** et suivants et **105**. On trouvera :

$$AMB = 1^m234$$

C'est la longueur du rayon du disque à emboutir.

2ᵉ Mode (fig. 196, pl. XV). — Portez sur A'A la longueur OB' égale à deux fois OB. Sur A'B' comme diamètre, décrivez une demi-circonférence; puis prenez le 1/3 de A'B' suivant A'I et, en I, élevez IP perpendiculaire à A'B'; enfin joignez A'P : c'est le rayon du disque à découper à plat.

Dans le cas considéré, on trouverait : A'P = 1^m154 ᵐ⁄ₘ.

b. — *Emboutis réguliers ayant une ou plusieurs génératrices soudées ou rivées.*

Lorsqu'un embouti régulier, c'est-à-dire affectant une forme de révolution, doit être très allongé par rapport à son diamètre moyen, on part quelquefois d'une virole cylindrique ou conique soudée ou rivée suivant une ou plusieurs génératrices.

Il s'agit, dans ce cas, étant donnée la coupe moyenne par l'axe de l'embouti, de tracer la coupe moyenne du cylindre ou du tronc de cône qui servira de forme de départ.

Ce traçage variera avec la méthode employée pour la

fabrication de la pièce, suivant l'importance relative du rétreint et de l'emboutissage.

Exemple. — *Tracer à plat la tôle nécessaire pour fabriquer un chapiteau de cheminée de locomotive, rivé suivant une génératrice* (fig. 197, pl. XV).

Nous admettons que la ligne mixte AA'BB' (*fig. 197, pl. XV*) représente la coupe moyenne de la pièce finie; il s'agit d'en déduire la coupe du tronc de cône qui servira de forme de départ : voici une méthode applicable à tous les cas analogues.

Tirez la corde AB et, en son milieu, élevez une perpendiculaire sur laquelle vous portez MI, le rayon donné; puis joignez IA.

Ceci posé, suivant IK, portez la longueur de l'arc AMB rectifié (voir nº **105,** chap. Iᵉʳ) et, suivant IC, la corde AB de l'arc. Joignez KM et, par le point C, menez CG parallèle à KM.

G est ce qu'on nomme le *centre de gravité* de l'arc AMB.

Par le point G, menez une parallèle XGY à AB et prenez GX = GY, ces deux longueurs représentant chacune la moitié de l'arc AMB ou de IK.

Par X et Y menez les parallèles à A'A et B'B en les prolongeant de longueurs égales à elles-mêmes, soient X' et Y' les extrémités de ces longueurs : tirez X'Y' et vous aurez déterminé, suivant XX'YY' la coupe moyenne d'un tronc de cône pouvant servir à fabriquer le chapiteau ABB'A' (*voir 5ᵉ exercice de ce chapitre*).

Cette méthode réunit les deux procédés indiqués dans le paragraphe (**a**); en effet :

1º La génératrice XY du tronc de cône a même longueur que la génératrice AMB du chapiteau.

2° La surface latérale du tronc de cône sera précisément la même que celle de l'embouti.

Pour que ces deux conditions soient remplies, il n'est, du reste, pas nécessaire que XY soit parallèle à AB ; il suffit qu'elle soit égale à l'arc AMB rectifié et qu'elle ait son milieu au point G.

Remarque. — Pour éviter le tracé KCG, on peut calculer IG par la formule :

$$IG = \frac{IM \times AB}{AMB}$$

Cette méthode est applicable à tous les cas, quelle que soit la courbe AMB ; mais comme il est, en général, assez compliqué de rechercher le point G, on prendra simplement le point milieu de la plus grande flèche.

Nous n'avons pas la prétention de donner ce procédé comme devant nécessairement être suivi dans tout traçage d'embouti de ce genre. Nous le répétons, c'est surtout à l'ouvrier qu'il appartient de fixer et la longueur de la droite XY et sa position par rapport à l'arc de coupe moyenne AMB. C'est ainsi que cette droite pourra être AB elle-même, et, dans ce cas, la tôle sera entièrement rétreinte ; ou bien la tangente en M à l'arc, et alors l'emboutissage prévaudra. Cependant, en général, on aura intérêt à donner à XY une position intermédiaire, et nous avons cru utile d'indiquer la méthode qui fait l'objet du présent article, à cause des propriétés remarquables de la droite XGY.

L'application peut s'en faire à un très grand nombre d'emboutis dits annulaires, dans le cas où l'on peut opérer une soudure ou un rivetage suivant une ou plusieurs génératrices.

c. — *Emboutis semi-réguliers.*

Dans cette catégorie nous plaçons :

1° Les emboutis de révolution, sans soudure ni rivure, qui font l'objet de l'article (**a**) lorsque la tranche, au lieu d'être une section plane perpendiculaire à l'axe naturel de la pièce, est une courbe irrégulière, bien déterminée cependant par le dessin : par exemple, lorsque l'embouti doit s'appliquer sur une surface courbe, une virole cylindrique, etc.).

2° Les emboutis dont nous nous sommes occupés dans l'article (**b**), quand une de leurs tranches est droite et que l'autre se trouve dans les conditions d'irrégularité ci-dessus visées. (Exemple une embase de cheminée de locomotive).

Méthode de traçage pour les emboutis de ces deux espèces.

Il s'agit, étant donnée la coupe moyenne d'un des emboutis dont nous venons de parler, de déterminer sur le disque à plat, ou sur le tronc de cône développé la courbe de découpage de manière à éviter les rognures une fois la pièce achevée.

Le principe général de la méthode est celui-ci :

Couper la surface moyenne de l'embouti, par une série de plans passant par l'axe. On obtient de la sorte une série de génératrices courbes que l'on rectifie sur la tôle à plat suivant des rayons ; les extrémités des rayons seront ensuite réunies par une courbe suivant laquelle devra s'effectuer le découpage de la tôle.

Pour plus de commodité, les plans de coupe seront déterminés de la façon suivante :

On considérera une section circulaire de l'embouti par un plan perpendiculaire à l'axe. On divisera la circonférence en un certain nombre d'arcs égaux (Ch. Ier, n^{os} **36** et suivants) : chacun des plans de coupe sera déterminé par l'axe de l'embouti et par un des points de division.

Il en résultera que sur le développement du disque (*emboutis de l'article* **a**), les génératrices de coupe seront rectifiées suivant les rayons d'un polygone régulier d'un même nombre de côtés.

Pour les emboutis de l'article (**b**), après avoir développé le tronc de cône dont on doit tirer la partie régulière de la pièce, on divisera l'arc du développement en un nombre de parties égales correspondant au nombre des plans de coupe et on tirera les rayons correspondants, suivant lesquels seront rectifiés les génératrices de coupe.

Quelques exemples feront mieux saisir l'esprit de cette méthode.

1re APPLICATION. — *Tracer, suivant dessin, sur la tôle à plat, le disque à découper pour obtenir un dôme de forme donnée* (fig. 198 et 199, pl. XVI).

1re PARTIE (*198 et 199, pl. XVI*).

Tracez d'abord la coupe moyenne (*fig. 198*), du dôme de la chaudière dont l'axe est ici XX que nous avons placé sur la figure à sa distance cotée des lignes du dôme. Ceci posé, pour l'intelligence de ce qui va suivre, nous admettons que le dôme est, en partie, un embouti, de révolution, ayant pour axe YY, et que la surface courbe raccordant la partie cylindrique à la virole de la chaudière, est coupée par tous nos plans auxiliaires suivant des arcs de même longueur CD (*fig. 198*).

Par le point A de la ligne de raccord de la calotte et de la partie sphérique, menez Ai perpendiculaire à YY; par D, de la ligne de raccord de la partie cylindrique avec la surface courbe DC, menez de même une perpendiculaire Dd à YY; XX étant ainsi que nous l'avons dit, l'axe de la virole cylindrique, par le point Y où l'axe du dôme le rencontre, avec Ai comme rayon, décrivez un quart de circonférence I'D', que vous divisez ensuite en quatre arcs égaux (n^{os} **36** et suivants, ch. Ier) aux points H', G', F'; par ces points, menez des traits parallèles à YY; ces traits coupent Ai en f, g, h; menez AI'.

Du même point Y comme centre, avec Yd ou I'D comme rayon, décrivez un arc qui coupe en I'', H'', G'', F'' les traits parallèles à YY; par I'' menez I''I parallèle à XX; par H'', H''H, et par F'', F''F, en remarquant que vous notez les points I, H, G, F, D, à l'inverse de ceux I', H', G', F', D', qui ont servi à les trouver.

Ces points I, H, G, F, D figurent, dans notre hypothèse, la projection de la ligne courbe terminant la partie cylindrique du dôme.

Remarquons ici que id = AD (*fig. 198*) et que l'arc I''H''GF''d..., est décrit avec un rayon égal à celui de la virole d'appui augmenté du rayon de l'arc CD.

2e Partie (*fig. 200, pl. XVI*).

Sur la tôle à utiliser, marquez B$_1$ point centre de l'embouti correspondant au sommet B (*fig. 198*) du dôme; avec un rayon égal au développement de l'arc BA augmenté de celui de l'arc DC (*fig. 198*), décrivez une circonférence et tirez deux diamètres perpendiculaires $D_1 D_2$ et $I_1 I_2$; divisez le quart $d_1 i_1$ en quatre parties égales et tirez indéfiniment les rayons des points de division. Ceci posé, prenez $d_1 D_1$ égal à AD ; $f_1 F_1$ égal à fF ; $g_1 G_1$ égal à gG, $h_1 H_1$ égal à hH et $i_1 I_1$ égal à iI, pris sur l'épure (*fig. 198*).

Joignez les points ainsi déterminés par un trait courbe continu, à la main ou au compas (n° **103**, chap. Ier) et vous aurez tracé le quart de votre tôle suivant $I_1 B_1 D_1 G_1$.

Ayant obtenu ce premier quart, vous obtiendrez le reste du profil de découpage en prolongeant les rayons tels que $B_1 G_1$, etc., de quantités égales à eux-mêmes, au-delà du centre B_1.

Remarques 1. — Les tangentes en I_1 et I_2 sont perpendiculaires à $I_1 I_2$: celles en D_1 et D_2 sont perpendiculaires à $D_1 D_2$.

II. — Ce procédé, généralisé, s'applique à tous les emboutis de cette forme : il n'est, du reste, qu'une application de la méthode générale ci-dessus énoncée.

On est toujours obligé de fixer la nature de la surface courbe raccordant le dôme à la chaudière pour pouvoir lui appliquer le procédé des coupes.

On pourra donc, en s'inspirant de la marche suivie dans cet exercice, tracer à plat la tôle nécessaire à la confection d'un dôme devant s'appliquer sur toute surface, quelle que soit la position de YY.

III. — Le traçage de la tôle pour un dôme à section elliptique s'opérera encore en s'inspirant de la méthode appliquée au dôme circulaire. La principale difficulté réside dans la description de l'intersection DFGH de la partie cylindrique du dôme par un autre cylindre d'axe XX et de rayon égal à celui de la virole augmenté de OD (*fig. 198*) rayon de raccord.

IV. — Le dôme embouti se fabrique souvent aussi en

partant d'une virole cylindrique soudée suivant une génératrice.

Dans ce cas on prendra pour rayon du cylindre le rayon Ai et pour génératrice de départ le développement BAD.

On tracera à plat la ligne DFGHI (voir 9ᵉ exercice de ce chapitre) et, suivant cette ligne, une 2ᵉ extérieure et à une distance égale à l'arc de coupe CD rectifié (voir n° **105**, chap. 1ᵉʳ).

Cette deuxième courbe sera celle de découpage de la tôle.

Comme application de la précédente théorie, nous citerons le traçage à plat de l'enveloppe de sablière de locomotive.

2ᵉ Application. — *Tracer à plat, suivant dessin, la tôle nécessaire pour fabriquer une embase rivée de cheminée de locomotive.* — Deux vues de l'embase (*fig. 201 et 202, pl. XVI*) suffiront ordinairement pour résoudre la question.

Commencez par tracer, sur une tôle, la coupe ABCD et sa projection, en ne décrivant dans la vue en plan (*fig. 202*), que les lignes BNF et AME, suffisantes pour la détermination du développement.

Sur la *figure 201*, déterminez la direction et la longueur de la génératrice ab, comme si l'embouti rentrait dans la catégorie de l'article (b), en vous inspirant de la méthode donnée dans cet article (pages 203 et suivantes).

Puis, à plat, sur la tôle à employer (*fig. 203, pl. XVI*), tracez le développement $A_1B_1C_1D_1A_2B_2$ du tronc de cône $abcd$, supposé ouvert suivant ab (5ᵉ ex., p. 163).

Placez ensuite les génératrices C_1D_1, G_1H_1, E_1F_1, en divisant l'arc $B_1D_1B_2$ en 4 parties égales.

L'arc $A_1G_1C_1E_1A_2$ est un des profils de coupe; il faut déterminer un certain nombre de points du profil extérieur $B_1H_1D_1F_1B_2$.

D_4 est un de ces points, parce que la génératrice courbe CD est de même longueur que la génératrice rectiligne cd.

Pour fixer H_4 et F_4, il faut développer la ligne suivant laquelle l'embouti est coupé par le plan EFXY (*fig. 201, 202*). A cet effet, tracez If perpendiculaire à IY (*fig. 201*) et portez If égale à FE (*fig. 202*).

Par le point K de raccord de la courbe BK avec la droite KA, tirez KK' parallèle à AC (*fig. 201*), et raccordez K' et f par un arc tangent en K' à IY et à If. Le traçage de cet arc se fera en s'inspirant du profil AKB; on le décrira, par exemple, par une courbe ovale au compas (voir n^{os} **88** et suivants) ou plus simplement à la main.

Ceci fait, rectifiez la ligne EK' f, suivant E_4F_4 et G_4H_4 (n° **105**, chap. 1er).

Les points H_4 et F_4 appartiennent à la ligne de coupe.

Coupez maintenant l'embouti par un troisième plan YXMN (*fig. 202*), tel que M soit au milieu de AE.

Pour obtenir l'emplacement de la génératrice correspondante sur le développement, divisez E_4A_2 en deux parties égales, au point M_4 et tirez $O_4M_4N_4$.

Il s'agit maintenant de trouver la longueur de M_4N_4 : à cet effet, menez NN parallèle à XY jusqu'en N, où elle rencontre l'arc représentant le cintre de la virole; puis, par ce point, tirez NN' parallèle à BD et égale à NM (*fig. 202*), et, en N', élevez N'M" perpendiculaire à NN'.

Raccordez M" et N (*fig. 201*) par un arc de courbe tangent à M"N' en M" et à l'arc BD en N, soit à la main, soit par arcs de circonférence.

Rectifiez l'arc M"N, ajoutez à son développement AK, et portez la longueur totale suivant M_4N_4 *(fig. 203)* : N_4 est un point du profil de découpage.

A cause de la symétrie de l'embouti qui se décompose en 4 régions identiques déterminées par les plans BDXY et FHXY, en divisant E_4C_4, C_4G_4 et G_4A_4 (*fig. 203*) en

2 parties égales, tirant les génératrices correspondantes : P_1Q_1, etc., et portant sur ces génératrices une même longueur égale à M_1N_1, vous obtiendrez trois autres points de la coupe de tôle.

On voit, par ce qui vient d'être dit, comment il faudra opérer pour déterminer autant de points qu'on le désirera. *Une* seule construction déterminera *quatre* points du profil $B_1D_1B_2$, et ce profil se tracera de cette manière assez rapidement.

Pour la commodité du traçage de la courbe, remarquez que :

1° Les quatre arcs B_2F_1, D_1F_1, D_1H_1 et B_1H_1 sont absolument égaux ;

2° Les tangentes et B_1,H_1,D_1,F_1 et B_2 sont perpendiculaires aux génératrices correspondantes.

Le traçage opéré suivant ces indications, ajoutez suivant A_1B_1 et A_2B_2 le demi-recouvrement.

Remarque importante. — Le traçage à plat des emboutis de l'article (**c**) est notablement simplifié lorsque l'on dispose d'une pièce identique à celle que l'on se propose d'obtenir par l'emboutissage.

On détermine au *trusquin*, sur un *marbre*, les sections de l'embouti par des plans passant par l'axe principal, suivant les indications données dans l'article précité.

Les lignes étant ainsi décrites à la surface de l'embouti à reproduire, il sera aisé de les développer suivant les rayons de la tôle à plat, sans recourir à l'épure représentative de la pièce.

Quoique cette remarque vise surtout les emboutis semi-réguliers, elle recevra avantageusement son application dans les autres cas.

CHAPITRE IV

Traçage en l'air

Sous ce titre, nous étudierons l'exécution des tracés dont tous les éléments, points et lignes, ne sont pas dans un même plan. (*Voir définition du plan, chap. Ier, n^{os} **1** et **109***).

Pratiquement, le problème général du traçage en l'air se présente ainsi :

On donne un bloc de matière solide et l'image bien définie, bien déterminée d'une pièce limitée par des faces de différentes natures : plan, cylindre, cône, etc.

On suppose la pièce finie et placée à l'intérieur du bloc de telle façon que tous les éléments de la première appartiennent au deuxième et on propose de déterminer, à la surface de ce dernier :

1° Les lignes suivant lesquelles elle est rencontrée par les faces planes de la pièce supposées prolongées en tous sens ;

2° Les points en lesquels elle est rencontrée par les axes connus de la pièce supposés également prolongés indéfiniment.

Ce problème étant résolu, le bloc tracé est remis aux ouvriers des diverses spécialités (raboteurs, ajusteurs, mortaiseurs ou fraiseurs pour la première partie, tourneurs ou perceurs pour la seconde).

Ces ouvriers doivent pouvoir, au moyen des traits et des points marqués à la surface du bloc, le découper aux dimensions données et en tirer la pièce finie.

On peut juger par là de l'importance du traçage qui est appelé à commander tout le travail de façonnage.

Dans la plupart des cas, on peut imaginer la pièce

ajustée dans une infinité de positions à l'intérieur du bloc solide : il dépendra du traceur de déterminer les premières lignes de façon *à partager la matière* à peu près également sur les régions placées symétriquement par rapport aux principaux axes de la pièce.

En pratique, les blocs proposés au traçage présentent déjà l'aspect général de la pièce finie, mais avec des dimensions pleines plus fortes.

L'orientation des premières lignes est ainsi grandement facilitée (*voir § II de ce chapitre*).

La solution générale du problème énoncé plus haut, se déduit d'un ensemble de solutions d'exercices élémentaires, dont quelques-unes sont utilisées plusieurs fois dans un même traçage. Nous allons donc commencer par développer ces exercices : après quoi, il nous restera à donner les méthodes particulières à appliquer dans le traçage des principaux types de pièces.

Nous ne saurions trop insister sur l'importance que présentent l'étude et l'application pratique des exercices élémentaires qui font l'objet de notre § Ier.

C'est de leur connaissance approfondie que dépend l'habileté du traceur.

Nous croyons utile de rappeler ici les principes suivants de géométrie de l'espace (*chap. Ier, n^{os} **109** et suivants*).

1° Un plan est déterminé : par deux droites qui se coupent; par trois points non en ligne droite; par un point et une droite; enfin, par deux droites parallèles;

2° Si un point se meut en restant constamment à la même distance d'un plan donné, il décrit un 2e plan parallèle au 1er, à la distance donnée (exemple pratique : *La pointe d'un trusquin ordinaire décrit un plan parallèle au marbre sur lequel le trusquin se meut*).

Nota. — Nous emploierons fréquemment le terme *trait plan* sur une surface comme synonyme d'intersection de cette surface et d'un plan.

§ 1. — **EXERCICES ÉLÉMENTAIRES DE TRAÇAGE EN L'AIR**

Quelques mots sur la représentation des pièces par le dessin plan.

On nomme *projection d'un point* sur un plan le pied de la perpendiculaire abaissée de ce point sur le plan (*chap. Ier, n° **114***).

On nomme *projection d'une ligne donnée* sur un plan la ligne formée par les projections des points de la ligne donnée.

La surface d'une pièce est ordinairement composée de surfaces partielles élémentaires, triangles, rectangles, etc., cercles, ellipses, etc., — limitées elles-mêmes par des lignes droites ou courbes qui sont les *arêtes* de la pièce.

Ceci posé, pour figurer une pièce et faire percevoir la forme qu'elle doit avoir, on a recours à un mode de représentation dont l'étude fait le principal objet de la *Géométrie descriptive*. On imagine la pièce placée dans l'angle formé par deux *plans*, que nous supposerons pour fixer les idées, l'un *horizontal*, l'autre *vertical*.

Ces deux plans se coupent suivant une droite appelée *ligne de terre*.

On projette successivement sur chacun d'eux toutes les *arêtes* de la pièce.

L'ensemble des projections de toutes les arêtes sur le plan vertical forme la *projection verticale* de la surface de la pièce.

De même, la figure formée par les projections des arêtes sur le plan horizontal est nommée *projection horizontale* de la dite surface.

On fait ensuite tourner le plan horizontal par exemple autour de la *ligne de terre* jusqu'à ce que les deux plans de projection soient dans le prolongement l'un de l'autre, la vue verticale au-dessus de la ligne de terre, la vue horizontale au-dessous.

On appelle souvent la projection verticale, *vue de face,* et la projection horizontale, *vue en plan.*

Le résultat de ces diverses opérations est la représentation sur un plan des éléments de la pièce.

On a quelquefois recours à une troisième projection, à une troisième vue, sur un plan perpendiculaire aux deux autres et conséquemment à leur arête commune, la ligne de terre.

On l'appelle ordinairement *vue de côté* ou de *profil.*

Lorsqu'une arête remarquable est oblique à ces trois plans, on est obligé de recourir à un plan particulier parallèle à l'arête et perpendiculaire à l'un des trois autres.

On dispose les pièces de façon à ce que leurs *axes de symétrie* soient parallèles ou perpendiculaires à l'un des plans de projection.

Les cotes, prises la plupart du temps suivant ces axes ou suivant leurs perpendiculaires, sont reproduites sur les projections, et l'ensemble ainsi obtenu constitue le *dessin d'atelier.*

Lorsqu'il est exécuté, correctement et complètement, il suffit à la confection du travail.

1er Exercice. — *On marque 3 points :* A, B, C, *sur la surface extérieure d'un corps solide et on propose de tracer l'intersection de cette surface et du plan des 3 points.*

1er Cas. — On possède un *marbre plan (chap. II, § 1er),* suffisamment étendu pour que la pièce puisse être placée dessus en laissant de tous côtés accès au *trusquin*. (*Ch. II, § VII.*)

Méthode. — Placez la pièce dans une telle position que les trois points A, B, C, soient sensiblement, au jugé, à même hauteur au-dessus du marbre : les *cales* ont ici leur utilisation toute indiquée. (*Ch. II, § VIII.*)

Disposez ensuite la pointe d'un trusquin ordinaire à hauteur d'un des points, A, par exemple, en faisant mouvoir la douille le long de la tige et fixant sa position quand l'extrémité de la pointe à tracer sera sur le point A lui-même.

Ce résultat obtenu, amenez la pointe successivement en face de chacun des deux autres points B et C, de façon à pouvoir vous rendre compte du sens et de l'importance du déplacement que vous devez faire subir à la pièce pour corriger les différences de hauteur des trois points.

Modifiez ensuite la position de la pièce au moyen des *cales* en relevant les points s'ils se trouvent plus bas que A, en les abaissant dans le cas contraire, sans modifier, autant que possible, la position du point de repère A.

Le déplacement opéré, reprenez au trusquin comme il est dit plus haut, la hauteur d'un quelconque des points et présentez ensuite la pointe de l'instrument en face de chacun des deux autres pour opérer ensuite comme plus haut, si les trois points ne sont pas encore à la même distance du marbre.

Enfin, lorsque vous aurez amené la pièce dans la position voulue, prenez au trusquin la hauteur *commune* de A, B et C, promenez l'instrument par son pied sur le marbre et tracez la ligne demandée en appuyant légèrement la pointe contre la surface.

Vous aurez de la sorte déterminé l'intersection de cette surface et du plan ABC.

Remarque. — On amène assez rapidement les trois points A, B et C à même hauteur; la forme des corps permet presque toujours de placer immédiatement deux points B et A à la même distance du marbre. On s'attache ensuite à faire pivoter le solide autour de la droite de ces deux points, jusqu'à ce que le troisième, C, se trouve à leur hauteur.

On conçoit qu'il serait possible d'obtenir ce résultat mécaniquement, en pinçant le corps aux points B et A, entre deux pointes également distantes du plan marbre.

2° Cas. — On ne possède pas de marbre assez étendu pour pouvoir utiliser le trusquin.

S'il s'en faut de peu, relativement aux dimensions du corps, que la condition du 1er cas soit remplie, on augmentera le champ du marbre au moyen de règles d'égale épaisseur disposées à plat et fixées au moyen de *presses* (*ch. II, § VIII*) par les bords dégagés du marbre.

On se servira ensuite des plats des règles comme d'un marbre, en faisant varier, au besoin, leur position.

Une seule règle, à la rigueur, suffira.

Nous allons maintenant indiquer un procédé général pouvant s'appliquer aux corps de toutes dimensions.

Méthode des fils. — En voici le principe : les trois points A, B, C, étant visiblement marqués à la surface de la pièce (au moyen de petits cercles peints à la céruse, par exemple, on créera au moyen de deux fils tendus figurant deux droites qui se coupent, un plan que l'on s'attachera à amener dans une telle position qu'il contienne les trois points donnés. Lorsque ce résultat sera obtenu, il sera facile de faire marquer par un aide, à la surface de la pièce, d'autres points appartenant au plan figuré par les deux fils.

Quelques développements vont rendre cette méthode plus facile à comprendre et à appliquer.

Le plan auxiliaire s'obtiendra en faisant passer un fil par une bague de faible section, mobile elle-même sur une tringle par exemple ; le traceur et son aide prendront chacun une extrémité et manœuvreront autour de la pièce immobile de façon à placer les trois points dans le plan des deux brins.

Le plan contiendra un point lorsque, visant un brin suivant l'autre, le point considéré se trouvera dans le même champ de visée, c'est-à-dire qu'il sera coupé diamétralement par la direction commune des deux brins.

Ce résultat obtenu, si les deux autres points ne se trouvent pas dans les mêmes conditions, on jugera de l'écart et on modifiera la position des brins de telle façon que tout en maintenant leur plan suivant le premier point, les deux autres s'y trouvent également.

Avec quelque peu de pratique, on arrive très rapidement à orienter les brins de fil suivant la direction voulue.

Lorsqu'on aura de la sorte amené le plan auxiliaire à se confondre avec le plan A, B, C, on fixera la position du fil : l'aide parcourant avec la pointe à tracer la région probable de la ligne d'intersection, on lui fera marquer une série de points de cette intersection en se guidant sur les fils comme plus haut.

Ou bien encore, à l'aide d'un troisième fil tendu contre les deux brins fixes, sans les déranger, on viendra toucher la surface de la pièce aux endroits saillants et l'on obtiendra aux points de tangence, autant de points de la ligne cherchée.

Remarque sur cette méthode. — Dans le cas où les trois points A, B, C sont visibles simultanément, on pourra n'utiliser qu'un des fils : mais aussi on ne pourra tracer qu'une région de la ligne.

C'est ainsi que souvent on se sert du *fil à plomb* pour tirer les lignes d'axes des bâtis de machines.

Il faut alors faire mouvoir la pièce à tracer et amener le plan des trois points ABC dans une position verticale.

A notre avis, le traçage s'opérera plus rapidement au moyen de la méthode des deux fils qui devra toujours être préférée pour les bâtis de grandes dimensions.

Méthode du niveau de l'eau. — Voici un procédé pratique que nous supposons peu ou pas connu et qui permet de résoudre très rapidement et très sûrement le problème qui fait l'objet de cet article.

On plongera la pièce ou le bâti à tracer dans un réservoir contenant suffisamment d'eau pour que l'on puisse placer les trois points dans le plan figuré par la surface de l'eau au repos. Ce résultat obtenu, on marquera autant de points qu'on le voudra à la surface de la pièce, suivant la ligne d'immersion.

Remarque générale sur le 1ᵉʳ Exercice. — Pour s'assurer que trois points de la surface d'un corps sont en *ligne droite,* on tracera une première ligne plane par les trois points en suivant les méthodes données plus haut. On choisira un quatrième point D hors de cette ligne ; par A, B et D, on tracera une deuxième ligne plane : si elle passe par C, on sera certain que les trois points A, B, C, sont sur une même direction rectiligne.

2ᵉ Exercice. — *Un trait droit* AB *et un point* C *étant déterminés à la surface d'un corps solide, d'une pièce, tracer la ligne de rencontre de cette surface par le plan de* AB, *et de* C.

Choisissez deux points, A, B, sur le trait droit, les deux extrémités par exemple, et, au moyen d'une des méthodes indiquées dans le *1er Exercice*, faites passer un plan par les trois points A, B et C.

3e Exercice. — *Étant donnés à la surface d'une pièce deux traits droits parallèles, tracer la ligne de rencontre de la surface et du plan des deux traits.*

On marquera un point A sur un trait et les deux extrémités B, C de l'autre ; on sera de la sorte ramené au cas envisagé dans le *1er Exercice*.

4° Exercice. — *Tracer à la surface d'une pièce, un trait plan passant par deux points marqués M, N, et incliné d'un angle connu K sur un plan déterminé ABC.*

Ainsi, un premier trait plan ABC est tracé à la surface de la pièce (*fig. 204, pl. XVII*); il s'agit de tracer, par deux points de cette surface, l'intersection de cette dernière et d'un plan faisant un certain angle K avec ABC.

Ce problème se présente fréquemment dans le traçage : il constitue une des principales difficultés de cet art, surtout lorsque la pièce ne présente aucune face dressée parallèlement au plan ABC.

Néanmoins, en pratique, on ne trace les axes obliques qu'après un premier ajustage : c'est ce que nous supposerons d'abord : nous étendrons ensuite le procédé au cas d'une pièce complètement brute.

1er Cas. — *La pièce possède une face dressée parallèle à ABC* (fig. 204, pl. XVII).

Prenez à l'équerre à onglet (*ch. II, § III*) l'angle donné K et fixez l'écartement des branches.

Disposez ensuite la pièce sur le marbre, au trusquin, de façon à ce que les deux points M et N soient à même hauteur et que la face ajustée soit inclinée sur le plan du marbre de l'angle K, ce que l'on vérifiera aisément au moyen de l'équerre à onglet. Après quelques tâtonnements que l'habitude rendra de moins en moins nombreux, la position de la pièce étant fixée comme il convient, il ne restera plus qu'à tracer franchement le trait plan passant par M et N, au moyen du trusquin.

Ce trait plan est parallèle au marbre qui lui-même d'après la position donnée à la pièce, fait avec le plan ABC un angle égal à K.

L'inclinaison du trait obtenu sur ABC sera donc K ; mais on voit aisément qu'il y a deux traits plans répondant aux conditions de l'énoncé : on prendra celui qui est indiqué par la forme même de la pièce brute.

Remarque. — Si on ne possède pas d'équerre à onglet on pourra découper un calibre en tôle mince à l'angle indiqué et s'en servir comme il est dit plus haut.

2° Cas. — *La pièce ne possède pas de face dressée parallèle à* ABC.

Dans ce cas, on rendra la pièce solidaire d'une face plane accessoire qui ramènera la question à celle traitée ci-dessus.

Ainsi, on pourra fixer la pièce à une équerre en fonte dont une aile reposera sur le marbre et on disposera les trois points A, B, C au trusquin, à même hauteur. Dans cette position on rendra la pièce solidaire de l'équerre en fonte au moyen de presses ou de boulons et on conduira le reste de l'opération comme dans le cas précédent en considérant la face libre de l'équerre en fonte comme une face dressée de la pièce.

Remarque I. — Certains marbres sont munis d'un appareil très commode, servant précisément à tracer les traits plans inclinés l'un sur l'autre d'angles donnés.

Cet appareil se compose de deux plans matériels ajustés réunis suivant une charnière et dont l'angle est réglé par un secteur centré sur l'axe de la charnière (*fig. 205, pl. XVII*).

Pour résoudre le problème dont nous nous occupons, au moyen de cet appareil, posez-le sur le marbre et donnez à ces deux branches l'écartement voulu, puis, disposez la pièce sur la face supérieure, de telle sorte que le plan ABC soit parallèle à cette face et qu'en même temps les points M et N soient à même hauteur au-dessus du marbre.

Tracez alors avec cette hauteur de pointe un trait plan qui répondra aux conditions de l'énoncé.

Remarque II. — La difficulté relative des tracés précédents est considérablement diminuée dans la plupart des cas, par l'ajustage préalable de certaines régions de la pièce : nous avons envisagé le cas général et nous en avons donné une solution qui nécessite le minimum d'outillage; nous n'entrerons pas dans des simplifications que le traceur sera lui-même amené à faire dès qu'il sera bien en possession d'un procédé général. Nous retrouverons, du reste, ces cas particuliers dans les applications (*10ᵉ, 11ᵉ, 13ᵉ et 26ᵉ Exemples, chap. VI*).

Remarque III. — Si la face ajustée se trouvait être perpendiculaire à ABC, au lieu de l'angle donné K, on prendrait à l'équerre ou au calibre l'angle complémentaire, obtenu en retranchant K d'un angle droit.

5ᵉ Exercice. — *Par un point M donné à la surface d'une pièce, mener un trait plan parallèle à un autre trait plan ABC donné.*

1° *Sur le marbre, au trusquin.* — Disposez la pièce, les trois points A, B, C, à même hauteur au-dessus du marbre, ainsi qu'il est indiqué dans le 1er Exercice. Puis prenez au trusquin la hauteur du point M et tirez franchement un trait plan qui répond aux conditions de l'énoncé.

2° *Par la méthode des fils.* — Suivant le plan ABC, établissez un premier plan figuré au moyen des deux brins d'un fil (voir 1er Exercice de ce chapitre). Fixez ensuite un deuxième fil dont chaque brin soit parallèle à un des brins du premier et disposé de telle façon que le plan qu'il figure contienne le point M donné.

Quand ce résultat sera obtenu, il ne restera plus qu'à marquer à la suite de M autant de points qu'on le voudra suivant le 2e plan figuré (voir 1er Exercice).

Pour vérifier que deux brins sont parallèles, prenez sur chacun d'eux une même longueur (la plus grande possible). Soient ab et $a'b'$ ces longueurs. Mesurez ensuite aa' et bb'; si ces distances sont égales et que les deux brins visés l'un par l'autre se cachent mutuellement, on sera assuré qu'ils sont parallèles.

3° *Au moyen du niveau de l'eau.* — Ayant placé la pièce dans l'eau, les trois points A, B, C suivant la ligne d'immersion, ajoutez la quantité d'eau nécessaire pour porter cette ligne d'immersion au point M; elle figurera alors le trait plan demandé (voir 1er Exercice).

Vous obtiendrez la distance des deux plans sur une tige verticale immergée, par la différence des deux niveaux.

6e Exercice. — *Tracer à la surface d'une pièce, un trait plan passant par deux points K et L et perpendiculaire à un autre trait plan ABC.*

1ᵉʳ Cᴀs. — *On peut utiliser le marbre.*

1ʳᵉ Méᴛʜᴏᴅᴇ. — Disposez la pièce sur le marbre de façon à ce que le trait ABC soit perpendiculaire à sa surface, ce que vous vérifierez au moyen de l'équerre à chapeau, en visant ce trait suivant la plus grande étendue possible, par l'arête libre de l'équerre.

Modifiez la position du solide jusqu'à ce que les deux points K et L soient à la même hauteur au-dessus du marbre, le plan ABC étant perpendiculaire à ce dernier.

Cette double condition remplie, tirez par KL, au trusquin, sur le contour de la pièce, un trait qui répond aux conditions de l'énoncé.

2ᵉ Méᴛʜᴏᴅᴇ. — Etablissez la pièce sur le marbre, de façon à ce que A, B, C, soient à la même hauteur, ou, autrement dit, que le trait plan ABC soit parallèle au marbre ; puis fixez à la pièce une règle longue que vous disposez perpendiculairement à ce dernier, au moyen de l'équerre à chapeau ; enfin, modifiez la position de l'ensemble et amenez la règle à être parallèle au plan du marbre (ce que vous vérifierez très aisément au trusquin), en même temps que les deux points K, L, seront à la même hauteur.

Tracez alors, avec cette hauteur, le trait plan demandé.

La règle permet de mieux s'assurer de la perpendicularité du plan ABC et du marbre.

Dans le traçage des pièces longues, on devra toujours appliquer la 2ᵉ méthode de préférence à la 1ʳᵉ.

On pourra utiliser les presses pour fixer la règle sur la pièce.

On a fréquemment à tracer sur des *pièces longues* (bielles, arbres, etc.), des traits plans perpendiculaires à la direction de l'axe principal.

Le traçage à l'équerre et à la pointe à tracer par reports successifs des traits en faisant tourner la pièce sur l'axe, offre de sérieuses difficultés et donne lieu à des erreurs importantes, surtout lorsque le trait doit être tiré sur une surface brute de forge ou de fonderie.

Le traçage au trusquin, après avoir disposé l'axe principal perpendiculairement au marbre (à l'équerre ou au fil), est de beaucoup préférable, mais n'est guère praticable dès que les pièces sont un peu étendues en longueur.

Voici un troisième procédé dont l'utilisation nous a toujours conduit très rapidement à des résultats exacts.

La pièce longue étant disposée sur des vés ou des cales, l'axe principal parallèle au marbre, dressez, vers l'extrémité de la pièce la plus proche du trait à tirer, une équerre en fonte dont vous orienterez la face libre perpendiculairement à l'axe principal.

La position de l'équerre en fonte sera commodément fixée à l'équerre ordinaire ou à chapeau en s'appuyant sur la face libre.

Lorsque la perpendicularité de l'axe principal sur la face libre de l'équerre sera obtenue, on se servira de cette face comme d'un marbre sur lequel on appuiera le pied d'un trusquin dont la hauteur de pointe sera réglée comme à l'ordinaire, et on tracera commodément et en une seule fois le trait plan demandé.

Cette méthode trouvera son application dans un très grand nombre de cas, principalement pour le traçage des têtes de bielles de toutes sortes.

On la modifiera aisément pour le cas où le trait plan à tirer doit être incliné sur l'axe principal d'un angle un peu moindre que 90°.

Dans le cas où la région à tracer se trouve vers le milieu de la pièce, l'équerre en fonte et le trusquin pourront encore être employés. Mais le traçage du trait complet nécessitera deux opérations, une pour chaque côté.

Remarque. — Si les points K et L étaient sur une même perpendiculaire au plan ABC, on trouverait une infinité de traits plans répondant aux conditions du problème. En général si, après avoir amené le plan ABC dans une position perpendiculaire au marbre, on constate que les deux points K, L sont à la même hauteur, on modifiera un peu la position du solide, en maintenant le plan ABC suivant l'arête de l'équerre à chapeau, et on vérifiera la position de K et L : s'ils sont encore à la même hauteur, c'est qu'ils se trouvent sur une même perpendiculaire au plan ABC : le problème sera indéterminé : il faudra un troisième point pour fixer la position du plan demandé.

2ᵉ Cas. — *On ne peut se servir du marbre.*

L'application de la méthode générale au moyen de plans figurés serait ici peu commode : voici comment on pourra déterminer en pratique un troisième point du plan cherché.

On commencera par placer le solide dans une telle position, que le plan ABC soit vertical, au moyen de un ou de deux fils à plomb, suivant le cas. On modifiera ensuite, s'il est nécessaire, cette position pour amener les points K et L sur une horizontale, ce que l'on constatera au moyen d'un niveau d'eau placé sur une règle avec l'arête de laquelle on aura visé les deux points dans plusieurs positions.

On pourra déterminer, au moyen de l'arête de visée, plusieurs points de l'intersection de la surface du solide et du plan horizontal passant par K et L, plan qui est évidemment perpendiculaire à ABC.

La solution que nous donnons ici, quoique demandant d'assez longs tâtonnements est, pensons-nous, celle qui mène encore le plus rapidement à un traçage exact dans le cas général.

7e Exercice. — *Déterminer la distance d'un point de la surface d'un solide au plan du marbre sur lequel il se trouve placé.*

Cette distance, ainsi que nous l'avons définie (n° **114,** chap. Ier) est la longueur de la perpendiculaire abaissée du point sur le plan du marbre : voici comment on pourra déterminer, en pratique, cette longueur : on fixera la pointe du trusquin au point A considéré et, si on possède une *règle debout divisée* (*chap. II*, page 108), on connaîtra, à simple lecture, en reportant la pointe du trusquin vers la face graduée, la hauteur du point par rapport au plan du marbre.

Si on ne possède pas de règle debout ou d'équerre à chapeau divisées, on appliquera soit un pied à coulisse, soit un demi-mètre, etc., contre le champ d'une équerre à chapeau, et on vérifiera la hauteur comme précédemment.

Pour trouver la distance en hauteur de deux points de la surface, on retranchera l'une de l'autre les distances de ces points au marbre.

8e Exercice. — *Déterminer à la surface d'une pièce un trait plan parallèle à un autre A, B, C, à une distance d de ce dernier.*

On sait que la distance de deux plans parallèles est donnée par la longueur de leur perpendiculaire commune.

1° *Méthode du marbre et du trusquin*. — Disposez la pièce de façon à ce que les trois points A, B, C, soient à une même hauteur au-dessus du plan marbre. Puis relevez ou abaissez la pointe du trusquin de la distance d suivant que le trait plan doit être au-dessus ou au-dessous de A, B, C, et tirez autour de la pièce le trait demandé.

Remarque. — Pour changer la hauteur de pointe du trusquin, on emploie soit la règle debout divisée, soit une équerre posée sur le marbre, soit enfin la tige même du trusquin sur laquelle on mesure les déplacements de la douille, qui se traduisent par des déplacements égaux de la pointe.

2° Méthode des fils. — Établissez un premier plan figuré contenant A, B, C, au moyen d'un fil à deux brins (*1er Exercice*). Puis, dans le sens indiqué par le dessin, construisez un deuxième plan figuré parallèle au premier à la distance d (voir *5e Exercice, 2°*).

Pour vérifier la distance de deux plans parallèles figurés par des fils, fixez une règle longue de manière qu'un de ses grands plats soit dans l'un des deux plans et placez une équerre à chapeau sur ce plat, la branche libre contre un des brins du deuxième plan figuré. Marquez le point de contact sur l'équerre et mesurez la distance correspondante sur le champ de la branche libre.

Le deuxième plan étant ainsi monté, il ne restera plus qu'à tracer par visée (*1er Exercice*), un certain nombre des points de la pièce situés dans ce plan.

Dans la plupart des cas, cette méthode se trouvera simplifiée soit par la forme du solide, soit par la situation des deux plans. Ainsi, quand ces derniers seront horizontaux, leur distance se mesurera assez rapidement à l'aide d'un fil à plomb.

3° Méthode du niveau de l'eau. — L'application de

la méthode pratique donnée précédemment pour tracer le trait plan par trois points à la surface d'une pièce, permet de résoudre également le problème dont nous venons de nous occuper : en effet, lorsque la pièce plongée dans l'eau affleurera le niveau, suivant les trois points A, B, C, on ajoutera la quantité d'eau nécessaire pour faire monter son niveau de la hauteur d donnée : ce qui se vérifiera très aisément à l'aide d'un fil à plomb immergé.

Le niveau de l'eau étant établi à hauteur voulue, on marquera suivant ce niveau à la surface de la pièce, autant de points que l'on voudra.

9ᵉ Exercice. — *Tirer à la surface d'une pièce deux traits plans parallèles à un troisième déjà tracé* ABC *et à une distance* d *de part et d'autre de* ABC.

Orientez votre pièce au trusquin, les points A, B, C, à même hauteur, et, par conséquent, le trait ABC parallèle au marbre. Conservez cette hauteur commune sur un premier trusquin ; puis, à l'aide d'un second, et suivant ce qui a été dit précédemment (*8ᵉ Exercice*), tracez un premier trait plan au-dessus de ABC à la distance d : tournez ensuite la pièce d'un demi-tour, et replacez-la en disposant ABC parallèle au marbre, à la hauteur du premier trusquin. Enfin, à l'aide du second trusquin, tirez franchement un deuxième trait plan autour de la pièce.

Ce procédé a l'avantage d'assurer la symétrie de position des deux traits par rapport à ABC.

§ II. — **CONDUITE GÉNÉRALE D'UN TRAÇAGE EN L'AIR**

Ainsi que nous l'avons exposé au début de ce chapitre, le traçage de toute pièce se déduira de l'application combinée des différents tracés élémentaires développés dans notre § Ier. La difficulté consistera à savoir procéder dans l'ordre le plus convenable pour la rapidité et surtout la précision du traçage d'ensemble.

Avant d'exécuter le tracé proprement dit, il sera très utile, sinon nécessaire, d'opérer ce que l'on appelle couramment, en termes de métier :

le Balancement de la pièce,

ou balancement du métal, opération ainsi nommée parce qu'elle consiste, en quelque sorte, à *balancer* la pièce finie dans la pièce brute de façon à donner aux lignes du traçage définitif leur position moyenne, celle qui correspond à une égale répartition de l'excès de matière.

Le balancement a surtout pour objet de vérifier si le travail de forge ou de fonderie a donné à la pièce à tracer une forme qui permette d'en déduire en bloc la pièce finie.

Pour les corps de faibles dimensions et de formes élémentaires (prisme, cylindre, cône), une simple vérification, à l'aide de la règle, de l'équerre et du mètre, suffira le plus souvent.

Mais, dans le cas le plus général, le balancement des pièces équivaudra à un premier traçage approximatif.

Pour les pièces terminées par des *faces planes*, ce traçage partira de la face la plus étendue et le premier trait rasera de très près cette surface, en ayant égard aux équerrages des axes principaux pris au jugé.

Pour les pièces dans lesquelles l'élément principal est un *alésage* (cylindre, etc.), ou un *tournage* (pivot, arbre, essieu, etc.), on partira de l'axe naturel de la pièce brute, tracé normalement, et l'on vérifiera le travail de forge ou de fonderie d'après cet axe.

Une pièce de tour sera centrée sur les vés par ses extrémités (voir § III, p. 238) et on la fera tourner de fractions de tours successives en vérifiant, à l'aide d'un trusquin réglé à hauteur de l'axe, si elle tourne suffisamment *rond* et si l'on peut obtenir le diamètre demandé : à cet effet, la pièce étant dans une position déterminée, on placera la pointe du trusquin contre sa surface extérieure et l'on tournera le solide dans les vés d'un demi-tour complet; on constatera aisément l'écart existant entre les deux positions de la pointe, s'il y en a un.

Soit E cet écart, D le diamètre de la pièce brute au point vérifié; on pourra tout au plus établir au tour un diamètre égal à D — E.

On opèrera de la sorte, en différents points de la longueur de la pièce à tourner et l'on se basera pour le refus ou l'acceptation sur la plus petite valeur trouvée pour (D — E) en tenant compte des difficultés du tournage.

Si la pièce à tourner présente plusieurs diamètres différents, la vérification portera sur chaque partie, en conservant les appuis aux mêmes points.

Dans le balancement d'une pièce, on se contente souvent après avoir orienté le solide au trusquin suivant son plus grand axe probable, de relever au mètre, ou au compas, d'après cet axe, les dimensions brutes des différentes parties. Dès que l'on a, de la sorte, fixé la situation de l'axe principal, ou, pour mieux dire, du plan d'axe principal, on procède au

Traçage proprement dit.

Dans le traçage des corps considérés sous *trois* dimensions, on est amené à déterminer, en général, *trois* plans d'axes principaux perpendiculaires deux à deux, et dont les droites d'intersection sont souvent, soit des axes d'alésage cylindrique ou conique, soit des axes de tournage, soit enfin des axes de symétrie du solide. En langage courant, on qualifie ainsi cette opération commune à tout traçage : *tirer le trait carré de la pièce* (voyez ch. III, § Ier, 5e prob.).

A ces trois plans on rapporte les autres éléments du tracé, points, lignes et plans.

Tant que ces plans et lignes secondaires sont parallèles ou perpendiculaires à l'un des trois principaux, l'opération est simple.

Elle se complique dès qu'il s'agit de mener des lignes, de déterminer des plans faisant avec les principaux des angles quelconques.

Nous avons vu (§ Ier, *4e Exercice*, p. 221) que, dans ce cas, il était beaucoup plus simple d'opérer après un ajustage partiel de la pièce, ajustage toujours possible et qui facilite singulièrement la détermination des lignes et des plans obliques, car il ramène souvent le problème à celui-ci :

« Tracer, par un point donné sur un plan (ici une face ajustée) un trait droit faisant un angle connu avec un autre trait droit donné (chap. Ier, n° **17**). »

Du reste, le traçage complet d'une pièce brute, n'empêche pas, dans beaucoup de cas, le retour de cette pièce au marbre, par suite de la disparition d'une partie des traits à l'ajustage.

Le traceur devra donc être au courant des différentes

phases de la fabrication de la pièce, et son premier traçage devra correspondre à la première série d'opérations que réclamera l'exécution rationnelle du travail.

En tous cas, les plans d'axes principaux devront être déterminés en *premier lieu*, après le balancement de la pièce.

Le premier trait plan à tirer, sera celui passant par *l'axe le plus long de la pièce*, et c'est suivant ce premier trait que l'on s'équerrera pour trusquiner les deux autres plans d'axe (*6ᵉ Exercice*, p. 224).

L'un de ces deux plans sera le plus souvent fixé, d'abord par sa perpendicularité sur le premier, ensuite par deux points remarquables de la surface de la pièce.

Le troisième devra être perpendiculaire aux deux autres, et il ne sera loisible de choisir qu'un seul point pour le déterminer complètement.

Ce sera souvent en tirant le deuxième et surtout le troisième trait plan principal qu'on pourra juger définitivement de la bonne ou de la mauvaise confection de la pièce brute.

Pour beaucoup de pièces, deux plans d'axe suffiront, leur intersection (une droite) permettant de diriger le traçage et l'ajustage suivant la troisième dimension.

Cependant, dans le plus grand nombre de cas, les trois plans d'axe seront utiles, et l'on ne devra pas hésiter à les déterminer avec précision, et de les pointer visiblement et proprement pour le montage sur les machinés-outils.

Les plans principaux étant bien déterminés, on continuera le traçage de la pièce en leur rapportant non seulement les distances, mais principalement les directions, en un mot, en s'équerrant constamment suivant eux.

Autant que possible, l'orientation de la pièce sur le marbre s'établira au trusquin, suivant le plan principal qui lui devient parallèle (*voir 1ᵉʳ Exercice*) et non à

l'équerre, par visée, suivant celui qui lui devient perpendiculaire (*6ᵉ Exercice, 1ᵉʳ cas*).

La première méthode (au trusquin) est toujours préférable, surtout si elle s'applique à un trait étendu dans les
deux sens.

La deuxième méthode sera suivie si la ligne d'après
laquelle on s'équerre est tirée suivant un axe plus long
que celui qui se trouve parallèle au marbre.

En résumé, pour orienter une pièce, si l'on a le choix
des deux procédés, on prendra celui qui permet le
contrôle sur une *plus grande étendue*.

Si l'un et l'autre doivent s'appliquer à des traits plans
de même développement, on devra toujours préférer
l'orientation *au trusquin*, beaucoup plus rapide et plus
sûre que l'orientation à l'équerre.

Cette observation, soit dit en passant, s'applique tout
aussi bien au montage des pièces sur les machines-outils,
qu'au traçage même de ces pièces.

Lorsque deux traits plans auxiliaires sont parallèles à
un même plan principal et situés de part et d'autre à la
même distance, on appliquera, autant que cela ne nécessitera pas de trop grandes manœuvres, le procédé exposé
dans la solution du *9ᵉ Exercice* (p. 230).

La pièce étant orientée sur le marbre suivant un des
plans principaux, on déterminera immédiatement tous
les traits plans qui lui sont parallèles (*8ᵉ Exercice*), en
s'attachant, si le traçage doit demander un certain temps,
à bien assurer la stabilité de la pièce pour éviter des
erreurs de traits pouvant entraîner des erreurs d'ajustage.

On devra même, au besoin, conserver un trusquin à
la hauteur voulue et s'assurer en différents instants du
traçage que la position de la pièce n'a pas varié.

Traçage de plusieurs pièces identiques. — On peut opérer le traçage de plusieurs pièces identiques simultanément. On orientera d'abord ces pièces suivant le même axe principal en plaçant cet axe à la même hauteur pour chacune.

De cette façon, une seule hauteur de trusquin suffira pour tirer deux, trois, ou plusieurs traits.

Cette manière d'opérer permettra de tracer autant de pièces absolument égales, et ce résultat n'est pas sans importance, surtout lorsque les organes en question doivent être accouplés, ou doivent se remplacer mutuellement (coussinets, bielles, entretoises, supports, etc.).

Manque de matière. — Il arrive fréquemment, qu'un traçage presque terminé est arrêté par un manque de matière qu'il n'était pas aisé de prévoir; il se peut alors, dans certains cas, qu'en dérangeant d'une faible quantité la position des lignes d'axes principales on puisse conduire à bien l'opération.

Un peu d'habitude permettra de juger immédiatement si la pièce peut être retracée, ou bien si elle doit être reprise au marbre pour retouche ou rebut définitif.

Dans le cas où elle peut être retracée, on enlèvera soigneusement tout vestige des premiers traits, pour éviter une confusion au *pointage* et par conséquent à l'ajustage.

Si la pièce peut être utilisée après retouche, on fera bien d'indiquer, s'il est possible, le *sens* et l'*importance* de cette rectification.

Ainsi, par exemple, un arbre de transmission ayant été trouvé courbe sur une certaine position, on marquera sur les deux branches extrêmes les points de passage de l'axe de la partie droite, ainsi que le centre de forge de chaque branche. Le forgeron aura immédiatement, par la distance des deux points sur chaque bout de l'arbre, une première indication de la retouche à donner.

Pointage de la pièce tracée. — Le traçage d'une pièce achevée, on procédera au *pointage* des traits, opération qu'on exécutera le plus proprement et le plus soigneusement possible. On évitera de donner de trop forts et de trop nombreux coups de pointeau. On s'attachera à laisser subsister le *trait* qui est encore la meilleure indication pour l'orientation des pièces sur les machines-outils.

Nous allons maintenant passer en revue, sous le rapport du traçage, les types de pièces les plus communes. Le lecteur fera bien de les parcourir tout au moins rapidement afin de pouvoir, le cas échéant, connaître l'exemple auquel il devra se reporter.

§ III. — **TRAÇAGE DES PIÈCES DE TOUR**

Les exemples traités dans ce paragraphe porteront sur les pièces dont l'ajustage s'opère principalement sur le tour. Tels sont les arbres de transmission, les arbres à manivelles, les essieux simples et coudés, les tiges de pistons, les bielles rondes, les fourreaux alésés, etc., etc.

1ᵉʳ Exemple. — *Arbre cylindrique uni*. — C'est la pièce de tour la plus simple. Elle vient ordinairement tournée brute de forge et le traçage consiste, dans ce cas, à déterminer la droite axe du cylindre fini.

Si l'arbre est de faibles dimensions, on le fera rouler à la surface du marbre de manière à lui faire faire au moins un tour complet, on pourra vérifier de cette façon si la direction générale des génératrices est rectiligne et s'il n'existe pas de jarret, de coude.

Cette première vérification faite, on mesurera en plusieurs points de la longueur le diamètre de la pièce brute et l'on comparera les résultats au diamètre exigé pour la pièce finie.

On placera ensuite l'arbre par ses deux extrémités sur deux *vés* de hauteur (*Chap. II*, p. 120).

On prendra au trusquin la hauteur du centre approximatif de la branche et on fera ensuite tourner plusieurs fois la pièce dans les vés en traçant sur les bouts avec la hauteur constante du trusquin une série de traits dont les intersections successives engendreront à chaque bout une petite courbe fermée qui sera très sensiblement une circonférence si l'arbre est venu bien cylindré de forge.

On pointera le centre de cette circonférence à chaque extrémité de l'arbre, et les deux points ainsi obtenus, détermineront l'axe du tour.

Si on veut déterminer un plan d'axe, on placera les deux points centre à même hauteur au-dessus du marbre et on tracera avec cette hauteur les deux diamètres et les deux génératrices de section.

Si on détermine un deuxième plan d'axe autour de l'arbre, on pourra, au moyen des 4 génératrices d'intersection, retrouver les points où l'axe de tour rencontre les bouts, en admettant que les premiers points aient disparus.

On pourra toujours vérifier *à priori*, si la longueur de l'arbre brut est suffisante pour la cote donnée. Les deux bouts étant le plus souvent coupés à angle droit avec les génératrices, on placera deux équerres, une à chaque extrémité, un champ sur le marbre, l'autre contre la tranche de l'arbre, et on mesurera à l'aide du mètre, sur le marbre, la distance rectiligne des sommets.

2° Exemple. — *Arbre à plusieurs portées cylindriques.*

Une première vérification de cette pièce s'opérera comme il a été indiqué (§ *II, Balancement,* p. 232) : on déterminera ensuite les centres des sections de bout de la même façon que pour l'arbre cylindrique uni, en faisant supporter la pièce aux deux extrémités par deux vés dont on réglera les hauteurs, de façon à placer les centres à même distance du plan marbre.

On pourra, ayant fixé la position des deux centres de bout, déterminer comme il a été dit, deux plans d'axes principaux (voir *1ᵉʳ Exemple*).

Vérification des portées, des embases. — Si l'arbre porte une ou plusieurs embases, la vérification des longueurs partielles devra partir de l'une d'elles.

On commencera donc par vérifier, en faisant tourner l'arbre dans les vés et visant les faces de l'embase avec l'arête d'une équerre à chapeau, que ces faces sont sensiblement d'aplomb sur l'axe de tour de la pièce, et que leur distance permet de donner à l'embase l'épaisseur cotée au dessin.

Ceci fait, on prendra les distances des différentes embases à celle prise comme *repère*. On constatera en même temps si les portées de différents diamètres peuvent être coupées à la longueur voulue au moyen d'équerres placées sur le marbre.

Remarque. — La vérification des longueurs et des diamètres s'opèrera plus rapidement avec le mètre et le pied à coulisse sans le secours des équerres, si la forge a laissé un excès de matière, ce qui est le cas le plus fréquent.

Le traçage des longueurs ne se fait pas le plus souvent : on en laisse le soin au tourneur, qui a toute facilité pour le faire dès qu'il a cylindré les différentes portées à leurs diamètres respectifs.

On pourra néanmoins opérer ce traçage, s'il était nécessaire, de la manière suivante :

Avec une ouverture de compas arbitraire, mais plus grande que la distance de l'axe au plan du marbre, on se placera aux extrémités de cet axe comme centre, et on décrira sur le marbre, du même côté, deux arcs de circonférence que l'on raccordera par une règle ; les grands côtés de cette règle seront parallèles à l'axe de tour de la pièce.

On fera alors mouvoir une équerre à chapeau le long de la règle sur laquelle on aura porté les différentes longueurs cotées sur le dessin ; l'équerre sera inclinée de façon à toucher par un plat de la branche libre la surface de la pièce tout en conservant son chapeau contre le marbre et une arête de la règle. Ayant amené le sommet à l'un quelconque des traits de division, il suffira de marquer le point ou l'arête correspondante de l'équerre touche la surface de l'arbre : un point indiqué visiblement suffira au tourneur pour couper la portée de longueur.

Si les champs du marbre sont suffisamment dressés, on pourra s'en servir comme de la règle, en amenant l'axe de la pièce dans une position parallèle à l'arête supérieure du champ considéré.

3ᵉ Exemple. — *Pièce tournée conique.*

Déterminez les centres des sections de bout de la même façon que pour les pièces cylindriques, si le cône possède une certaine longueur et si son angle est assez faible.

Vérifiez le travail de forge en plaçant la pièce sur le marbre suivant plusieurs génératrices.

Mesurez les diamètres des sections extrêmes et la distance de ces sections.

Nous ferons ici remarquer qu'il pourra se rencontrer des pièces où l'une des sections sera plus petite que celle indiquée sur le dessin : la pièce pourra néanmoins être finie si la longueur totale de forge permet de retrouver à un autre endroit la section voulue.

En tout cas, quelle que soit la longueur, si, de la plus forte section brute, on ne peut pas déduire la plus forte section finie, on sera certain que la pièce ne peut être utilisée sans retouche.

Si la pièce est à plusieurs portées cylindriques et coniques, la marche à suivre pour le traçage et pour les vérifications se déduira aisément des considérations qui précèdent (*2ᵉ et 3ᵉ Exercices*).

---

§ IV. — **PIÈCES DIVERSES**

1ᵉʳ Exemple. — *Tige de tiroir de distribution* (fig. 206, 207, pl. XVII).

1° Placez la pièce sur deux vés et centrez successivement chaque bout d'après les parties rondes extrêmes.

Mettez les centres de hauteur et tirez l'axe xx en plaçant la tige de telle façon que les faces aa', bb' se trouvent sensiblement parallèles au plan de cet axe et par conséquent au plan du marbre (*fig. 207*). Vérifiez si l'épaisseur est bien partagée et si le contour de la tête a été bien étampé (cette dernière vérification se fera à l'équerre à chapeau).

Limitez ensuite suivant les traits aa' et bb' l'épaisseur de la tête.

Pour bien tracer aa' et bb' à égale distance du plan xx, servez-vous de deux trusquins, l'un à la hauteur de l'axe, le second à une distance au-dessus de l'axe égale à la 1/2 épaisseur de tête : tirez avec le deuxième trusquin le trait aa' : faites faire demi-tour complet à la pièce, de façon à amener le trait aa' en dessous de l'axe et vérifiez la position au moyen du premier trusquin, qui doit repasser par tous les points de xx.

Tirez alors, avec la deuxième hauteur de pointe, le trait bb'. Vous serez ainsi assuré que les deux plans bb' et aa' sont également distants de XX (*voir 9ᵉ Exercice,* p. 230).

Ce procédé est applicable seulement lorsque les portées cylindriques sont tournées.

Si le traçage s'effectue au sortir de la forge, il vaudra mieux, pensons-nous, ne pas déranger la pièce et tracer aa' et bb' en modifiant la hauteur de pointe.

2° Tournez ensuite la pièce dans les vés pour amener le trait d'axe xx dans un plan d'équerre sur le marbre (*fig. 206*), et de façon à maintenir les centres à même hauteur (*voir 6ᵉ Exercice, § Iᵉʳ*).

Tirez alors le deuxième trait yy et, sans déranger la pièce, remontez la pointe du trusquin à hauteur voulue au-dessous de yy pour tracer le trait de centre tt de la tête de tige.

3° Ce trait obtenu, prenez le milieu M de sa largeur sur la face vue et, avec l'équerre à chapeau et la pointe à tracer, tirez zz.

Faites ensuite tourner la pièce dans les vés, en la ramenant à la première position (*fig. 207*), le trait zz au-dessus et continuez cet axe sur l'épaisseur au moyen de l'équerre en partant des extrémités de la portion décrite.

Enfin, replacez l'axe xx dans sa position perpendiculaire au marbre, l'axe yy étant parallèle au plan de ce dernier (*fig. 206*), et achevez sur la deuxième face le traçage de l'axe zz.

Déterminez ensuite, s'il y a lieu, les longueurs des différentes portées à tourner suivant la méthode précédemment indiquée (2° Exemple, p. 239).

Remarque. — L'axe zz serait plus exactement tracé en plaçant la pièce debout sur le marbre et s'équerrant sur les traits xx et yy. Après avoir déterminé le milieu M sur une des faces, on trusquinerait zz autour de la tête.

On pourrait également, pour tracer le trait plan zz s'inspirer de la méthode indiquée dans le 6ᵉ Exercice de ce chapitre (au moyen d'une équerre en fonte comme marbre auxiliaire), (p. 224).

En général, le traçage de zz n'est pas indispensable. Si le trou de tête doit être alésé au tour, la pièce sera montée en la trusquinant sur le plateau par l'axe *xx* et en centrant la tête suivant M.

Sur la machine à percer, l'axe *xx* sera trusquiné d'après le tablier supposé perpendiculaire à l'axe de l'arbre.

2ᵉ Exemple. — *Cadre ou châssis de tiroir* (fig. 208 et 209, pl. XVII).

1° (*Fig. 208*). Montez la pièce sur des vés par les guides cylindriques et centrez les deux extrémités (*1ᵉʳ Exemple*, p. 238). — Faites passer par les deux points obtenus un trait de trusquin partageant également la largeur des côtés du cadre; limitez cette largeur par deux traits *aa'*, *bb'* distants de XX des quantités prescrites (si XX coupe l'épaisseur du cadre par moitié, *voir 9ᵉ Exercice*, p. 230).

2° (*Fig. 209*). Faites tourner la pièce de façon à amener le plan XX dans une position perpendiculaire au marbre (*voyez 6ᵉ Exercice*, p. 224), les centres de bouts restant à égale hauteur.

Tirez par ces deux points le deuxième trait d'axe YY et limitez les largeurs intérieure et extérieure du cadre suivant *cc'* et *dd'*, *ff'* et *gg'* (*voyez 9ᵉ Exercice*, p. 230).

3° Dans cette même position, déterminez à l'équerre une portion de l'axe ZZ ainsi que les traits de largeur *cd*, *c'd'* et au besoin les longueurs de tige. Replacez ensuite la pièce dans sa première position (le plan d'axe XX parallèle au marbre) et tracez à l'équerre les prolongements du trait ZZ, de façon à pouvoir, en ramenant le cadre dans la deuxième position, achever de déterminer cet axe et les traits de largeur, de l'autre côté de la pièce.

Remarques. — I. — L'opération est souvent rendue plus facile par le tournage des tiges et le rabotage du cadre suivant *aa'*, *bb'* : on devra, autant que possible, n'opérer la délimitation des largeurs qu'après ce premier ajustage.

II. — L'axe ZZ et les traits *cd*, *c'd'* seraient plus rapidement et plus sûrement décrits en plaçant le cadre debout et s'équerrant suivant XX et YY. — L'application du procédé indiqué dans notre 6ᵉ Exercice (emploi de l'équerre en fonte) conduirait également à un traçage plus commode.

3ᵉ Exemple. — *Arbre à double manivelle d'équerre.*

Il sera toujours très utile de tourner les extrémités de l'arbre à un même diamètre ou à des diamètres inégaux avant de passer au traçage des manivelles. Néanmoins la méthode que nous allons indiquer s'appliquera encore dans le cas où l'arbre serait entièrement brut de forge.

Traçage des axes de tour. — Commencez par centrer la pièce sur deux vés suivant l'axe de tour du corps principal et placez les centres des branches à même hauteur en disposant l'une des manivelles (Y sur la figure) à l'équerre avec le marbre (on vérifiera cette position, contre les parties droites à raboter au moyen de l'équerre à chapeau) (*fig. 210*).

Puis avec la hauteur de XX au trusquin, transportez-vous vers l'extrémité de la manivelle X, au point où passe l'axe du tourillon et voyez si la largeur des deux bras se trouve à peu près partagée également : si cela a lieu, trusquinez le plan d'axe XX sur toute la surface de l'arbre et des manivelles.

Pour vérifier si ce plan coupe le tourillon suivant un diamètre, reportez le trait de trusquin sur une branche d'équerre, puis prenez la hauteur de la génératrice supérieure du tourillon et reportez ces deux hauteurs sur la branche d'une équerre : vous pourrez ainsi vous assurer de la situation de l'axe de forge par rapport au plan XX.

Prenez au trusquin une hauteur supérieure à celle de XX d'une quantité l représentant l'excentricité des manivelles (*fig. 211*) et tracez un premier plan d'axe yy du deuxième tourillon : vérifiez comme plus haut si ce plan coupe le tourillon, suivant son axe de forge ou à peu près.

Enfin, tirez les traits de largeur des bras de la manivelle X.

Passant ensuite au traçage de la deuxième manivelle, faites tourner la pièce dans les vés et amenez le plan XX dans une position perpendiculaire au marbre, les centres des branches à la même hauteur. — (Pour amener XX à la position voulue, *voyez 6ᵉ Exercice*, p. 224).

Avec la hauteur des centres au trusquin tirez l'axe YY et faites les mêmes vérifications que précédemment, quant à la largeur des bras de manivelles et à la position de l'axe du tourillon.

Remarquez ici que la ligne d'axe YY coupe yy, tirée dans la première position, en deux points qui déterminent la droite axe du tourillon.

Enfin, la manivelle X se trouvant debout, déterminez au trusquin, à la distance voulue l' de YY, l'axe xx du tourillon. Même remarque que ci-dessus.

Tracez également les traits de largeur des bras de Y.

Délimitation des épaisseurs et des longueurs de portées. — La délimitation des épaisseurs des bras et des longueurs de portées se fera au moyen du procédé général indiqué précédemment (*2ᵉ Exemple*, p. 239).

Si l'ajustage doit se faire sur le tour, un seul point pour chaque plan de coupe suffira, attendu que le charriotage s'effectue perpendiculairement à l'axe des pointes.

On pourra toutefois marquer deux points de chaque trait de coupe, de cette façon l'ajustage pourra s'opérer aux machines à fraiser ou à mortaiser, sans qu'on ait besoin de vérifier le montage de l'arbre d'après l'axe de tour principal.

Remarque. — Si les manivelles ne sont pas très exactement équerrées de forge, il pourra se présenter des cas où l'ajustage de l'arbre sera néanmoins possible, en excentrant les tourillons et les largeurs des bras. On devra, en ce cas, partager la différence sur les deux manivelles.

Dans le cas où l'arbre ou essieu à deux manivelles est de dimensions relativement réduites, on peut opérer le traçage sur le tour :

1° *Le traçage des axes.* — Après avoir pris au trusquin la hauteur des pointes en se servant des bancs comme marbre, on tracera XX, *yy* et les traits de largeur et on marquera un repère sur le bord du plateau à l'aide du trusquin. On fera ensuite tourner la pièce, invariablement liée au plateau jusqu'à ce que ce dernier ait effectué un quart de tour, ce qu'on vérifiera avec la hauteur du trusquin, après division du pourtour en quatre parties égales (*voir chap. I*ᵉʳ, *n° 37*), et, avec la hauteur des pointes du tour, on trusquinera les traits d'axe YY, *yy* et les traits de largeur des bras de Y.

2° *Le traçage des épaisseurs de bras.* — Se fera au trusquin en se servant du plateau de tour comme d'un marbre.

4ᵉ Exemple. — *Arbre ou essieu à trois manivelles, également inclinées l'une sur l'autre* (fig. 212, 213, 214, pl. XVII).

Une partie du traçage s'effectuera comme pour l'arbre

à deux manivelles : on se reportera donc à l'article précédent pour déterminer les traits d'épaisseur des manivelles ainsi que leurs distances réciproques.

Nous ne nous occuperons ici que du traçage des axes M,N,P, M',N',P', dont les intersections deux à deux donnent les axes des trois parties tournées.

La difficulté réside dans l'exacte détermination des axes M,N,P également inclinés l'un sur l'autre : voici, pour cette détermination, un procédé peut-être un peu long, mais précis :

Sur une tôle de plus grandes dimensions possible on décrira d'un point O (*fig. 214*), à peu près au centre de la tôle, une grande circonférence, *mnp*.

Puis on fera percer bien au centre un trou du diamètre d'une des portées extrêmes de l'arbre AB, de façon à pouvoir emmancher la tôle à force sur la portée.

Ceci posé, l'arbre étant sur ses vés, les centres bien de hauteur et la plaque emmanchée, on amènera l'une quelconque des manivelles, N par exemple, dans une position sensiblement parallèle au marbre. A cet effet, on prendra au trusquin et bien exactement, la hauteur de l'axe AB et on marquera le milieu de la largeur de la manivelle vers son extrémité. On fera ensuite tourner l'arbre dans les vés, jusqu'à ce que le point milieu soit à la hauteur de l'axe AB.

Ce résultat obtenu, on fixera la position de la pièce et on tracera la ligne d'axe N tout autour de l'arbre et, sur la surface de la tôle, le diamètre *nn'* correspondant. On pourra aussi en même temps, avec un ou même deux autres trusquins, tirer les traits de largeur des bras de la manivelle.

Le diamètre *non'* étant tiré à la surface de la tôle, on divisera la circonférence *mnp* en six parties égales aux points *m,n',p, m',n,p'*; les points *m, p,* on le comprendra aisément, correspondent aux axes M et P qu'il nous faut tracer.

Cette division opérée (*voir n° **38**, chap. I*er*), on fera tourner l'arbre jusqu'à ce que le diamètre *mm'* devienne parallèle au marbre; ce que l'on contrôlera avec le trusquin à hauteur de l'axe AB.

Lorsque *mm'* sera parallèle au marbre, on fixera l'arbre dans sa position et on tirera franchement autour de sa surface la ligne d'axe MO. On tracera avec le deuxième trusquin la largeur de la manivelle.

Pour tirer l'axe PO, on amènera l'arbre dans une telle position que le diamètre *pp'* soit parallèle au plan du marbre et on opérera comme il vient d'être dit.

Pour tracer les axes secondaires M', N', P', on pourrait comme il a été dit pour l'arbre à double manivelle, amener successivement chacun des plans d'axe M, N, ou P à se confondre à la visée avec le champ libre d'une équerre à chapeau placée sur le marbre : mais on peut utiliser la circonférence *mnp* pour ce traçage.

En effet, lorsque le plan d'axe M sera perpendiculaire au marbre, les points *n* et *p* seront à la même hauteur au-dessus de ce dernier.

On s'attachera donc à amener l'arbre dans une telle position que les points *n* et *p* remplissent cette condition, ce que l'on vérifiera au trusquin. Lorsqu'on aura obtenu ce résultat, on sera sûr que le point d'axe M est perpendiculaire au marbre. On pourra alors, avec un trusquin à hauteur convenable, tracer autour de la tête de la manivelle le trait M' qui coupe le trait M en deux points appartenant à l'axe de la partie tournée.

De même, le plan d'axe N sera d'aplomb sur le marbre lorsque les points *m* et *p* seront à la même distance du marbre, etc.

Remarques. — I. — On pourrait avoir à tracer des arbres ou essieux pour lesquels l'inclinaison des manivelles l'une sur l'autre ne serait pas la même.

Il sera toujours aisé d'opérer sur un deuxième cercle égal à celui du disque, la division de la circonférence suivant les inclinaisons données par le dessin. Puis, on reportera sur la circonférence du disque les arcs obtenus, à partir du point origine déterminé par la position de la première manivelle tracée.

Ainsi le traçage de l'arbre à deux manivelles d'équerre peut s'opérer suivant la méthode que nous venons de décrire : mais en réalité, et pour ce cas seulement, le traçage par la première méthode est plus rapide et aussi exact.

II. — Dans le traçage de l'arbre à trois manivelles, il peut arriver qu'après avoir tiré le trait d'axe de la première manivelle suivant ses lignes de forge, on ne trouve pas suffisamment de matière sur l'une des autres ou sur les deux.

Il faut alors recommencer toute l'opération et rectifier la première ligne d'axe, en corrigeant naturellement du même coup le tracé des points de division de la circonférence *mnp*.

Il serait superflu de s'étendre plus longuement sur la vérification du travail de forge : il appartient au traceur de diriger ses modifications suivant les cas qui se présenteront. Nous pouvons néanmoins dire ici que l'on peut vérifier, après un ou deux tâtonnements, s'il est nécessaire de rendre l'arbre ou l'essieu à la forge pour corriger l'inclinaison des manivelles l'une sur l'autre.

III. — Si les tranches extrêmes de l'arbre étaient tournées, on pourrait, à la rigueur, les utiliser au lieu d'employer le disque auxiliaire.

Seulement, l'exactitude sera moindre parce qu'on aura, pour déterminer le parallélisme au marbre, une droite de faible longueur, et qu'ainsi, une erreur de 1/10 à l'extrémité du diamètre de la portée tournée, peut se traduire par une différence de 1 ou 2 ‰ à l'extrémité de l'axe de la manivelle.

5° Exemple. — *Traçage d'une rainure droite sur un arbre cylindrique.*

Placez l'arbre sur des vés de hauteur, l'axe parallèle au marbre, et prenez au trusquin la hauteur de cet axe. Tirez ensuite à la surface de la pièce l'axe de la rainure, en passant sur les tranches.

Placez ensuite la pointe d'un second trusquin au-dessus de cet axe, d'une quantité égale à la demi-largeur donnée et tirez un premier trait de flanc.

Faites tourner l'arbre dans les vés d'un *demi-tour* et vérifiez la nouvelle position de la pièce, à l'aide du premier trusquin, suivant le trait d'axe.

Tirez avec le deuxième trusquin le second trait de flanc.

Placez le plan d'axe d'équerre sur le marbre au moyen du trait tiré sur chaque tranche, et, dans cette position, marquez au trusquin le fond de la rainure aux deux extrémités de la pièce.

Remarque. — L'emploi des deux trusquins assure la bonne position des deux flancs par rapport à l'axe.

Il sera utile de vérifier, après traçage, avec le compas à pointes, que la largeur donnée à la rainure est bien celle prescrite.

6° Exemple. — *Traçage d'une manivelle simple* (fig. 215 et 216, pl. XVII).

1° (*Fig. 215*). Placez la pièce sur des cales de hauteur

et déterminez au trusquin la face *ab* suivant la forge ;
tirez ensuite *ef* et *cd* aux distances prescrites de *ab*.

2° (*Fig. 216*). Disposez la manivelle de telle façon que
le trait *ab* soit perpendiculaire au marbre (à l'équerre),
et tirez le trait d'axe *oo'*, après avoir placé ces points
(*o* et *o'*) à la même hauteur au-dessus du marbre.

3° Si la distance *oo'* n'est pas trop grande, vous déterminerez les axes ZZ', XX', en plaçant la pièce debout sur
le marbre et en vous équerrant suivant *ab* et *oo'*. — Vous
tirerez ensuite autour de chaque tête les seconds axes
des trous en les plaçant à la distance donnée.

Si la manivelle est trop longue pour pouvoir être commodément placée debout, vous tracerez les traits d'axe
XX', ZZ' à l'équerre en mettant la pièce dans la deuxième
position puis, dans la première, ou, plus commodément,
en utilisant l'équerre en fonte (*voir 6° Exercice,*
p. 226).

Du reste, si l'alésage des deux trous doit s'opérer sur le
tour, il ne sera pas nécessaire de tirer les lignes XX', ZZ' ;
la pièce sera centrée et orientée sur le plateau du tour
au moyen de *ab*.

7° Exemple. — *Traçage du bout carré d'un axe ou
arbre quelconque.*

Soit proposé de tracer à la surface d'une portée cylindrique les lignes d'ajustage d'un bout carré.

Placez la portée sur deux vés de hauteur et tirez par
le centre le *trait carré* : c'est-à-dire quatre génératrices
divisant la surface de la portée cylindrique en quatre
parties égales.

Si la tranche de l'arbre a été franchement coupée au
tour, le traçage en question donne pour résultats deux
diamètres d'équerre.

Conservez un trusquin n° 1 à hauteur d'axe et mettez l'un des diamètres dans une position parallèle au marbre au moyen de ce trusquin. Placez un trusquin n° 2 à une hauteur au-dessus de l'axe égale à la demi-distance donnée des faces du bout carré; tirez ensuite un trait continu dans les limites de longueur prescrites.

Retournez l'arbre d'un quart de tour, ce que vous obtiendrez dès que le deuxième diamètre sera parallèle au marbre et tracez un deuxième trait continu avec le n° 2.

Répétez l'opération une deuxième, puis une troisième fois, et le traçage sera terminé.

Si on veut tracer la section d'arrêt du bout carré, on placera la pointe du n° 1 contre la surface de la portée cylindrique au point voulu et on l'y appliquera assez fortement tout en le maintenant fixe pour que, tournant l'arbre dans les vés d'un tour complet, on retombe au point de départ; la pointe bien affûtée laissera trace de son passage, suivant une circonférence limitant les méplats.

8ᵉ Exemple.— *Traçage du trou carré d'une manivelle à double coude* (fig. 217, pl. XVII).

Exemple. — La manivelle d'un chariot de tour de machine-outil, etc.

La pièce est complètement tournée suivant les axes XX', YY'. La poignée n'est pas encore coudée; il s'agit de tracer le trou carré suivant l'axe YY'.

Retracez les lignes d'axes XX', YY' autour de la douille. Cette opération fournira sur la tranche plane d'avant deux diamètres perpendiculaires — prenez une ouverture de compas égale à la demi-diagonale du carré, et, du point O comme centre, décrivez une circonférence qui rencontre les diamètres rectangulaires en 1, 2, 3, 4, sommets du carré qui servira d'entrée; joignez 12, 23,

34, 41, puis, coupez chaque angle d'un petit trait perpendiculaire à la diagonale correspondante en plaçant au compas ces 4 traits à même distance du centre O.

Enfin, tracez le trou rond qui dégagera l'évidement d'une grande partie du métal et pointez le tout.

Remarque. — Nous avons admis ci-dessus que le trou était *borgne;* dans le cas contraire, la sortie du trou se tracerait de la même façon que l'entrée, et son centre serait fourni par la deuxième rencontre des lignes d'axes XX', YY'.

9ᵉ Exemple. — *Traçage d'un écrou à 6 pans* (fig. 218, pl. XVII).

Nous supposons que les faces de serrage sont dressées parallèles, que le trou à tarauder est percé.

Il reste à limiter les faces latérales des 6 pans.

Placez un témoin ou un *centre* (*chap. III, § VII*) dans le trou pour centrer ce dernier : soit *o* le point obtenu ; de *o* décrivez sur la face dressée une circonférence, la plus grande possible, et divisez-la en 6 parties égales, en portant le rayon comme corde (*n*° **38,** *chap. Iᵉʳ*).

Enlevez le témoin; montez l'écrou sur un axe parallèle au marbre (*vés*) ; placez la pièce de façon à ce que l'une des faces soit à peu près parallèle au marbre, ce que vous vérifierez au trusquin. Dans cette position, mettez la pointe du trusquin à hauteur d'un des points de division, 4 par exemple; prenez un deuxième trusquin et placez sa pointe à une hauteur au-dessus de l'axe *o*, égale à l'*apothème* de l'écrou (demi-distance entre deux faces parallèles).

Tirez alors un trait continu autour de la pièce; ce trait limite une première face.

Faites tourner l'axe dans le sens 4, 3, 2, et présentez le point 5 à hauteur de la pointe du premier trusquin.

Puis, à l'aide du deuxième, tirez le trait limitant la seconde face. Agissez ainsi pour les six faces successivement, et le traçage de l'écrou sera terminé.

Remarque. — On suivrait une méthode analogue pour le traçage, d'une pièce prismatique droite régulière, d'un nombre quelconque de faces.

10ᵉ Exemple. — *Biellette simple, à deux têtes rondes* (fig. 219 et 220, pl. XVII).

Nous supposerons que le corps de la pièce est formé de deux plats et de deux champs concourants, ce qui nous amènera à tracer des traits plans *obliques* aux traits plans principaux.

1° (*Fig. 219*). Placez la pièce à plat sur des cales qui la supportent entre les têtes et faites passer un trait XX' par les milieux des épaisseurs extrêmes du corps de la biellette. Parallèlement à XX', tirez les traits plans limitant les épaisseurs de tête (*9ᵉ Exercice*, p. 330).

L'inclinaison des grands plats est ordinairement fixée par deux cotes perpendiculaires à XX', en K et K' (de la pièce finie). Tirez les traits *n, n', m, m'* sur les deux champs, suivant les cotes en question. Ces traits nous serviront tout à l'heure.

2° Disposez la pièce dans la position de la *figure 220* après avoir préalablement pris au compas le centre de forge de chaque tête. Au moyen de cales, placez ces centres à même hauteur, en vous équerrant sur le marbre d'après la ligne d'axe XX'.

Tirez alors au trusquin l'axe YY' en vérifiant au compas si le corps de la pièce se trouve bien partagé.

L'inclinaison des petits côtés sur YY' est donnée par deux cotes perpendiculaires à cet axe en K et K'.

Dans la deuxième position, tirez parallèlement à YY', quatre traits au trusquin *p, p', q, q'*, suivant les largeurs données (*fig. 220*).

3° Ceci posé, dressez la pièce debout, les plans d'axes XX' et YY' perpendiculaires au plan du marbre (au moyen de l'équerre à chapeau), et tirez les traits d'axes ZZ', VV' des têtes à la distance donnée (on corrigera les centres de forge, s'il est nécessaire, en vérifiant, au compas, si les têtes peuvent être ajustées aux diamètres donnés).

Puis, par les points K et K' dont les distances aux axes ZZ', VV' sont respectivement les rayons de chaque tête, tirez deux traits continus autour de la pièce.

Ces deux traits et les huit autres ($n, n', m, m', p, p', q, q'$) déterminent seize points qui vont nous servir à limiter les quatre faces du corps de la bielle.

Ainsi, dans la position (*fig. 220*) de la pièce, pour laquelle l'axe XX' est perpendiculaire au marbre, amenez les points P et Q à même hauteur et tirez au trusquin, sur chaque plat, un trait qui limite la largeur du corps de ce côté de l'axe YY'. Passant ensuite au second trait de largeur, disposez les points P' et Q' à même hauteur et joignez-les par un trait de trusquin que vous reporterez sur l'autre plat.

Les deux champs du corps de la pièce sont de cette façon *rigoureusement tracés à l'inclinaison voulue,* ce qui n'arrive pas lorsque l'on se contente d'opérer au compas, sur les *surfaces brutes de forge.*

Comme vérification, le trait PQ doit passer par deux autres points sur le deuxième plat.

Etablissez de la même façon les traits d'épaisseur N, M, N', M', en plaçant la pièce dans la position (*fig. 219*) et vous aurez ainsi déterminé le traçage complet de la biellette.

Remarques. — I. — Ainsi qu'on le comprend aisément, il suffit de déterminer huit des points qui nous ont servi à tracer les faces inclinées : quatre sur un champ et quatre sur un plat.

Néanmoins, nous croyons préférable de se servir de tous les points, pour plus de sûreté, en vertu du principe général (§ II, *Traçage proprement dit*), concernant l'emploi comparé du trusquin et de l'équerre à chapeau, pour l'orientation des pièces.

11. — Pour éviter de placer la pièce debout, on utilisera, s'il est possible, l'équerre en fonte suivant les indications données dans le 6ᵉ *Exercice* de ce chapitre (p. 226).

11° Exemple. — *Double manchon à axes perpendiculaires* (fig. 221 et 222, pl. XVII).

EXEMPLE : la douille porte-pointes d'un trusquin ordinaire.

1° Centrez à ses deux extrémités, au moyen de témoins, le manchon M (*fig. 221*); soient c, c', les points obtenus. Disposez la pièce sur le marbre au moyen de *vés* et de *cales*, de façon à ce que les points c et c' soient de hauteur et qu'en même temps le deuxième manchon M' ait ses génératrices perpendiculaires au plan du tracé (vérification à l'équerre).

Tirez alors le trait d'axe AB par les points c et c' tout autour de la pièce.

Limitez ensuite, en modifiant la hauteur de pointe, les tranches ab, $a' b'$ de la douille M' (*fig. 221 et 222*).

2° La ligne cc' étant toujours parallèle au marbre, amenez le plan d'axe AB dans une position perpendiculaire au plan du tracé, au moyen de l'équerre. (On a préalablement déterminé les centres d, d' des tranches ab et $a'b'$).

Prenez au trusquin la différence de hauteur de l'axe cc' et de l'axe dd' (ce dernier doit être très sensiblement parallèle au marbre).

Voyez, d'après le dessin, si la différence trouvée est

égale ou à très peu près à la distance cotée des deux axes : dans le cas de l'affirmative, tirez franchement les deux traits d'axe CD, EF (*fig. 221*).

Sinon, partagez l'écart également en modifiant ainsi les centres d'alésage par rapport à ceux de fonderie : mais vérifiez immédiatement si l'alésage suivant les nouveaux axes ne laissera pas subsister *de feu* à cause de l'excentration.

Les axes CD, EF décrits, mettez la pièce dans sa troisième position.

3° Les lignes d'axes CD et EF sont dans des plans perpendiculaires au marbre : de même la ligne d'axe AB. Conséquemment, l'axe cc' d'alésage est aussi perpendiculaire au plan du tracé. Vous obtenez, comme toujours, ce résultat au moyen de l'équerre à chapeau (*6° Exercice, § 11*).

Tirez alors le 2° trait d'axe GH passant par dd', et les traits mn, $m'n'$ limitant la longueur de M.

Cas où l'axe dd' *est incliné d'une certaine quantité sur* cc'.

Après avoir bien déterminé cc', placez la pièce dans la position de la figure 222, mais en relevant cc' de façon à ce que le trait cc'' indiquant la nouvelle position, la différence $c''c'$ soit égale à l'écart calculé sur la longueur de l'axe et qu'en même temps le trait d'axe EF soit bien perpendiculaire au marbre.

Tirez alors au trusquin le trait cc'' autour de la pièce.

Placez ensuite celle-ci dans une deuxième position en vous équerrant sur les traits cc'' et EF; ceci fait, placez votre trusquin à hauteur du centre d par exemple : si le modèle a été bien exécuté au dessin, vous devez retrouver le centre d' à la même hauteur : sinon, placez la pointe en dessous du plus haut et au-dessus du plus bas et tirez le trait d'axe moyen ; le premier, CD est supposé tracé : ces deux traits déterminent l'alésage de M' suivant l'inclinaison voulue.

Dans le cas où la pièce est entièrement brute, on emploiera avec succès la méthode que nous avons appliquée dans le précédent exemple.

12ᵉ Exemple. — *Coulisse de changement de marche en deux secteurs évidés* (fig. 223 et 224, pl. XVII).

Le traçage s'opère sur une pièce de forge rabotée ou tournée sur les deux grands plats et mise à l'épaisseur voulue.

Placez la pièce (*fig. 224*), suivant sa face plane non évidée sur des cales de hauteur, et montez-la de façon à assurer sa fixité sur le marbre ; marquez ensuite les milieux de la largeur de la coulisse vers ses deux extrémités en m' et m_1 par exemple, et prenez au compas à verge le rayon moyen prescrit R ; disposez une cale dont la face libre soit à même hauteur que aa' au-dessus du marbre de telle façon que deux arcs décrits de m et m_1 comme centres, successivement, viennent se couper à sa surface. Assujettissez-la dans cette position et déterminez ensuite bien exactement la position du centre O de l'arc mm_1 (*le point O n'est pas indiqué sur la figure 223*).

De ce point O, décrivez les différents arcs donnant les largeurs intérieure et extérieure de la coulisse et l'entrée des entretoises réunissant les deux secteurs.

Limitez ensuite les longueurs d'arcs ordinairement déterminées par les cotes des cordes, en utilisant les mètres et demi-mètres en acier et le compas à pointes.

Coupez le secteur aux deux bouts par les rayons ab, $a'b'$ qui seront décrits avec une longue règle suivant le centre O et les points extrêmes m et m_1 de l'arc moyen.

Centrage des tourillons. — Centrez au compas suivant le contour de forge la tranche du tourillon X_2, puis, placez le secteur debout en vous équerrant suivant *aa'* et plaçant mm_1 à peu près perpendiculaire au marbre. Prenez alors au trusquin la hauteur du tourillon X_2 et reportez-le par un trait sur l'arc mm_1 en x_2 (*fig. 223*).

Le point x_2 obtenu, marquez x_1 et x_3 sur l'arc mm_1 au compas suivant les distances respectives de ces points.

Les trois points x_1, x_2, x_3, bien déterminés, disposez la pièce comme ci-dessus et reportez chacun des centres sur la tranche du tourillon correspondant au trusquin.

Répétez l'opération une seconde fois en disposant la pièce debout, vous équerrant suivant *aa'* mais plaçant les points m et m_1 à peu près à même hauteur au-dessus du marbre. (Et ce, pour que les deuxièmes traits de trusquin tirés sur les tranches soient à peu près à l'équerre des premiers).

L'intersection des deux traits sur une même tranche fournira un point de l'axe de tour du tourillon correspondant. Ce point permettra au tourneur de centrer sa pièce en la montant par *aa'* sur le plateau de son tour.

Remarque. — Le tourillon X_2 recevra trois traits, d'après ce qui vient d'être dit.

13ᵉ Exemple. — *Levier coudé intermédiaire de mouvement* (fig. 225 et 226, pl. XVII).

1° Disposez la pièce (*fig. 226*) à plat sur des cales de hauteur et tirez au trusquin les traits XX et X'X' passant respectivement au milieu des épaisseurs correspondantes et distants l'un de l'autre de la cote donnée d.

Dans cette même position, tracez les épaisseurs des bras et des têtes.

2° Posez le levier de champ, le plus grand bras sur le

marbre, et calez la pièce en vous équerrant sur le trait X'X' et plaçant le centre du trou d'axe *a* à même hauteur que celui de la tête *b* (*fig. 225*) : *a* et *b* sont déterminés au compas.

Tracez alors YY et, s'il est nécessaire, les traits limitant la largeur de ce bras du levier;

Prenez sur le dessin la cote *m* et (*fig. 225*) menez au trusquin le trait Z'Z' distant de YY de *m*.

3° Dressez la pièce de façon à amener les plans YY et XX dans une position perpendiculaire au marbre, tracez ZZ à la distance voulue de *a*, puis Z"Z" à la hauteur *h* de ce même point (*h* et *m* seront relevés, s'il est nécessaire, directement sur le dessin ou sur une copie).

Z"Z" et Z'Z' se coupent en un point sur chaque face : les deux points déterminent l'axe du trou *c*.

Pour tracer maintenant Y'Y', il suffira de mettre *a* et *c* de hauteur en conservant toujours XX d'aplomb sur le marbre.

Remarque. — Lorsque les axes XX et X'X' (*fig. 226*) sont dans le même plan, le traçage est simplifié par l'ajustage préalable des têtes, car alors, partant du centre *a* par exemple, et ayant fixé le centre *b*, le troisième se trouvera par ses distances aux points *a* et *b*. On sera assuré d'avoir conservé l'angle.

Mais la pièce étant brute de forge, on devra utiliser le procédé indiqué plus haut, si l'on veut opérer avec exactitude.

Au besoin, pour se procurer les cotes *m* et *h*, on copiera sur une tôle le triangle *abc* souvent donné sur les dessins, soit par ses trois côtés, soit par deux côtés *ab* et *ac* et l'angle compris (Ch. Ier, **30, 31**).

14e Exemple. — *Traçage d'une mortaise droite* (fig. 227, pl. XVIII).

Soit proposé de tracer une mortaise droite dans une pièce ajustée à section rectangulaire.

1° *Traçage à l'équerre à chapeau.* — Placez le chapeau de l'équerre contre une face de la pièce, la branche reposant contre la face adjacente. Tirez un premier trait mn sur le champ, faites glisser l'équerre le long de l'arête par son chapeau et tirez à la distance voulue un deuxième trait $m'n'$ parallèle au premier (*fig. 227*).

Placez ensuite le chapeau contre le champ $mnm'n'$ suivant l'une et l'autre arête mm', nn' et tirez dans la largeur des faces les traits mp, $m'p'$, mq, $m'q'$. (Ces derniers sont cachés sur la figure).

Si l'on a opéré soigneusement, pq, $p'q'$ sont normales aux arêtes où elles aboutissent.

Placez maintenant le prisme à plat et tirez au trusquin les traits de largeur ii' jj', etc. Si la mortaise est dans l'axe de l'épaisseur, une seule hauteur de pointe suffira pour tracer les quatre traits limites.

2° *Traçage au trusquin.* — Au lieu de décrire les lignes $mpqn$, $m'p'q'n'$, à l'équerre on eût pu les tracer d'un trait continu au trusquin en plaçant la pièce de telle façon que les faces envisagées soient toutes quatre perpendiculaires au plan du marbre (à l'équerre).

Si la pièce n'était pas ajustée au moment du traçage de la mortaise on tracerait les traits $mnpq$, $m'n'p'q'$ au trusquin, mais après avoir préalablement tiré les traits de largeur jj' ii', etc., et en se basant sur la direction de ces traits ainsi que sur une deuxième direction donnée, celle des parois ji, $j'i'$, par exemple.

15ᵉ Exemple. — *Chape à branches symétriques* (fig. 228 et 229, pl. XVIII).

1° Tracez la ligne d'axe XX' (*fig. 229*), autour de la chape, après avoir pris les centres de forge des trous à percer sur chaque branche et sur la tête.

Tirez les traits de largeur parallèles à XX'.

2° Tournez la pièce d'un quart et placez à l'équerre le plan d'axe XX' dans une position perpendiculaire au marbre, au moyen des traits de trusquin passant sur les bouts des branches.

Placez un témoin entre les branches afin de pouvoir mettre le milieu de leur écartement et le milieu de l'épaisseur du corps de la chape dans un plan parallèle au marbre.

Cette condition et la précédente étant remplies, tirez le trait YY' en marquant son passage sur le témoin.

Dans la même position (*fig. 228*), tracez aux cotes indiquées les épaisseurs de la tête, du corps, des branches et de leurs portées.

3° Mettez la pièce debout sur les branches en vous équerrant dans les deux sens à la fois, suivant XX' et YY'.

Lorsque les plans XX' YY' seront perpendiculaires au marbre, tracez les plans d'axes ZZ' VV' à l'écartement donné sur le dessin.

Partez de ZZ', par exemple, et mettant la pointe du trusquin à hauteur du centre de forge d'une des portées, et tracez l'axe ZZ' autour des deux branches.

Remontez ensuite la pointe à hauteur de VV' : vous vérifierez du même coup le travail de forge.

S'il a été bien exécuté, le trait VV' doit passer par les centres de la tête.

Tirez VV' autour de la tête et pointez les traits.

Le traçage général est terminé.

Lorsque la pièce est de trop fortes dimensions pour pouvoir être mise debout, les axes ZZ et VV' peuvent être déterminés au moyen de deux équerres dans la deuxième position (l'axe YY' parallèle au marbre), (*fig. 228*). — On se reportera à ce qui a été dit dans le *6° Exercice du § 1ᵉʳ de ce chapitre* (page 224).

Au cas où les branches ne seraient pas également écartées de l'axe YY', le traçage ne serait pas plus compliqué : au lieu de prendre sur le témoin le milieu de l'écartement de forge, on prendrait le point situé aux distances données des branches.

Les profils intérieur et extérieur de la chape ne pourront être tracés qu'après l'ajustage, suivant les traits déterminés plus haut.

Ces profils seront tracés le plus souvent au calibre.

Balancier de pompe avec double chape. — On s'inspirera des indications données pour les cas d'une simple chape : en remarquant toutefois que l'axe YY', doit être tracé d'après les écartements extrêmes des deux chapes et l'axe XX' déterminé également au moyen des centres de forge des quatre portées du balancier.

16ᵉ Exemple. — *Bielle à fourche et à chape* (fig. 230, 231, pl. XVIII).

1° (*Fig. 230*). Après avoir centré les têtes de la chape au compas et pris le milieu de la fourche au moyen d'un témoin, disposez la bielle dans sa position naturelle (*fig. 230*). Trusquinez suivant les trois points ci-dessus indiqués, le trait d'axe principal XX' et, sans changer l'orientation de la pièce, tracez $x_1x'_1$, $x_2x'_2$, traits plans comprenant les axes des bouts filetés sur lesquels doit s'emmancher la bride de serrage du coussinet, les traits $ab, a'b'$ de largeur des coussinets et ceux limitant les bras de la chape ;

2° (*Fig. 231*). Faites faire quartier à la bielle en vous

équerrant sur le marbre suivant XX' (*voir 13° Exercice de ce chapitre*); puis, par les milieux de la largeur de chape et de l'épaisseur de tête, tirez le 2ᵉ trait plan principal YY' dont les intersections avec $x_1 x'_1$, $x_2 x'_2$, vous donneront les axes de tour des parties filetées.

Dans cette même position, limitez l'épaisseur des têtes et des branches de la chape, leur écartement, l'épaisseur du corps de la bielle, et celle de la tête à l'écartement des joues de coussinets.

3° (*Fig. 230 et 231*). Les traits plans d'axes ZZ', VV' et leurs parallèles peuvent se déterminer avec l'équerre et la pointe à tracer sur le marbre en reportant les traits dans les deux précédentes positions.

Mais nous avons dit dans divers articles de ce chapitre combien cette méthode nous semblait peu précise, même lorsqu'on l'applique après un ajustage préalable exécuté suivant les traits que nous avons donnés précédemment.

On agira sagement en utilisant les considérations développées à ce sujet à la fin du *6ᵉ Exercice du § 1ᵉʳ de ce chapitre* (p. 224), et en traçant ZZ', VV' et leurs parallèles, au trusquin, avec la face libre d'une équerre en fonte, comme marbre, ou d'après le plateau d'un tour, en supposant qu'on ait monté la bielle entre pointes, de façon à ce que l'axe du tour se trouve être l'intersection des plans XX', YY'. (Les centres seront déterminés sur le marbre, par le passage de ces traits plans sur les témoins).

17ᵉ Exemple. — *Palier type* (fig. 232 et 233, pl. XVIII).

1° LE CORPS DU PALIER

1° (*Fig. 233*). Suivant le principe fondamental du traçage en l'air, disposez la pièce sur le marbre pour tirer l'axe plan XX' qui est le plus étendu : cet axe coupe par le milieu : la semelle, les trous et bossages de boulons d'assise, les prisonniers fixant le chapeau. Vous choisirez donc trois points les plus éloignés l'un de l'autre, et vous établirez votre première ligne d'axe XX' suivant ces trois points (*voir 1ᵉʳ Exercice*, p. 216).

Dans cette position, vous pourrez, s'il est nécessaire, limiter l'épaisseur du palier entre faces et, si la pièce possède 4 bossages et 4 prisonniers, tirer les premiers traits d'axes suivant des plans parallèles à XX'.

On devra vérifier l'équerrage : de la semelle, des bossages, des faces CD et des faces de la cage du coussinet.

2° (*Fig. 232*). Placez la pièce dans sa position naturelle, la semelle AB sur le marbre, et vous équerrant suivant XX' dans la portion vue.

Trusquinez alors le trait de rabotage de la semelle, suivant AB, le fond *lk* de la cage et les faces rabotées CD, en tirant très soigneusement, d'après AB, l'axe plan YY' qui passe au centre du coussinet.

3° Dressez le palier debout sur le marbre, en vous équerrant sur l'axe XX' et sur le trait de rabotage AB.

Prenez alors le milieu de la cage au moyen d'un témoin coincé entre *mn* et *pq* (*fig. 233*) et tirez au trusquin le troisième trait d'axe principal ZZ'.

D'après ZZ', déterminez : *tt'*, *vv'* fixant les axes des boulons d'assise ; *b,b'* que vous tracerez complètement en contournant la pièce de manière à favoriser le perçage exact des trous de prisonniers ; enfin, les faces parallèles *mn*, *pq*, de la cage que vous vous attacherez à mettre à même distance du plan d'axe ZZ'.

Remarque. — Le traçage complet que nous venons d'indiquer ne s'opérera que si l'on veut *balancer* la pièce : cette dernière reviendra au marbre par suite de la disparition des traits à l'ajustage.

Pour dessiner complètement la forme de la cage du

coussinet, il est préférable d'attendre que le rabotage des joues soit terminé : alors la question est ramenée au traçage d'une figure polygonale plane.

On prolongera les traits des pans verticaux et on tracera le trait horizontal *lk* des deux côtés.

Le reste s'en déduit aisément par la seule considération de la figure.

Le traçage du chapeau du palier s'effectuera suivant une marche analogue : mais la détermination des trous de boulons d'attache, ne se fera qu'après l'ajustage des joues, et le chapeau monté sur le palier, en prolongeant sur le premier des traits de trusquin décrits sur le second.

18ᵉ Exemple. — *Palier console* (fig. 234 et 235, pl. XVIII).

1° Placer la pièce sur le marbre dans la position donnée par la figure 235. Déterminez alors le plan d'axe principal XX' en vous attachant à partager le métal également de chaque côté de ce plan.

Dans cette position tirez les traits limitant la largeur entre joues du palier, les premiers axes des trous de boulons d'applique *mn, pq ;*

2° Placez ensuite la pièce sur sa semelle AB, l'axe XX' perpendiculaire au plan du marbre, et la face brute AB sensiblement parallèle à ce plan — tirez alors le trait de rabotage de la face d'applique, puis, à la distance voulue de AB, le trait d'axe YY', les traits de largeur de cage, les premiers axes des prisonniers ;

3° Enfin, fixez la console au moyen de cales dans sa position naturelle (*fig. 234*) les plans XX' et celui de la semelle AB perpendiculaires au plan du marbre. Tracez alors les axes M, N, P, Q, qui, par leurs intersections avec les axes *m, n, p, q*, donnent les centres des trous de boulons d'applique.

Tracez ensuite l'axe ZZ' qui passe par le centre de l'arbre, les traits de rabotage *rs* et le fond de la cage *ff*.

La chaise d'applique en porte à faux se tracera en suivant une méthode analoge à celle indiquée ci-dessus. On n'éprouvera aucune difficulté à conduire ce traçage si l'on a bien saisi l'esprit du précédent.

19ᵉ Exemple. — *Chaise applique à deux bras* (fig. 236 et 237, pl. XVIII).

1° Placez la chaise sur le flanc (*fig. 237*) et tirez le trait d'axe XX' autour de la pièce en vous attachant surtout à passer au centre de la nervure. Vérifiez alors que les semelles sont bien dans cet axe, ainsi que l'épaisseur de la partie centrale.

Vérifiez également, à l'équerre, que les semelles sont perpendiculaires au plan XX' et au marbre.

Tracez dans cette position : les épaisseurs de joues du palier; les traits de rabotage *mn*, *pq*, et les premiers axes des trous de boulons d'attache sur les semelles, en partant de l'axe XX'.

2° Placez la pièce par ses semelles sur des cales ou à même sur le marbre et dans une telle position que l'axe XX' soit perpendiculaire à ce dernier.

Ce résultat obtenu, déterminez le trait plan YY' (*fig. 236*) passant par l'axe de l'arbre; à cette fin, réglez-vous sur la distance du fond *ff'* à la surface brute des semelles : laissez suffisamment de matière pour ajuster *ff'* et voyez ce qui reste en AB; remarquez ici qu'il vaut mieux enlever le moins possible sur les semelles. Il est toutefois nécessaire que ces dernières soient complètement blanchies au rabotage ou au mortaisage.

3° Amenez ensuite la pièce dans une troisième position, le plan d'axe XX' et celui des semelles étant tous deux établis perpendiculaires au marbre (au moyen de l'équerre).

La chaise ainsi établie, tracez le troisième axe ZZ' qui doit passer par le milieu de la cage du palier et à égale distance des axes des semelles.

Afin de rendre plus commode ces vérifications, on placera préalablement entre les champs intérieurs des semelles et entre les parois de la cage des témoins en plomb, cuivre ou tôle.

On devra s'attacher à corriger les épaisseurs à enlever dans la cage de manière à rapprocher le plus possible l'axe ZZ' du milieu des semelles.

Dans cette même position, tirez les seconds traits d'axes des trous de boulons d'attache des semelles aux distances cotées sur le dessin. Centrez les prisonniers du chapeau.

Vous pouvez aussi indiquer suivant des traits tels que *mp*, *nq* les dimensions des semelles. Mais il est rare qu'on ne laisse pas à ces dernières leurs dimensions de fonte en longueur et en largeur.

20ᵉ Exemple. — *Palier haussé* (fig. 238 et 239, pl. XVIII).

1° Disposez le palier à plat de façon à ce que l'axe ZZ' du coussinet se trouve sensiblement d'aplomb sur le marbre. Orientez la pièce d'après le trait moyen d'épaisseur de la nervure de fond et d'après les grandes lignes de la semelle (à l'équerre et au trusquin).

Mettez-vous à hauteur du milieu de la cage et tirez le trait plan XX' autour de la pièce (*fig. 239*).

D'après XX' limitez comme précédemment (palier type) les joues du palier et déterminez les premiers traits d'axe des boulons d'assise et des prisonniers.

2° Dans la deuxième position, le plan XX' et la semelle AB sont perpendiculaires au marbre. On s'équerre suivant XX' et on donne à la pièce une telle position que le milieu de la cage et le milieu de AB soient sensiblement à même hauteur : si la pièce a été bien moulée, la semelle doit alors se trouver, ou à très peu près, d'aplomb sur le marbre.

Tirez franchement l'axe YY' et les traits plans qui lui sont parallèles (*voir le précédent exemple*).

3° La troisième position de la pièce est obtenue en disposant XX' et YY' à l'équerre à chapeau (*fig. 238*).

Il reste alors à trusquiner suivant leurs distances réciproques : la semelle AB, le fond de la cage, l'axe ZZ' de l'alésage du coussinet et les arrasements *mn*.

24ᵉ Exemple. — *Poupée fixe de tour à double engrenage* (fig. 240 et 241, pl. XVIII).

1° Partez de la semelle AB (*fig. 240*) et tracez-la autour de la poupée en vérifiant au trusquin qu'il reste suffisamment de distance entre le trait ainsi déterminé et le fond LL' des cages des coussinets.

Tirez ensuite le trait CD limitant la hauteur du patin qui doit coulisser entre les bancs.

Conservant la poupée dans la même position, tracez sur les deux bras, à la hauteur donnée (hauteur de pointes) la ligne d'axe XX' de l'arbre en prolongeant ce trait sur le buttoir.

D'après XX' tracez la hauteur totale de la poupée suivant II' puis les fonds des cages suivant LL'.

Si le buttoir de l'arbre n'est pas venu de fonte, déterminez dans le traçage préliminaire l'axe du trou à percer sur la poupée pour fixer le buttoir rapporté.

2° Placez la pièce dans une telle position que les traits d'axes précédemment décrits soient perpendiculaires au plan du marbre (à l'équerre) et que celui des cages soit parallèle à ce même plan. Tracez alors l'axe principal Y (*fig. 241*) autour de la pièce en passant par le buttoir qu'il doit couper bien symétriquement, et par le milieu des évidements venus de fonte.

Cet axe bien déterminé, limitez la largeur des cages de coussinets, et celle du patin CD (suivant l'écartement des bancs), tirez les premiers axes des trous de prisonniers T et T' (*fig. 241*).

Tracez sur les portées de l'arbre intermédiaire un 2ᵉ trait d'axe ZZ' à la distance voulue de Y.

Les axes Y et XX fixeront la direction de l'arbre principal et de la vis de buttoir. Les traits plans ZZ', XX' détermineront l'axe de l'arbre à engrenages.

3° Disposez la poupée dans sa troisième position, les plans XX et Y perpendiculaires au plan du marbre (à l'équerre). Tracez alors les faces dressées de la poupée à l'écartement des joues de coussinets et suivant les portées de l'arbre principal, et déterminez en même temps les seconds axes des trous de prisonniers pour la fixation des chapeaux.

Enfin, fixez d'un trait la position du boulon reliant la poupée au banc et le traçage général de la pièce sera terminé.

22ᵉ Exemple. — *Guide de levier, s'adaptant à un corps cylindrique* (fig. 242, 243, 244, pl. XVIII).

1° Tracez en premier lieu le trait d'axe le plus étendu XX en vous attachant à couper les épaisseurs par leur milieu. D'où, une première vérification du travail de forge (*fig. 243 et 244*).

Dans cette position, tirez les traits de largeur des différentes parties du guide; entre autres, la largeur *l* du patin s'adaptant au corps cylindrique et celle *l'* de la semelle formant l'une des parois du guide.

2° Disposez la pièce debout, le trait d'axe XX et la face *aa'* de la semelle d'équerre sur le marbre (*fig. 242*).

Déterminez alors l'axe YY autour de la pièce, les traits de centre des trous, les épaulements *a* et *a'* et la longueur totale de la semelle.

3° Placez le guide dans une troisième position, les plans d'axes XX et YY perpendiculaires au marbre.

Terminez le traçage de la semelle en partant du trait *aa'* : indiquez les épaulements et tirez le trait d'axe auxiliaire *zz* qui est parallèle à ZZ à une distance *d* connue et coupe le plan YY suivant la même droite O que VV, mené par l'axe du corps cylindrique; le trait *zz* coupe YY en deux points, O et O' (*fig. 243*), qui vont nous servir à tracer la ligne d'axe VV.

Pour donner exactement l'inclinaison voulue, construisez un calibre en tôle à l'angle VOY que vous copierez sur le dessin (*fig. 242*).

Placez une équerre sur le marbre, le chapeau incliné, d'un angle égal à celui du calibre qui servira à vérifier la bonne position de l'équerre.

Disposez d'un autre côté la pièce de telle façon que l'axe XX soit perpendiculaire au marbre et qu'en même temps le plan de *aa'* et le champ extérieur de la branche libre de l'équerre à chapeau se confondent à la visée.

Les points O et O' devront se trouver à la même hauteur au-dessus du marbre; on prendra cette hauteur au trusquin et on tirera autour du patin le trait d'axe VV dont le plan est bien incliné sur le plan *zz* de l'angle donné.

Ce trait VV permettra le montage de la pièce pour tourner la partie du patin qui doit s'appliquer sur le corps cylindrique ou la fraiser au chariot.

Nous avons supposé que la pièce reposait dans la dernière position par l'extrémité *a'* sur le marbre.

Si on la faisait reposer par l'extrémité *a* il faudrait donner au calibre l'inclinaison VOZ (*fig. 242*).

L'axe VV étant tracé et les joues du patin dressées à la largeur l', on pourra, de la façon suivante, décrire sur les joues l'arc de circonférence, suivant lequel la pièce doit s'appliquer sur le corps cylindrique :

On disposera le guide d'aplomb sur le marbre suivant les traits d'axes XX et VV et on marquera sur les deux joues du patin les points K à la distance cotée du point O, puis des traits en q et q' suivant la flèche de l'arc qKq'.

Après quoi, avec le compas, des points K comme centres, on décrira sur chaque joue deux arcs de rayon Kq qui détermineront la position des points q et q'. On prendra le calibre de rayon voulu et on tracera l'arc qKq' pour chaque joue.

Si on n'a pas de calibre, on opérera avec le compas à verge en disposant la pièce à plat, sur le marbre, l'axe XX parallèle à ce dernier.

23ᵉ Exemple. — *Traçage d'une vis filetée à la main.*

Nous supposerons tournée et limitée la portion du cylindre à fileter. (*Exemple : vis d'étau.*).

1° VIS A UN FILET CARRÉ (*fig. 245, pl. XVIII*).

Découpez une feuille de papier blanc mince suivant un rectangle de hauteur égale à la longueur de la partie filetée et de base légèrement supérieure au développement de la circonférence, section droite du cylindre tourné (pour le calcul de cette circonférence, *voyez Chapitre Iᵉʳ*, nᵒˢ **59** et suivants).

Enroulez la feuille de papier ainsi découpée autour du cylindre, les petites bases coïncidant avec les sections extrêmes de la partie à fileter.

Serrez fortement la feuille autour du cylindre et coupez-la nettement, à la partie de la double épaisseur, suivant une génératrice, au moyen d'une règle bien dressée s'appuyant par une arête contre la surface du papier.

Il résultera de cette opération et après déroulement de la feuille un rectangle pouvant, sans erreur sensible, représenter le développement de la surface extérieure du cylindre : nous représentons ce rectangle, suivant A'A'' B'B'' (*fig. 245*).

La feuille étant ensuite étendue sur un plan, un marbre, par exemple, tracez-y comme suit le développement de la surface extérieure du filet de vis. (Nous le supposons à droite.)

Partant de A' et A'' suivant A'B' et A''B'', portez à l'aide d'un compas à pointes bien affûtées, la longueur donnée comme *pas de la vis,* c'est-à-dire la longueur dont avance un point quelconque de l'hélice directrice pour un tour complet de la vis. Numérotez ces points comme il est indiqué sur la figure et tirez à la règle et au crayon les traits obliques $A'P''_1 - P'_1P''_2 - P'_2P''_3$ et ainsi de suite.

Marquez en a et b les milieux de A'A'' et B'B''.

Prenez ensuite au compas le creux de la vis et portez-le suivant $A'm'_1$, $P'_1m'_2$, etc., sur A'B' et suivant $A''m''_1$, $P''_1m''_2$, etc., sur A''B''.

Joignez $m'_1m''_2$, $m'_2m''_3$, $m'_3m''_4$, et par m''_1 menez une parallèle aux obliques.

Puis, pour mieux figurer la partie extérieure de la vis, vous pouvez ombrer légèrement au crayon les parallélogrammes $m'_1P'_1m''_2P''_2$, etc.

Ceci fait, enroulez à nouveau la feuille de papier autour du cylindre tourné en faisant coïncider A' et A'', B' et B'' et fixant le rectangle à demeure sur la vis au moyen de ficelles serrant contre le papier en deux ou trois points de la longueur.

Attachez-vous particulièrement à ce que le papier ne fasse aucun pli, et contrôlez, au besoin, sa fixité au moyen d'un trait de repère suivant B'B" et la tranche extrême de la vis.

Pointez ensuite légèrement la pièce à traver le papier et en suivant exactement les traits : marquez suffisamment de points pour enlever toute hésitation dans l'ajustage, mais en évitant toutefois de surcharger le tracé.

Remarques. — I. — Dans le tracé des divisions $A'm''_2$, $m''_2 P''_2$, etc., et pour vérifier l'exactitude de la longueur prise au compas, mesurez la longueur totale de la partie filetée et assurez-vous que cette longueur correspond bien au nombre de divisions ou demi-divisions portées.

De cette façon, si vous vous êtes trompé dans $1/10^e$ de millimètre au pas, l'erreur sera de 1 $\frac{m}{m}$ pour 10 divisions et sera ainsi rendue sensible.

II. — On se contente souvent de donner le jeu de la vis en l'ajustant : dans ce cas, les points m'_1, m'_2, m''_1, m''_2, etc., sont les milieux de $A'P'_1, P'_1 P'_2, A''P''_1, P''_1 P''_2$, etc.

III. — Si la vis précédemment tracée, devait être dirigée de droite à gauche, on aurait joint $A''P'_1$, $P''_1 P''_2$, etc.

2° Vis a deux filets carrés, pas à droite (*fig. 246, pl. XVIII*).

On sait qu'une telle vis est formée de deux filets absolument semblables, mais partant de deux points diamétralement opposés d'une même section droite du cylindre extérieur.

Pour tracer à la surface de ce cylindre les arêtes extérieures des deux filets, on suivra une marche en principe identique à celle que nous avons indiquée pour la vis à un seul filet.

Ayant obtenu comme il a été dit le rectangle A'A"B'B", développement de la surface du cylindre à fileter, on tracera le développement des deux arêtes extérieures d'un filet en partant du point A'; on obtiendra ainsi A'P"$_1$P'$_1$P"$_2$P'$_2$.

Puis, prenant les milieux a de A'A" et les milieux de A'P'$_1$, P'$_1$P'$_2$, A"P"$_1$, P"$_1$P"$_2$, etc., on tracera le deuxième filet suivant a Q"$_1$Q'$_1$Q"$_2$Q'$_2$.

On indiquera le creux et le plein de chaque filet de la même façon que pour la vis à 1 filet.

Si l'on ne tient pas compte du jeu au traçage, il suffira de diviser les pas A'P'$_1$ P'$_1$P'$_2$, etc., de la première vis en 4 parties égales, ainsi que les développements A'A" et B'B" des bases.

Le traçage d'une vis à *trois* filets (*fig. 247*) se ferait d'après les mêmes principes que dans les deux cas précédents : la figure représente le tracé obtenu pour une vis dont le pas est p. On n'y a indiqué qu'une arête extérieure de chaque filet, le 1er filet part du point A", le 2e de a_2, le 3e de a_3, et on a

$$A"a_2 = a_2 a_3 = a_3 A'$$

Le traçage de deux arêtes extérieures de chaque filet exige la division du pas et de A'A" en 6 parties égales.

Les vis à filets triangulaires se traceraient de la même façon : on n'aurait, dans ce cas, qu'une seule ligne à tracer et à pointer.

24e Exemple. — *Traçage d'une rainure en hélice progressive à la surface d'un axe cylindrique donné.* (Chap. 1er, n° **137**, fig. 248, pl. XVIII).

Le trait d'axe de la rainure est marqué sur le développement de la surface cylindrique de l'axe : développement dont le dessin coté est livré au traceur et dont l'aspect est en général celui de la *fig. 248*. La largeur de la rainure est également connue.

Deux méthodes peuvent être suivies pour le traçage sur l'axe de l'arc de courbe A'B.

1ʳᵉ Méthode. — Tracez au trusquin à la surface de la pièce tournée un certain nombre de génératrices, 12 par exemple, également espacées et correspondant à la division en 12 parties égales de la section droite de la pièce. On opérera la division en question sur une tranche extrême de l'axe, celle dont le développement est AA' par exemple.

De même, divisez AA' et BB' en 12 parties égales et joignez les points de division par des droites parallèles à AB et A'B' : 11' 22', etc.

Soient $P_1 P_2 P_3$, etc., les points où ces parallèles coupent la corde A'B : sur la génératrice de l'axe correspondant à 11', portez la longueur 1 P_1 ; sur celle correspondant à 22', portez la longueur 2 P_2, et ainsi de suite. Vous aurez de cette façon déterminé sur l'axe un certain nombre de points de la ligne milieu de la rainure.

De chacun de ces points, avec une ouverture de compas égale à la 1/2 largeur donnée, décrivez sur la surface cylindrique deux petits arcs limitant la rainure et servant à guider le bec d'âne.

Ce procédé est peu pratique et nous lui préférons le suivant :

2ᵉ Méthode. — Cette méthode est identique à celle donnée pour les vis à filet carré ou triangulaire (exemple précédent).

Prenez une feuille de papier de dimensions suffisantes; tracez le rectangle AB A"B" dont la longueur AB est égale à celle de la partie rainée de l'axe cylindrique et dont la hauteur AA" est plus grande que le développement de la section droite de cet axe.

Soit AA' la longueur de cette section. Copiez la courbe donnée suivant A'B.

Pour copier la courbe, si elle ne vous est pas donnée en vraie grandeur, et que le dessin soit au 1/10 par exemple, divisez AA' sur le dessin et sur votre feuille en un même nombre de parties égales et menez les génératrices 11' 22', etc., également sur le dessin et sur la copie. Relevez les longueurs telles que 1 1' sur le dessin, multipliez-les par 10 et portez les résultats suivant les génératrices correspondantes, sur la feuille. Joignez ensuite les points par un trait continu soit à la main, soit à l'aide de calibre, et vous aurez ainsi tracé le développement de la ligne d'axe de votre rainure.

Prenez ensuite au compas une ouverture égale à la 1/2 largeur donnée et tracez comme il est dit (n° **106**, chap. Ier) les courbes équidistantes de A'B, de part et d'autre. Ces courbes représenteront très approximativement les transformées dans le développement des arêtes de la rainure.

Roulez ensuite la bande ABA"B" sur l'axe cylindrique en vous attachant à bien placer l'un des grands côtés, AB par exemple, suivant une génératrice préalablement tracée au trusquin.

Placez le papier de telle sorte que tout le tracé soit visible et assujettissez le tout à demeure. Pointez ensuite légèrement et bien exactement les traits d'arête de la rainure.

Remarque. — I. — Le tracé ainsi obtenu est très précis. On peut opérer la copie de la courbe A'B par arcs successifs si l'on ne possède pas de feuille suffisamment grande. On enroulera les feuilles séparément en s'attachant à bien raccorder les arcs entre eux.

II. — Le plus souvent l'arc A'B appartient à une parabole. On donne l'inclinaison des tangentes aux deux extrémités. La seule connaissance de ces deux droites permettra la description de la courbe d'après le procédé donné au n° **97** du ch. 1er.

III. — Le premier procédé n'a d'avantage sur le second qu'en ce qu'il ne nécessite pas le traçage en vraie grandeur de l'hélice progressive.

25ᵉ Exemple. — *Tracer sur une surface quelconque le passage d'une sphère donnée.*

Fixez l'extrémité d'un fil à un support adapté à la surface de façon que le point d'attache soit situé au centre même de la sphère dont on cherche le passage — attachez à un point du fil une pointe traçante de telle manière que la distance de l'extrémité de la pointe au point d'attache du fil sur le support soit rigoureusement égale au rayon donné pour la sphère.

Tendez le fil en maintenant la pointe en contact avec la surface et tracez la courbe d'un mouvement continu.

26ᵉ Exemple. — *Cylindre à vapeur de locomotive. — Cas où la glace de tiroir est inclinée sur l'axe du cylindre* (fig. 249 et 250, pl. XIX).

Nous supposons que le *plan de mouvement* du cylindre (plan contenant l'axe de la tige de piston et l'axe de la tige du tiroir de distribution) est parallèle à la face d'applique FF au longeron (*fig. 250*).

Ce plan sera le premier à déterminer. On partira donc de l'axe d'alésage du cylindre déterminé par les centres des sections extrêmes, au moyen de témoins.

On disposera le cylindre sur le marbre dans une position telle que les centres O,O' soient à même hauteur, la face F à découvert, et on fera pivoter la pièce autour de OO' jusqu'à ce qu'on ait amené les centres P,P' des trous de presse-étoupes à la hauteur commune de O et O'. — Si P et P' ne peuvent y arriver en même temps, on *balancera* le cylindre autour de OO' de façon à laisser un des points au-dessus du plan décrit par la pointe du trusquin et l'autre au-dessous, d'une même quantité : cette quantité devra être suffisamment petite pour que l'excentration de la fonte n'empêche pas l'alésage de trous de presse-étoupes. Si cela arrivait, il faudrait un peu modifier les centres O et O', tout en ayant soin de ne pas excentrer trop fortement l'alésage du cylindre.

Le rebut du cylindre peut être la conséquence de ce premier essai de traçage.

Supposons décrit le trait plan OO'P'P, figuré par XX sur la vue en bout (*fig. 250, pl. XIX*).

Sans déranger la position actuelle de la pièce, remontez la pointe de la cote *f*, distance de la face d'applique FF au plan d'axe XX (*fig. 250*).

Limitez aussi, s'il y a lieu, la hauteur des portées venues de fonte pour l'assise des écrous de serrage sur le longeron.

Limitez sur la glace du tiroir les longueurs d'orifice par rapport à XX. Ce traçage servira surtout à vérifier le travail de fonte et devra être recommencé après rabotage de la glace.

Le cylindre dans cette première position, vous pouvez également tirer les premiers traits d'axe des prisonniers de la boîte du tiroir et de presse-étoupes.

Mais ces déterminations ne sont que secondaires et se feront beaucoup plus commodément lorsque les deux alésages et l'arrasement des faces JJ et J'J' du cylindre et des tranches *pp*, *p'p'* des presse-étoupes seront exécutés (*fig. 249*).

Ce sont précisément ces deux opérations que nous allons simuler avec le trusquin.

1° Détermination des axes YY et Z'Z' (*fig. 249*).

Après avoir opéré comme il est dit ci-dessus, faites pivoter le cylindre autour de la droite *oo'* de façon à amener le plan OO'P'P ou XX à être perpendiculaires au plan du marbre, les points centres O,O' restant à même hauteur. (*Voyez ce chapitre, 6ᵉ Exercice*).

Ce résultat obtenu *bien exactement*, placez la pointe du trusquin à la hauteur commune de O et O' et tirez nettement autour de la pièce le deuxième trait d'axe principal YY dont l'intersection avec le premier, XX, détermine l'axe d'alésage du cylindre.

Dans cette position, décrivez sur la face d'applique les deuxièmes traits d'axe des trous des boulons d'attache au longeron.

Passons à la détermination de Z'Z'. Nous avons déjà un trait plan contenant l'axe d'alésage ZZ des trous de presse-étoupes : il faut en décrire un second à l'inclinaison marquée et leur intersection donnera la direction de l'axe de la tige du tiroir. Du même coup nous déterminerons les tranches *pp* et *p'p'* (*fig. 249*).

Remontez la pointe du trusquin au-dessus de YY d'une quantité égale à la cote *c* (*fig. 249*) perpendiculairement au marbre et tirez autour de la bride du presse-étoupe P, principalement sur les champs un trait continu indéfini.

Transportez-vous au second presse-étoupe P' avec la pointe à une hauteur *d* au-dessus de YY et opérez sur la bride de P' comme sur celle de P.

Disposez la pièce dans une troisième position, de manière à amener l'axe d'alésage du cylindre dans une position perpendiculaire au marbre (pour cela s'équerrer suivant les traits plans XX et YY). Nous supposons le cylindre posé par sa face J'J' sur le marbre. Tirez alors le trait plan d'axe ZZ en vous guidant sur les cotes g, h, a et b, et corrigeant, s'il y a lieu, les différences (*fig. 249*).

L'axe ZZ bien nettement fixé, remontez le trusquin de la cote a, et tirez autour du presse-étoupes P, un trait indéfini qui coupera le trait décrit parallèlement à YY, en deux points qui, en projection, se confondent suivant P (centre de la bride après l'alésage et le rabotage). Désignons ces points, pour plus de clarté, par P_1 et P_2 (*fig. 250*).

Placez ensuite la pointe à tracer à une hauteur inférieure à celle de l'axe ZZ de la cote connue b et tirez autour de la bride du presse-étoupe P' un trait indéfini qui coupera le trait décrit parallèlement à YY en deux points qui, en projection, se confondent suivant P' (centre de la bride après l'alésage et le rabotage). Désignons ces points par P'_1 et P'_2.

Ceci posé, pour tirer le trait oblique ZZ' à l'inclinaison voulue par les cotes a, b, c, d, remontez le centre O au-dessus de O' (en maintenant le plan d'axe XX perpendiculaire au marbre) jusqu'à ce que les 4 points P_1, P_2, P'_1, P'_2, soient à même hauteur et trusquinez alors nettement le trait qui contient ces 4 points sur tout le contour de la boîte de tiroir et des brides : ce trait coupe le premier trait d'axe décrit XX en deux points qui sont situés sur l'axe d'alésage des presse-étoupes.

Pour couper ces derniers à la longueur voulue par les cotes a et b, autrement dit pour tirer les traits pp, $p'p'$, disposez la pièce dans une nouvelle position : les plans d'axe XX et Z'Z' perpendiculaires au marbre ; puis, pour tirer la ligne pp, placez la pointe à hauteur des points P_1 et P_2, et pour obtenir $p'p'$ disposez-la à hauteur de P'_1 et P'_2.

Vous aurez de la sorte tiré les traits principaux déterminant l'ajustage du cylindre; et ce, en évitant les calculs que font certains traceurs, d'abord pour savoir de combien il faut relever le centre O au-dessus de O' pour donner à l'axe ZZ' l'inclinaison demandée; ensuite pour connaître la distance de ce même centre O au plan Z'Z'.

Ces calculs donnent souvent des résultats douteux parce qu'on doit forcément les établir en tenant compte des différences existant entre les cotes du dessin et les dimensions de la pièce brute.

Nous pensons donc *qu'il est toujours préférable de donner au traceur les cotes rectangulaires*, c'est-à-dire les *coordonnées* suivant trois plans d'axe principaux perpendiculaires deux à deux (1).

Notez que :

1° La face d'applique FF pourrait ne pas être parallèle au plan des deux axes ZZ' et OO' vous n'en détermineriez pas moins trois plans perpendiculaires deux à deux et auxquels vous apporteriez toutes les obliquités.

2° L'axe de la tige de tiroir pourrait ne pas se trouver dans le plan mené par OO' parallèlement à la face d'applique (cette face est presque toujours parallèle à l'axe du cylindre). Dans ce cas, le dessin, dans une troisième vue, donne la projection $\pi\pi'$ de PP' sur le plan YY comme sur le plan XX (*fig. 249*). Sur le marbre, après avoir déterminé ces deux derniers, et en vous inspirant uniquement de ce qui vient d'être dit, vous tirerez deux traits plans, l'un incliné sur le plan XX comme $\pi\pi'$ l'est sur OO', et en même temps perpendiculaire à YY, l'autre incliné sur le plan YY comme PP' l'est sur OO', et en même temps perpendiculaire à XX.

---

(1) Cette observation est applicable à toute pièce présentant des axes, des faces obliques.

Ces deux traits plans se couperont sur des témoins placés dans les trous des presse-étoupes suivant deux points qui détermineront *la direction* de l'axe d'alésage.

Ceci fait, pour couper les faces *pp p'p'* des presse-étoupes, placez l'axe de ces derniers perpendiculairement au marbre en visant à l'équerre suivant les deux traits plans que vous avez tiré et dont cet axe est l'intersection.

Le dessin devra ensuite fournir au traceur les distances des plans des brides aux centres des sections JJ, J'J' (supposées ajustées).

La détermination de *pp, p'p'* ne se fera *définitivement* qu'après l'alésage du cylindre, de PP', et l'arrasement de JJ, J'J'.

27ᵉ Exemple. — *Traçage d'une bride ou jonction qui doit s'appliquer sur un réservoir cylindrique* (fig. 251, 252, 253, pl. XIX).

Nous supposons que l'axe de tour de la bride rencontre celui du réservoir et lui est perpendiculaire.

Il s'agit de marquer sur le contour de la pièce quelques points permettant de dégrossir à la machine à raboter ou même à l'étau le cintre suivant lequel elle doit s'adapter sur une surface cylindrique de rayon connu.

Il est nécessaire de tracer préalablement l'épure en vraie grandeur sur une tôle planée (*fig. 253*).

D'un point B' comme centre, décrivez un arc P'Q' ayant le même rayon que le cintre extérieur du réservoir : tirez le rayon A'B' indéfini et menez M'N'' perpendiculaire à A'B' et figurant la tranche M'N de la bride (*fig. 251*), la distance O''B' et le rayon O''M' ou O''N' sont donnés sur le dessin coté ; ainsi M'N' (*fig. 253*) est égal à PQ (*fig. 252*).

Par M' et N' tracez les parallèles M'P', N'Q' à A'B' sur M'N' décrivez une demi-circonférence M'A'N' dont vous divisez la moitié M'A' en un certain nombre de parties égales, trois par exemple (*chap. Ier*, *n°* **20**); par les points de division K', L', menez les parallèles à A'B', soient K'K"K₁, LL'L"₁, K₁ et P₁ étant les points où ces parallèles coupent l'arc P'Q'.

Ceci posé, placez la pièce dans une telle position que la tranche de la vis et la tranche MN soient perpendiculaires au marbre, l'axe AB, lui devenant, de ce fait, parallèle. Tournez la pièce de telle façon que les points les plus saillants P,Q soient, à très peu près, à même hauteur que l'axe au-dessus du marbre (*fig. 252*).

Cette position obtenue, avec un trusquin à hauteur de l'axe de la bride, tirez un trait sur la tranche *mn* (*fig. 252*) et suivant la largeur du champ tourné de la bride en P et Q (*fig. 252*); placez un centre dans le trou de la pièce du côté de la tranche *mn* et sur cette dernière, avec le compas, décrivez une circonférence qui est rencontrée en deux points diamétralement opposés par le trait du trusquin.

Divisez une demi-circonférence en autant de parties égales que la demi-circonférence M'N' de l'épure (6 ici) et marquez nettement les points de division (au pointeau).

Faites ensuite tourner la pièce autour de l'axe AB en maintenant cet axe parallèle au marbre et à la même distance. (Le meilleur moyen pour obtenir rapidement ce résultat consiste à monter la pièce sur un axe reposant sur des vés).

Présentez ainsi chacun des points de divisions à la pointe du trusquin, pointe qui est à hauteur de AB et tirez pour chaque point deux traits semblables à ceux passant par P et Q. Ces différents traits qui seront au nombre de 12 lorsque tous les points de division auront été amenés à hauteur de l'axe, sont autant de génératrices du cylindre tourné de diamètre PQ.

Les génératrices ainsi tracées il reste à déterminer sur chacune d'elles le point où elle rencontre dans les conditions du dessin la surface du réservoir.

Pour cela, faire placer la pièce suivant la face mn par exemple, sur le marbre ou sur des cales d'épaisseur de façon à donner à AB une position perpendiculaire au marbre (*fig. 251*).

Reportez-vous ensuite à l'épure et remarquez que M'N représentant MN, les longueurs M'P', K"K$_4$, L"L$_4$, O"O sont égales aux distances respectives des points P, K$_2$, L, O, à l'embase MN et qu'alors il suffit de prendre ces distances au trusquin d'après l'épure pour couper les génératrices correspondantes en des points P, K$_2$, L, O, qui limitent l'enlèvement de la matière.

Remarquez de plus qu'à cause de la position des axes des deux cylindres, la hauteur d'un point K$_4$, par exemple, au-dessus de MN est aussi celle de trois autres points K$_2$K$_3$K$_4$ (*fig. 252*) et que de cette façon d'un même trait de trusquin vous déterminerez quatre points de la ligne de profil.

Vous commencerez par déterminer les deux points les plus hauts, P,Q et les deux points les plus bas O et J (*fig. 251*).

P et Q sont à une distance de MN marquée par M'P (*fig. 253*).

O et J sont situés au-dessus de MN de la quantité O"O' (*fig. 253*).

Lorsque vous avez ainsi limité les douze génératrices, tracez à la main avec une pointe à tracer une ligne continue passant par les points déterminés et le traçage sera terminé.

Il est évident que la plus ou moins grande exactitude de l'opération dépend du plus ou moins grand nombre de divisions de la circonférence décrite sur *mn*.

Remarque. — Le traçage du contour de la bride dans le cas plus général où son axe et celui de la virole d'applique sont dans des positions quelconques, pourra s'opérer avec précision et rapidité en déterminant sur du fort carton ou sur une tôle de faible épaisseur la développée de l'intersection, puis découpant la feuille suivant la courbe obtenue et l'enroulant sur le champ de la bride (*Voir 13ᵉ Ex., p. 185*).

28ᵉ Exemple. — *Bâti de machine à percer à bras* (fig. 254 et 255, pl. XIX).

1° Placez le bâti sur le flanc (*fig. 255*) et trusquinez l'axe général XX en passant par les centres des portées M et N et vous guidant sur l'épaisseur du corps du bâti.

Dans cette position, limitez la portée P (*fig. 254*) suivant la face contre laquelle doit porter la tranche de l'engrenage conique de commande.

2° Disposez ensuite le bâti en long suivant la ligne d'axe XX, dans un plan perpendiculaire au marbre. Après avoir centré les portées M et N, M' et N', au compas, faites varier l'inclinaison de la pièce de façon à amener les centres de M et de N à une même hauteur au-dessus du marbre, le plan d'axe XX dans la position susdite : tracez alors les axes YY, ZZ, suivant leur distance (*fig. 254*). Remarquez que la ligne ZZ passe sur la portée P suivant le centre de l'engrenage conique de commande ; tirez ensuite de chaque côté les traits *a* et *b* déterminant une partie de la queue d'hironde d'assemblage.

3° Disposez la pièce pour la troisième phase de l'opération en la plaçant debout, les axes XX, YY et ZZ perpendiculaires au marbre (au fil ou à l'équerre) ; limitez alors les épaisseurs des portées MN, M'N' suivant les cotes données et tracez l'axe *pp'* par le centre de l'engrenage de commande en le rapportant au bossage des portées de M,N, et M',N'.

Enfin, tracez l'axe de la queue d'hironde et ses traits extrêmes ainsi que le trait qq' suivant lequel la base du bâti doit être rabotée (*fig. 254*).

Remarque. — La queue d'hironde ne doit être tracée entièrement qu'après un ajustage préliminaire, celui des faces parallèles au plan d'axe XX, car alors les lignes a et b et l'axe de la queue d'hironde permettront de terminer rapidement le traçage de l'évidement.

Bâtis de machine à percer, à mortaiser ou à fraiser de grandes dimensions.

Dans ces cas, le traçage ne pouvant s'opérer sur le marbre, on se reportera aux méthodes générales données au début de ce chapitre. (*Voir § Ier*).

29e Exemple. — *Etau à pied* (fig. 256, 257, pl. XIX).

1° *Traçage de la branche longue.*

Tirez l'axe principal XX' (*fig. 257*) suivant le pied et l'œil de la branche, en vous équerrant sur le mords et sur les faces brutes de forge. D'après l'axe XX', limitez : 1° par quatre traits, la longueur intérieure de la mortaise et l'épaisseur de ses flancs ; 2° par deux traits, mn, $m'n'$, la largeur du mords ; 3° s'il est nécessaire, les traits de rabotage pq et $p'q'$ (*fig. 257*) limitant la largeur du corps à l'inclinaison indiquée par le dessin (*voir 10e Exercice*).

Tournez ensuite la pièce d'un quart en disposant l'axe XX' perpendiculairement au marbre suivant l'un des procédés indiqués dans le 6e exercice de ce chapitre (page 224). Amenez en même temps la face rs dans une position sensiblement parallèle au plan de traçage et trusquinez les faces à ajuster *tv, rs, p's'* (cette dernière à l'inclinaison voulue par rapport à *rs*), *t'v'* parallèle à *rs,* et aussi le premier trait plan HG qui comprend l'axe du boulon d'assemblage.

Dans cette position, d'abord, puis en revenant à la première, vous pouvez tracer à l'équerre et à la pointe ordinaire : les largeurs de mords, l'axe O du trou d'œil, et le 2ᵉ plan EF passant par l'axe du boulon d'assemblage.

On partira, la pièce étant dans la 2ᵉ position, du centre O, relevé au compas (*fig. 257*). On ne déterminera EF qu'après avoir tiré les 4 traits de CD autour de l'œil.

Le procédé général (équerre en fonte) indiqué dans notre 6ᵉ Exercice (chap. IV) conduirait à un traçage beaucoup plus rapide.

Enfin, s'il est possible de dresser la pièce sur le marbre on s'équerrera suivant X'X (*fig. 257*) et *rs* (*fig. 256*) et tous les traits perpendiculaires à ces deux directions se tireront commodément au trusquin.

2° *Traçage de la branche libre.*

Il s'effectuera comme celui de la branche à pied, mais dès que le tenon aura été dégagé et ajusté dans sa mortaise, on fera un premier montage de l'étau, mords contre mords, et on fixera l'emplacement du trou d'axe sur les 3 épaisseurs de l'assemblage, ou bien sur le tenon d'après les trous percés sur les joues de la mortaise.

On fera bien d'attendre à ce moment pour tracer toutes les parties des deux branches qui devront se trouver après ajustage et montage dans un même plan deux à deux (largeurs des mords, des branches, etc.).

30ᵉ Exemple. — *Pivot de grue en fonte* (fig. 260, pl. XIX).

Proposons-nous de déterminer à la surface du pivot deux traits d'axe perpendiculaires passant par l'axe général des alésages extrêmes.

Placez des témoins à chaque extrémité du trou central et centrez-les d'après la fonte (dimensions extérieures) d'où, une vérification du moulage de la pièce.

Montez le pivot entre pointes sur un trou en le rendant solidaire du plateau. Marquez sur le pourtour de ce dernier 4 points A, B, C, D, extrémités de 2 diamètres perpendiculaires.

Adaptez au manchon de la pointe mobile un support S et fixez un fil AF' en F' de S de manière à ce que F' se trouve à l'aplomb de la pointe P', l'extrémité A étant libre.

Amenez la division A du plateau sur la ligne verticale de la pointe P (fil à plomb).

Tendez alors le fil FF' suivant AF', puis, avec un fil à plomb que vous promenez le long de FF', la pointe du plomb touchant la surface du pivot, marquez une série de points qui déterminent une portion de ligne d'axe.

Amenez successivement B, C, D, dans la verticale de P et opérez comme nous venons de l'indiquer, vous déterminerez ainsi à la surface du pivot quatre lignes formant le *trait carré* de la pièce.

Remarque. — Le pivot possède souvent des nervures symétriques par rapport aux deux traits d'axes. On orientera la pièce entre les pointes par rapport aux points A, B, C, D, de façon à couper ces nervures suivant le milieu de leur épaisseur.

TRAÇAGE DE LA MORTAISE DE CLAVETAGE

Ayant amené le trait d'axe dans le même plan vertical avec AF', tendez dans un plan horizontal contenant AF un deuxième fil parallèle au premier à une distance égale à la demi-largeur de la mortaise. Ce résultat obtenu bien exactement, promenez la pointe du plomb sur le pivot, en maintenant F, sans flexion contre le deuxième fil. Vous limiterez ainsi un des flancs de la mortaise, d'un côté de la pièce. Sans rien changer à la position des deux brins parallèles, faites tourner le pivot seul sur les pointes de façon à lui faire opérer une demi-révolution, ce que vous vérifierez à l'aide du fil à plomb contre AF'. Répétez alors l'opération détaillée ci-dessus; vous obtiendrez de cette manière un deuxième trait de largeur.

Pour déterminer les deux autres, vous tendez le fil auxiliaire de l'autre côté de AF', parallèlement et à la même distance suivant l'horizontale; puis vous opérez de la même façon que ci-dessus et vous délimitez ainsi la largeur du trou de clavetage.

Comme l'une des faces de fond est perpendiculaire à l'axe du pivot on commencera par tirer le trait correspondant à cette face dans l'orifice de sortie et ce, au fil à plomb, en faisant tourner le pivot d'un demi-tour sur son axe : la direction du fond ff (*fig. 260*) sera alors fixée; celle de $f'f'$ sera obtenue au moyen des deux distances ff' que vous porterez au compas suivant le trait d'axe.

31° Exemple. — *Chemin de roulement pour plaque tournante de grandes dimensions* (fig. 258 et 259, pl. XIX).

Ce chemin est formé de secteurs égaux se reliant deux à deux suivant des tranches AB, A'B' (*fig. 258*), rabotées et percées pour le boulonnage.

Ce sont précisément ces tranches que nous nous proposerons de tracer. Nous admettrons que les bases d'assise et de roulement GG', HH' (*fig. 259*), brutes de fonderie, sont suffisamment planes.

Placez le secteur sur une surface plane horizontale.

Fixez en un point C placé à même hauteur que la couronne de roulement HH' l'extrémité d'un cordeau de longueur égale au rayon extérieur AC donné sur le dessin.

Disposez la pièce de façon à ce que la direction générale de AA' et BB' soit celle de deux arcs ayant leur centre commun en C.

(On voit ici comment on pourra vérifier, au moyen du cordeau et d'un fil à plomb, une partie du travail de fonderie, la bonne courbure des profils intérieur et extérieur, la largeur AB, la largeur du chemin de roulement, la direction des nervures qui doit être celle des rayons issus de C, etc.)

Ayant convenablement disposé le secteur, tendez le cordeau suivant une position *ab* (voir *Remarque I*) (*fig. 258*), et faites tomber, suivant AB, un fil à plomb dont le plomb (en cône centré suivant l'axe du fil), permettra de déterminer sur le contour de la tranche autant de points qu'il sera nécessaire : leur ensemble représentera la ligne de rabotage.

Opérez de la même façon pour l'autre tranche *a'b'* (*fig. 258*).

Remarques. — I. — La distance *aa'* est donnée sur le dessin.

On déterminera les deux tranches *ab*, *a'b'* simultanément au moyen des deux cordeaux de longueur égale à Ca ou Ca' et placés dans un plan de niveau. On les écartera suivant la distance prescrite en *aa'* en partageant la fonte également de part et d'autre.

II. — La face interne du secteur est verticale ou presque verticale. Ayant placé un fil à plomb enduit de blanc, en *b*, par exemple, contre cette face, on la pincera par son milieu, en maintenant le plomb, de façon à donner au fil une légère tension ; en lâchant ce dernier brusquement, il frappera la surface du secteur et y marquera son contact suivant la ligne de rabotage.

Cette ligne et *ba* (*fig. 258*), détermineront le plan d'ajustage de la tranche.

On opèrera de même en *b*.

Traçage des trous d'assemblage. — Lorsque les tranches *ab* et *a'b'* seront ajustées, on pourra tracer les trous en se repérant sur la face d'assise et sur la face interne du secteur dont la rencontre avec chaque tranche donne deux arêtes d'équerre auxquelles on rapportera les distances des axes des trous.

Vérification du dressage des tranches. — On peut se proposer, les tranches étant rabotées, de vérifier :

1° Si elles sont bien perpendiculaires aux bases HH', GG' ; 2° Si elles sont aussi bien dirigées suivant les rayons déterminés par le dessin.

On opèrera ces vérifications en plaçant la pièce horizontalement et vérifiant avec l'équerre et le niveau si les faces dressées sont suffisamment verticales, ce que l'on peut faire avec beaucoup de précision.

On tendra ensuite un cordeau horizontalement suivant une face en le fixant d'abord en *a*, par exemple ; un aide fera mouvoir lentement l'autre extrémité, en tirant fortement sur le fil, jusqu'à ce qu'il s'applique sur la face dressée.

On répétera l'opération pour l'autre face en s'attachant à placer le deuxième cordeau dans un même plan à peu près horizontal avec le premier.

On pourra alors vérifier si *aC* et *a'C* sont bien égaux au rayon donné et si l'écartement *aa'* a été obtenu comme il convient.

32° Exemple. — *Chaudière de machine locomotive* (fig. 261 et 262, pl. XIX).

Nous nous proposerons :

1° De déterminer à la surface de la chaudière trois traits plans d'axe principaux ;

2° De vérifier la position des supports adaptés à la chaudière par rapport à ces traits.

Les trois plans d'axe principaux sont :

1° Le plan contenant l'axe du corps cylindrique et l'axe du dôme ou de la cheminée ;

2° Un plan perpendiculaire au précédent suivant l'axe du corps cylindrique ;

3° Un plan perpendiculaire aux deux premiers et contenant l'axe du dôme.

Chacun de ses trois plans coupe la surface extérieure de la chaudière suivant une ligne que l'on a intérêt à déterminer pour la vérification du travail de chaudronnerie et pour le montage du châssis.

Le traçage au trusquin des trois lignes d'axe principales est de beaucoup le plus rapide et le plus exact. La vérification de toutes les dimensions et directions s'opère du même coup et sans hésitation.

Ce mode de traçage nécessite l'emploi du marbre à fosse ou marbre en fer à cheval qu'on remplace le plus souvent par deux bancs de tour mis en correspondance au moyen d'une règle de montage suffisamment bien ajustée.

Nous ne saurions trop préconiser l'utilisation de cette méthode, surtout dans les ateliers où ce genre de tracés se présente fréquemment.

On récupère bien vite, par la *rapidité* et la *précision* des vérifications, les frais de premier établissement du marbre à fosse et des accessoires.

Le procédé général basé sur l'emploi de la *surface de*

l'eau dormante comme plan de repère, peut ici encore trouver une utile application (*voyez 1er, 5e et 6e Exercices de ce chapitre, § Ier*).

Enfin, la méthode des fils, des règles et du niveau, qui est encore jusqu'à présent la plus fréquemment employée pourra être appliquée suivant la marche générale suivante :

1° Commencez par indiquer visiblement les points où l'axe du corps cylindrique rencontre, d'une part, la plaque arrière de boîte à feu, de l'autre, la section extrême du corps cylindrique. Le premier point O doit avoir été marqué pour le traçage à plat de la plaque; le second O', sera relevé au compas sur un témoin placé à l'extrémité de la dernière virole (*fig. 261*).

Tirez bien nettement, soit au cordeau à blanc, soit à la règle les deux traits XX et YY, axes principaux de la plaque arrière. Le pointage de ces deux traits a dû être opéré lors du traçage à plat. Dans le cas contraire, le trait XX s'obtiendra en joignant le centre de la partie courbe au milieu *m* de la largeur vers le cadre du bas du foyer — le trait YY sera mené perpendiculairement à XX par le point O où l'axe du corps cylindrique rencontre la plaque arrière (*fig. 262*) (n° **12**, ch. Ier).

Ayant tiré deux traits visibles suivant XX et YY, disposez la chaudière *de niveau,* autrement dit, amenez le plan YYO' (*fig. 261, 262*), dans une position horizontale. A cet effet, montez deux règles en O et O', celle en O suivant YY. Faites varier la position de la chaudière de manière à ce que le trait YY devienne horizontal au niveau; à ce moment, fixez la position de la deuxième règle en O' au niveau également.

Ce résultat obtenu, pour rendre le plan YYO' horizontal, on peut employer, suivant le cas, deux procédés :

Si l'on possède une troisième règle de montage assez

longue pour pouvoir s'appuyer en même temps sur celles montées en O et O', on l'utilisera et la mise de niveau se réduira à placer le bâti dans une telle position que les trois règles soient horizontales.

Si, comme cela se présente le plus fréquemment, on n'a pas de règle suffisamment longue, on marquera à la visée, au moyen d'un fil tendu d'une règle à l'autre vers le milieu du corps cylindrique, un point appartenant à la ligne d'axe YYO'; puis on appuiera l'extrémité d'une règle vers ce point, en posant l'autre extrémité sur la règle YY, et la question sera ramenée au même point que ci-dessus.

Un fil d'acier bien tendu pourra remplacer la règle de montage et servir d'appui pour un niveau, en prenant certaines précautions.

2° La chaudière étant disposée de niveau, passez au traçage de la ligne d'axe verticale XXO' (*fig. 261 et 262*).

Pour cela faire, disposez deux fils à plomb : l'un suivant XOX (*fig. 262*), l'autre en avant suivant le centre O' (*fig. 261*).

Tendez ensuite de l'un à l'autre un troisième fil qui viendra couper la cornière de joint du dôme suivant son centre de cintrage, si le dôme est bien monté; marquez deux points $p\,p'$ sur le contour extérieur de la cornière (*fig. 261*), marquez également q et q' points supérieurs de la plaque arrière et la tranche extrême d'avant; enfin, tendez un fil suivant $qpp'q'$. Ceci posé, vérifiez au compas si pp' est bien un diamètre de la section du dôme; par le centre de cette section, laissez tomber un fil à plomb et vérifiez, au compas également, si ce fil est bien dirigé suivant l'axe de la virole de dôme. Pour déterminer entre q et p, d'une part, p' et q' de l'autre, des points de la ligne d'axe principale, promenez un fil à plomb contre $qpp'q'$ en amenant la pointe du cône contre la surface de la chaudière sans que le fil fléchisse. Vous pourrez de la sorte marquer autant de points qu'il vous semblera nécessaire d'en fixer pour la vérification des clouures, celle du siège de soupape, etc.

Passant de là au traçage de la portion *mm'n* (*fig. 261*), on remarquera qu'elle pourrait s'obtenir en renversant la chaudière, mais il est plus simple de procéder comme suit :

Laissez tomber par le centre O' un fil à plomb *q'o'n* de façon à ce que le plomb se trouve visiblement au-dessous du niveau de *m* (*fig. 261 et 262*) ; puis, fixez un fil en *m* et tendez-le fortement sans déviation du point *m* au fil à plomb *q'on*, de façon à suivre de près la direction *mm'*. Marquez alors le point *m'* et vérifiez qu'il se trouve bien être le milieu du côté correspondant du cadre du bas de foyer. Relevez ensuite le fil contre *mm'* et fixez-le en *m'n* et *qo'n* pour déterminer la position d'un certain nombre de points de la ligne d'axe. Vérifiez, par exemple, la bonne position de la bride de vidange en laissant tomber de son centre un fil à plomb qui doit toucher *m'n* sans déviation.

3° Sur la face plane de la cornière du joint du dôme disposez une règle suivant un diamètre *dd'* (*fig. 262*) perpendiculaire à *pp'* (*voir n° XII chap. Ier*). Puis, le long de cette règle, de chaque côté, faites mouvoir un fil à plomb dont les contacts successifs avec la chaudière vous fourniront deux points ; leurs distances égales à la tranche *q'o'n'* pourront être aisément vérifiées.

La vérification du montage des supports porte sur quatre points principaux :

1° La coïncidence parfaite du plan d'ajustage des trois supports d'un même côté : elle se vérifiera soit à la règle soit au fil. On pourra même juger des écarts, s'il en existe.

2° La vérification des hauteurs d'appui des supports sur les longerons par rapport au plan de niveau YYO'.

Elle s'opèrera en tendant de la règle YY à sa parallèle deux fils figurant les plans intérieurs des longerons et en laissant tomber contre ces deux fils successivement, et près des supports vérifiés, un fil à plomb dont la direction permettra de constater que les faces ajustées sont bien verticales. On vérifiera du même coup :

3° La symétrie des faces ajustées des supports par rapport au plan d'axe XXO'.

4° Les distances des axes des supports aux extrémités de la chaudière et leurs distances mutuelles.

Remarque. — Le traçage des supports bruts de forge s'opèrera en s'inspirant de ce qui vient d'être dit pour la vérification des supports ajustés. Le fil à plomb, amené contre les deux champs verticaux d'un support donnera les deux traits déterminant le plan de rabotage.

Cette opération terminée, les traits de largeur se traceront à l'aide du même instrument.

On évite l'emploi du fil à plomb en montant sur la plaque arrière et sur la tranche extrême du corps cylindrique deux tôles tracées *ad hoc* et percées de petits trous à un écartement égal à celui des longerons augmenté d'une quantité connue. Les deux tôles-calibres sont mises en relation par des fils parallèles deux à deux et figurant de part et d'autre de la chaudière des plans parallèles aux faces des supports supposées ajustées.

Connaissant la quantité dont ces fils s'écartent des plans des longerons, quantité qui n'est guère prise supérieure à trois centimètres, on peut, au moyen du compas, marquer sur chaque champ d'un même support les deux extrémités d'un trait de rabotage que l'on joint ensuite à la règle.

Les fils servent aussi à régler les traits d'épaulements.

Ce procédé a l'avantage de pouvoir être utilisé sans donner à la chaudière une position spéciale.

CHAPITRE V

Notes sur un nouvel instrument de traçage : le « TRUSQUIN-CONE » et sur ses applications.

1. *Avertissement.* — Les recherches nécessitées par la composition de notre chapitre III, dans la partie B traitant du traçage des coupes de tôle cintrées et assemblées, nous ont conduit à résoudre, au moyen d'un dispositif assez simple le problème suivant :

Tracer d'un mouvement continu sur une surface quelconque le passage d'une surface conique ou cylindrique de révolution bien déterminée en grandeur et en position.

Avant de soumettre à nos lecteurs le nouvel instrument et ses applications nous pensons devoir remettre en mémoire quelques définitions simples de géométrie.

2. *Génération des surfaces coniques et cylindriques de révolution.* — Si l'on tire dans un plan un trait droit d'axe A, puis deux autres : P, parallèle à A, et O, oblique à A et le rencontrant en S, et que l'on fasse tourner le plan des trois droites dans l'espace autour de A comme charnière :

1° La droite P engendrera une surface dite *cylindrique de révolution*, dont l'*axe* sera A et dont les diverses positions de P seront les *génératrices;* le rayon de la surface cylindrique sera marqué par la distance de P à sa parallèle A ;

2° La droite O engendrera une surface dite *conique de révolution*, dont l'*axe* sera A, le *sommet* S, et dont les différentes positions de O seront les *génératrices*.

L'angle du cône est le double de l'angle (OA). Ainsi que nous l'avons fait remarquer dans une autre partie de l'ouvrage (*chap. I*er *n*° **128**), la surface conique de révolution se compose de deux *nappes* absolument identiques, engendrées chacune par un des deux segments que détermine le point S sur O.

Ces quelques définitions étant rappelées ici pour l'intelligence de ce qui va suivre, nous passons à la description tion générale d'un instrument propre à résoudre *mécaniquement* le problème que nous avons énoncé au début de ce chapitre.

3. *Description du Trusquin-cône.* — L'appareil se compose en principe (*fig. 263, pl. XX*) :

1° D'une tige *axe* cylindrique F terminée par un méplat rainé embrassant un prisonnier fileté et fixé dans le pied ou support S de l'appareil;

2° D'une tige ronde M (*pointe à tracer*) dont l'axe géométrique est constamment dans un même plan avec celui de F.

Les axes de F et de M sont reliés l'un à l'autre et aux deux règles rainées R_1 et R_2 par quatre coulisseaux D_1, D_2, C_1, et C_2. Ces coulisseaux sont munis d'une queue tournée à un diamètre égal à la largeur des rainures de R_1 et R_2 et terminée par une partie filetée sur laquelle se visse un écrou serrant sur la règle correspondante par l'intermédiaire d'une rondelle.

Les coulisseaux D_1 et D_2 possèdent un tenon d'équerre sur l'axe d'alésage. Ce tenon s'ajuste dans la rainure de la règle et en maintenant l'axe dans un plan perpendiculaire à celui de F.

La tige M est percée de trous dans toute sa longueur perpendiculairement à son axe.

Un ressort à boudin embrasse M à laquelle il est fixé par une de ses spires extrêmes, tandis que l'autre passe dans un des petits pitons fermés vissés sur C_1, C_2.

Le pied ou support S est muni de trois ou de quatre vis de réglage et d'un bossage ajusté sur lequel vient se fixer par son méplat l'axe F qui y est maintenu à l'inclinaison voulue par le serrage d'un écrou à oreilles vissé sur le prisonnier.

Deux bagues B_1 et B_2 soutiennent les coulisseaux D_1 et D_2. Ces bagues sont fixées contre F par de petites vis de pression serrant sur des clavettes emmanchées cône.

Les règles R_1, R_2, l'axe F et le contour du bossage peuvent être gradués.

4. *Usages de l'appareil.* — L'appareil reposant par les points des vis de S sur une surface quelconque, on orientera l'axe de F suivant les éléments donnés, puis l'axe de M dans la position voulue par rapport à F et au point f (*fig. 263, pl. XX*). Ceci fait, on armera le ressort à boudin en tenant compte des allongements ou raccourcissements qu'il aura à subir dans la révolution du système autour de F; il devra maintenir assez fortement la pointe m contre la surface du tracé. On s'arrangera de façon à fractionner l'opération pour éviter la rentrée de la pointe dans les guides C_1 et C_2 qu'un léger graissage rendra plus doux au frottement.

L'appareil étant ainsi monté, on en maintiendra fortement le pied sur la surface du tracé, puis on fera mouvoir le système (R_1, R_2, M) autour de F, en lui faisant opérer une révolution complète.

La pointe *m* de M décrira évidemment sur la surface donnée le *passage d'une surface cylindrique ou conique de révolution d'éléments déterminés et de position connue.*

5. *Applications du Trusquin-cône aux tracés de chaudronnerie.*

1° Traçage après cintrage des lignes d'intersection, lignes de rivetage, profils de bords rabattus, dans un assemblage de tôles cylindriques ou coniques.

La lecture du précédent article (4) fournira tous les éléments nécessaires à la conduite du traçage demandé. Nous ferons toutefois remarquer que dans la majeure partie des cas de la pratique, l'orientation de l'axe F sur la tôle d'appui n'est pas la plus générale et se trouve au contraire soumise à des conditions géométriques simples qui facilitent beaucoup le réglage de l'appareil. (Voyez, à ce sujet, les *Considérations générales*, ch. III).

Nous ajouterons que la ligne de rivetage, qui doit être équidistante de la ligne de coupe théorique, pourra être très souvent obtenue à l'aide du trusquin-cône.

Il en est de même des lignes suivant lesquelles se profilent un bord rabattu ou les palettes d'une cornière de joint.

2° Traçage sur la tôle à plat des courbes transformées d'intersection des surfaces coniques et cylindriques combinées.

Cette application du trusquin-cône nous semble être des plus importantes, étant donnée la difficulté relative que présente pour les ouvriers le traçage des tôles planes devant être découpées ou tout au moins poinçonnées pour découpage avant cintrage.

Supposons, par exemple, que l'on ait à fabriquer, avec de la tôle plane, deux viroles cylindriques devant s'appuyer l'une sur l'autre dans des positions déterminées.

Les ateliers outillés possèdent ordinairement des tôles de rebut cintrées d'avance aux diamètres moyens d'un usage courant et servant à courber soit des tuyaux, soit des fers divers.

On choisira une tôle cintrée au diamètre moyen de la première virole à tracer. A l'aide du trusquin-cône et suivant ce que nous avons dit précédemment (4), on tracera l'intersection sur une feuille de fort papier appliquée contre la tôle cintrée.

Ceci fait, on développera la feuille de papier sur la tôle plane à utiliser et on pointera cette dernière suivant la courbe obtenue.

On opèrera d'une manière identique pour décrire la transformée de l'intersection dans le développement de la deuxième virole.

Il nous paraît inutile d'insister sur l'importance de cette application.

Au cas où l'on n'aurait pas de tôle cintrée au diamètre prescrit, on pourrait altérer les proportions de l'épure d'assemblage de façon à ramener les dimensions linéaires de la tôle à tracer à celle de la tôle cintrée dont on dispose, puis, la transformée étant obtenue sur la feuille de papier, s'en servir pour tracer au *pantographe* la courbe réelle de découpage sur la tôle à utiliser.

3° Traçage des sections coniques : circonférences ellipses, paraboles et hyperboles, d'un mouvement continu.

Cette application, très importante, sinon la plus importante, se déduit tout naturellement du théorème de géométrie connu sous le nom de théorème de Dandelin :

« La section d'un cône circulaire droit par un plan est une ellipse, une parabole ou une hyperbole. »

Si donc, nous disposons le trusquin-cône sur une surface plane et que nous fassions tourner la tige M d'un tour complet autour de F (*fig. 263, pl. XX*), la pointe *m* tracera sur la surface une circonférence, une ellipse, une parabole ou une hyperbole, suivant les inclinaisons de F et de *m* sur le plan du tracé. Il est, en effet, évident que nous aurons, au moyen du trusquin-cône et de la surface *plane*, réalisé pratiquement l'hypothèse de la surface *conique* coupée par un *plan*.

Ceci étant admis, il nous reste à examiner les procédés à employer pour décrire avec l'appareil une section conique déterminée, c'est-à-dire une circonférence, une ellipse, une parabole ou une hyperbole dont on a donné suffisamment d'éléments (points, tangentes ou droites remarquables).

Le nouvel instrument, considéré sous ce point de vue, nous ayant semblé devoir être utilisé par tous ceux : (Ingénieurs, Dessinateurs, Mathématiciens, etc.), qui s'occupent des Mathématiques pures ou appliquées, nous avons étudié une forme générale se prêtant mieux que le trusquin-cône aux tracés d'études toujours plus précis et plus délicats que la majeure partie de ceux dont nous nous sommes occupés jusqu'ici.

Nous allons donner une description de l'instrument auquel nous avons décerné le nom plus particulier de *Compas-cône*.

Nous terminerons ensuite cette note par l'indication des procédés généraux à employer pour tirer bon parti de l'appareil.

6. *Description du Compas-cône* (fig. 264 et 265, pl. XX). — Le pied S' de l'appareil repose par une face dressée sur le plan du tracé et possède une seconde face ajustée perpendiculairement à la première et sur laquelle vient s'appliquer la tête méplate de l'axe cylindrique F' relié à S' au moyen d'un boulon et d'un écrou permettant de fixer F' dans une position quelconque.

L'axe de tour de F' est dans le plan de la face libre de S', dont l'arête xx permet d'orienter l'appareil suivant l'axe principal de la section conique à décrire.

La douille D', folle sur F', est soutenue par la bague B'. Ces deux pièces, ainsi que la règle R', sont les mêmes que leurs analogues dans le *Trusquin-cône* (*fig. 263, pl. XX*).

La tige traçante M', munie d'un porte-mine ou d'un tire-ligne, est guidée par une pièce G' qui remplace les coulisseaux C_1 et C_2, du trusquin-cône.

Cette pièce G' a la forme d'une règle rainée, courbée d'équerre aux deux extrémités. Deux trous percés dans les parties recourbées reçoivent à frottement doux la tige M' dont l'axe se trouve dans un même plan avec celui de F'.

La rainure du guide G' sert à le relier à la règle R' au moyen d'un boulon spécial, muni d'un tenon pour G' et d'une queue tournée et filetée pour R', de sorte que le guide peut être placé dans telle position qu'on voudra par rapport à R'.

Pour éviter la rotation de la tige M' sur son axe dans le traçage au tire-ligne, cette tige possède un léger méplat, et les trous alésés dans le guide sont clavetés en conséquence. La position du tire-ligne est fixée par un écrou et un contre-écrou sur l'extrémité filetée de M'.

Un ressort à boudin est fixé par une extrémité à M', et, par l'autre, à l'une des parties recourbées de G'.

Si l'on observe que R', à l'inverse de R_1 et R_2 du trusquin-cône (*fig. 263, pl. XX*) peut pivoter sur la queue de la douille D' et que D' elle-même, peut être amenée en un point quelconque de F', on aura l'idée du grand nombre des éléments variables du système (M'F').

On devra s'attacher à utiliser cette latitude relative

dans le réglage du compas-cône pour disposer M' dans une position facilitant le tracé exact et net de la conique envisagée.

7. *Rappel de quelques notions sur les sections coniques.* — Le rappel de quelques principes ci-dessous énoncés nous a paru nécessaire pour l'éclaircissement des méthodes de description des sections coniques à l'aide du compas-cône ou du trusquin-cône.

a. — Lorsque l'on coupe une surface conique de révolution complète (à deux nappes) par un plan, on obtient :

1° Une circonférence, si le plan sécant est *perpendiculaire* à l'axe de la surface;

2° Une ellipse, si le plan sécant est *oblique* à l'axe et rencontre *toutes* les génératrices d'une même nappe;

3° Une parabole, si le plan sécant est *parallèle* à une génératrice de la surface;

4° Une hyperbole, si le plan sécant rencontre les *deux nappes* du cône.

b. — Suivant une même section conique proposée, on peut faire passer une infinité de surfaces coniques de révolution.

c. — Si l'on fixe sur un plan la position de *cinq points* dont *trois* quelconques ne sont pas en ligne droite, on peut faire passer par ces cinq points une section conique et on n'en peut faire passer qu'une.

d. — Une section conique est encore déterminée par *cinq tangentes* dont *trois* quelconques ne se coupent pas en un même point.

e. — En général une section conique est fixée par *cinq* éléments simples (points et tangentes) sous les mêmes conditions que ci-dessus.

8. *Description de l'ellipse au moyen du compas-cône* (fig. 264, 265, pl. XX).

1er Cas. — Nous supposerons d'abord que l'ellipse est déterminée par les quatre sommets, autrement dit par les deux axes (Voir *chap. 1er, n° 76*).

On disposera l'arête xx du pied S' suivant le *grand axe*. Après quoi, on réglera par tâtonnements successifs les inclinaisons des différentes pièces de façon à ce que la pointe décrivante (au crayon) m' passe par les trois sommets m'_1, n'_1, m'_1 appartenant à la demi-ellipse extérieure au pied S' (*fig. 265, pl. XX*).

Nous prions le lecteur peu habitué à la manœuvre des outils de traçage de ne point s'effrayer de l'expression : par tâtonnements successifs.

Il est bien évident, en effet, pour les personnes possédant quelques notions sur la théorie des sections coniques, qu'il serait possible de graduer les différentes pièces de l'appareil et de donner en même temps les formules ou les tables permettant pour des longueurs d'axes connues, de régler les positions des organes les uns par rapport aux autres pour un traçage commode de la courbe.

Mais nous pensons, et nous le disons ici une fois pour toutes, que l'opérateur aura bientôt acquis une habitude suffisante de l'instrument pour le régler rapidement au jugé.

Ce résultat étant obtenu, on armera le ressort après avoir monté, suivant le cas, le porte-mine ou le tire-ligne à l'extrémité de M'. Puis, on décrira d'un mouvement continu, soit un quart, soit deux quarts, soit même trois quarts de l'ellipse, si l'inclinaison de la tige M' permet de le faire aisément.

Sinon, il sera toujours aisé de disposer l'arête xx sur le grand axe dans l'une des trois autres positions qu'elle peut y occuper sans rien changer à la figure de l'appareil réglé définitivement.

2ᵉ Cᴀs. — Lorsque l'ellipse est terminée par d'autres éléments simples que les quatre sommets, on peut, ou bien ramener le problème au cas ci-dessus, au moyen de constructions élémentaires à la règle et au compas, constructions variant avec la nature des éléments connus, ou se servir directement de ces derniers en remarquant qu'il n'est pas nécessaire de faire varier en même temps la position de tous les organes du compas-cône.

Ainsi, on fixe souvent une ellipse par cinq points. Dans ce cas, l'œil d'un traceur expérimenté lit déjà sur le plan la direction probable du grand axe. On orientera donc le pied de l'appareil assez rapidement, puis on opèrera, comme toujours, par essais successifs.

Nous n'entrerons pas davantage dans l'examen des règles à suivre au cas où le genre de la conique passant par cinq points n'est pas connu *à priori*. Nous ne devons pas perdre de vue que cet ouvrage vise surtout l'exécution des tracés d'art. Or, pour cette catégorie, on est, dès l'abord, fixé sur le genre (circonférence, ellipse, etc.) de la section conique à décrire.

Le lecteur désireux d'utiliser le compas-cône pour la résolution des problèmes exigeant la description des sections coniques aura tout avantage à étudier ces courbes dans les ouvrages spéciaux (*Géométrie analytique, Applications de l'algèbre à la géométrie* et inversement, etc.).

C'est ainsi qu'il pourra s'assurer du grand nombre des applications utiles de l'appareil.

9. *Description de la parabole au moyen du compas-cône.* — La parabole, dont nous nous sommes précédemment occupé (*chap. Iᵉʳ, nᵒˢ* **94** *et suivants*), est ordinairement déterminée par son axe, son sommet S et un point K (*fig. 266, pl. XX*).

Nous avons vu (**7**) qu'on obtenait une parabole en coupant une surface conique de révolution par un plan parallèle à une génératrice.

En vue d'obtenir ce résultat, les organes S', R', G', du compas-cône (*fig. 264*) ont été repérés de façon à pouvoir être disposés suivant le schéma donné par notre figure (*fig. 266, pl. XX*).

De plus, le point i restant variable le long de F', et j le long de R', l'instrument, malgré les inclinaisons fixes des axes de F', R', M', sur le plan du tracé, pourra servir à décrire des paraboles d'excentricités quelconques.

Connaissant, ainsi que nous l'avons supposé, l'axe xx, le sommet S et le point K, on aura vite fait de régler les distances ji et ia (*fig. 226, pl. XX*) pour que la ligne tracée par l'extrémité de M' passe en K.

Remarques. — I. — Si, au lieu du point K, c'est le foyer f qui est donné, on déterminera à la règle et au compas circulaire un point de la courbe en élevant en f une perpendiculaire f L à xx et prenant f L égale à $2 \times f$ S.

II. — Une parabole est déterminée par 4 points dont 3 quelconques ne sont pas en ligne droite ou par 4 tangentes dont 3 quelconques ne se coupent pas en un même point

Si l'on veut, dans l'un ou l'autre cas, tracer la parabole sans recourir au traçage préalable de son axe, ni utiliser les repères des différents organes, S', R', G', on déterminera à la règle et au compas, un 5ᵉ point ou une 5ᵉ tangente et la question consistera à décrire une conique passant par 5 points ou tangente à 5 droites. — L'instrument se réglera de lui-même. Un peu d'habitude permettra de juger très rapidement du sens et de l'importance des modifications que l'on devra faire subir aux positions réciproques des différents axes.

Cette remarque est applicable à l'ellipse et à l'hyperbole.

10. *Description de l'hyperbole au moyen du compas-cône.* — Nous avons vu (**7**) que l'hyperbole était la section d'une surface conique de révolution par un plan rencontrant les 2 nappes.

L'hyperbole offre l'aspect général de la *fig. 267, pl. XX.* — Elle se compose de deux branches identiques ou de 4 arcs égaux.

Nous supposerons connus : l'axe transverse xx, les sommets S et S' correspondant à cet axe et les foyers f, f'.

Connaissant ces éléments, on déterminera immédiatement un point K d'un des arcs, SK, par exemple, de la façon suivante :

Marquez sur xx, à droite de f', un point P ; puis, de f' comme centre avec PS comme rayon, décrivez au compas un arc de circonférence dans la région SK ; de f comme centre avec PS, comme rayon décrivez un 2ᵉ arc de circonférence qui coupe le 1ᵉʳ en K : ce point appartient à l'hyperbole.

Le point K étant obtenu comme il vient d'être dit, on pourra appliquer la méthode suivante :

1ʳᵉ MÉTHODE. — On disposera l'arête xx du support (*fig. 264, pl. XX*), suivant l'axe transverse donné xx (*fig. 267, pl. XX*), de façon à décrire l'arc contenant le point K.

On inclinera assez fortement l'axe F' et l'on disposera ensuite la tige M' de façon à ce que l'ensemble de l'appareil ainsi monté réponde aux conditions suivantes :

1° L'arc décrit par le sommet S contient aussi K ;

2° La direction de l'axe M', après une 1/2 révolution,

en M'₁ (*fig. 267, pl. XX*), passe par le deuxième sommet S'.

Ces deux résultats obtenus, on sera assuré de décrire l'hyperbole demandée. — On pourra opérer par quart de courbe en 4 opérations.

Pour vérifier si la deuxième condition est remplie, on fait faire au système (R'M') (*fig. 267, pl. XX*) une demi-révolution de façon à donner à M' la position M'₁. — On passe ensuite dans le guide une tige droite terminée en cône et on s'assure que la pointe du cône vient en S' — M' elle-même peut être utilisée.

Cette méthode exige d'assez longs tâtonnements. — Nous pensons qu'on ne devra l'utiliser que comme vérification des résultats fournis par la suivante.

2ᵉ Méthode. — Elle consiste à déterminer bien exactement sur l'arc SK (*fig. 267, pl. XX*), un deuxième point K' de la même façon que pour le premier (voir ci-dessus), puis, le compas étant disposé par son pied suivant xx, à orienter les axes pour décrire une conique passant en S, K et K'.

Cette façon de procéder conduira à un tracé d'autant plus exact que les points K, K' auront été mieux déterminés : K' sera pris vers la région extrême de l'arc et K, à une distance à peu près égale de S et de K'.

L'inspection de la figure permet de constater que l'appareil peut être disposé de façon à ce que l'extrémité de M' décrive la branche de courbe qui tourne sa convexité vers le pied S'.

Remarque. — On peut se demander quel serait le genre de la conique décrite, dans l'application de la 1ʳᵉ méthode, si l'axe M', dans sa position M'₁ (*fig. 267, pl. XX*), rencontrait l'axe xx en un autre point que S', *à droite* de S, tout en décrivant l'arc SK.

L'arc SK serait bien *hyperbolique*, mais le second sommet de l'hyperbole à laquelle il appartiendrait serait, non plus S', mais le point même où M'$_1$ couperait xx.

Enfin, dans la disposition générale donnée aux axes par notre *fig. 267*, si M'$_1$ rencontrait xx, *à gauche* de S, la courbe obtenue serait *elliptique*.

Nous avons vu que, dans le cas où M'$_1$ est *parallèle* à xx, l'arc SK est *parabolique*.

11. *Remarque importante sur le nouvel instrument.* — Si l'on considère dans l'espace un système de deux droites F, M, invariablement liées l'une à l'autre, mais non situées dans un même plan, et que l'on fasse opérer à ce système une révolution complète autour de F comme charnière, la droite mobile M engendrera une surface courbe dénommée *hyperboloïde de révolution à une nappe* (nous supposons que M ne se trouve pas dans un plan perpendiculaire à F).

Les sections *planes* de cette surface sont du même genre que celles dont nous venons de nous occuper (circonférence, ellipse, parabole, hyperbole ou droites).

De cette propriété de l'hyperboloïde nous déduisons immédiatement un remarquable avantage du *Compas-cône* sur les instruments ou combinaisons d'organes simples généralement employés pour la description des sections coniques.

Supposons (*fig. 264 et 265, pl. XX*) que les axes des tiges M' et F' ne se trouvent plus, pour une cause quelconque, dans un même plan; l'instrument n'en sera pas moins apte à décrire les dites courbes avec la même précision mathématique.

Seulement, l'arête xx du pied S' ne représentera plus la direction de l'axe principal de la conique.

Le trusquin-cône pourra être facilement monté de façon à décrire sur une surface quelconque le passage d'une surface hyperboloïde de révolution à une nappe. — Nous ne signalons, du reste, cette application d'un usage peu fréquent, que pour mémoire.

12. *Additions.* — L'appareil dit : *Compas-cône* peut être muni d'un pied plus dégagé que celui représenté sur notre *fig. 264*, et permettant la description presque complète de l'ellipse, sans modifier la position de l'instrument.

Un second modèle possède un guide de tige M' permettant la substitution du frottement de roulement au frottement de glissement.

La tige traçante M' roule sur deux systèmes identiques de 4 galets dont les axes sont disposés suivant les 4 côtés d'un carré ou d'un rectangle.

Chacun de ces systèmes remplace une des têtes recourbées et percées du guide rainé G' que nous avons décrit plus haut (**6**) (*fig. 264*).

Deux des axes de galets, dans chaque système, sont perpendiculaires au plan des axes M' et F'. — Les axes des deux autres sont parallèles à ce plan.

La résistance au va et vient de M' est, de ce fait, considérablement diminuée.

La tige M' est rendue méplate suivant deux ou même quatre génératrices de contact.

Une modification analogue s'applique au trusquin-cône.

D'autres perfectionnements de détails, dont la description ne saurait trouver place ici, ont été apportés aux deux instruments et en rendent l'emploi plus commode.

TABLE DES MATIÈRES

CHAPITRE PREMIER

DÉFINITIONS, MÉTHODES PRATIQUES ET FORMULES SIMPLES DE GÉOMÉTRIE UTILISÉES DANS LE TRAÇAGE

§ I. — *Définitions.*

§ II. — *Construction des figures élémentaires.*

Méthodes particulières.

§ III. — *Mesures des figures élémentaires.*

§ IV. — *Notions pratiques sur l'ellipse et les ovales.*

§ V. — *Notions sur la parabole.*

§ VI. — *Questions diverses.*

§ VII. — *Notions sur les principaux corps à faces planes.*

§ VIII. — *Du Cylindre.*

§ IX. — *Du Cône.*

§ X. — *De la Sphère.*

§ XI. — *De l'Hélice.*

CHAPITRE II

OUTILS DE TRAÇAGE, DE MESURE ET DE VÉRIFICATION

CHAPITRE III

TRAÇAGE A PLAT

§ III. — *Traçage de Chaudronnerie.*

A

Développement des tôles pliées.

B

Traçage des tôles à cintrer.

CHAPITRE IV

TRAÇAGE EN L'AIR

CHAPITRE V

NOTES SUR UN NOUVEL INSTRUMENT DE TRAÇAGE, *le Trusquin-cône*
ET SUR SES APPLICATIONS

FIN

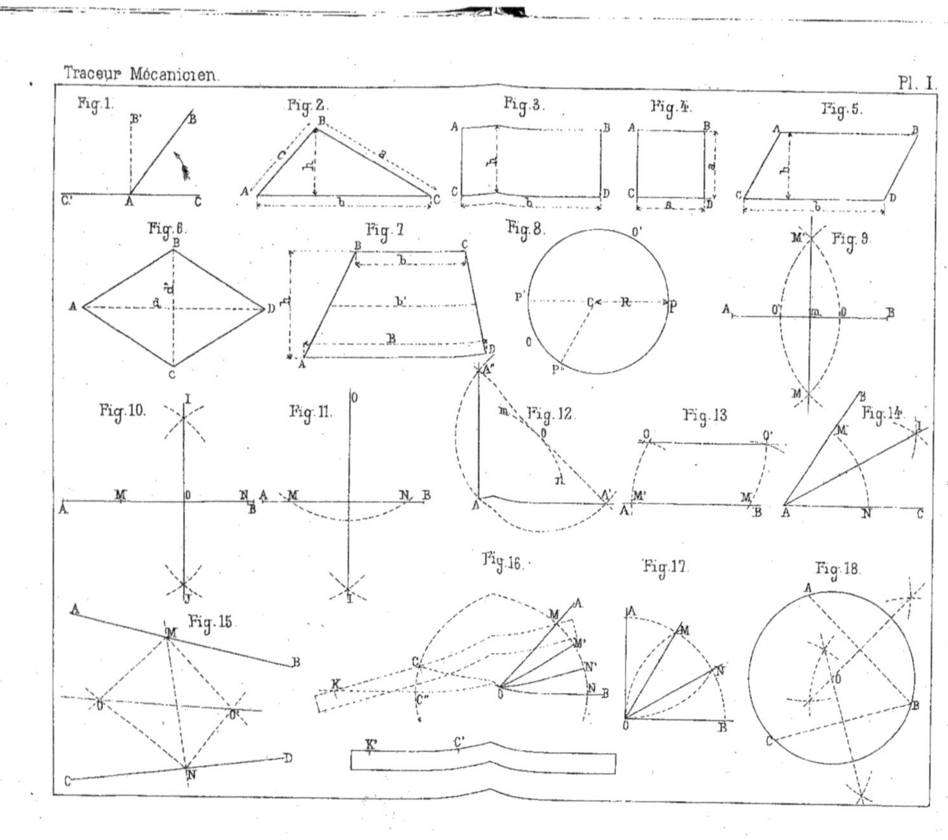

Fig. 1.
Fig. 2.
Fig. 3.
Fig. 4.
Fig. 5.
Fig. 6.
Fig. 7.
Fig. 8.
Fig. 9.
Fig. 10.
Fig. 11.
Fig. 12.
Fig. 13.
Fig. 14.
Fig. 15.
Fig. 16.
Fig. 17.
Fig. 18.

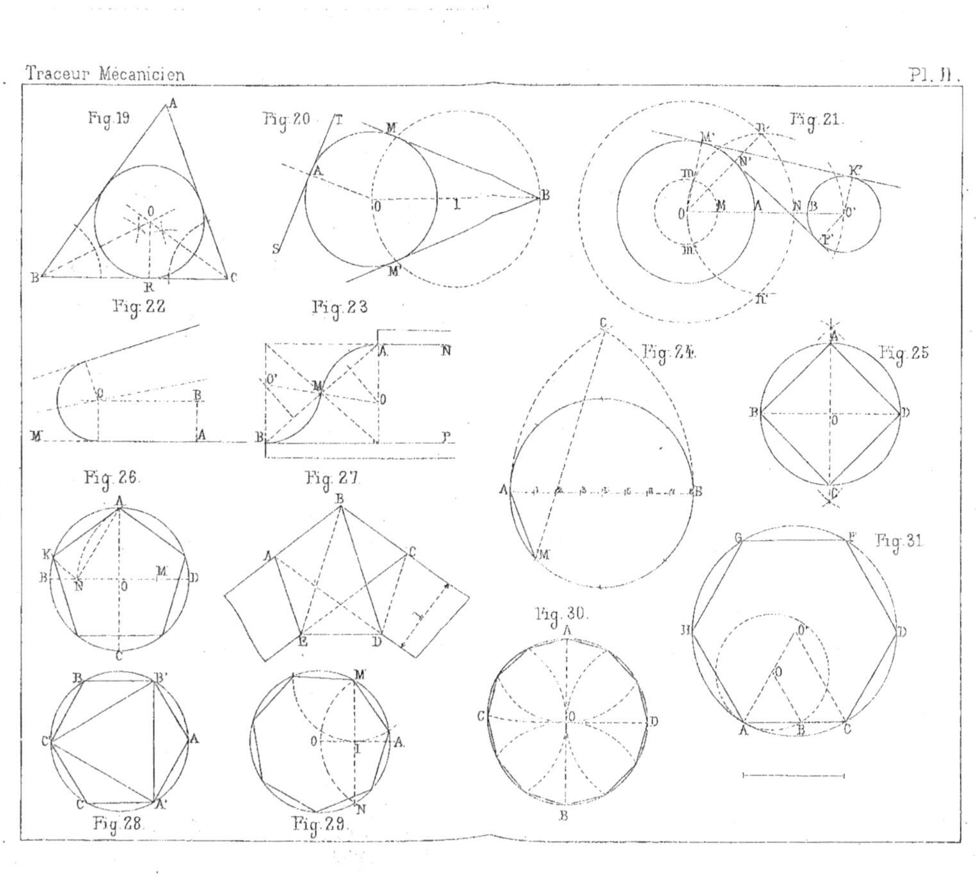
Fig.19
Fig.20
Fig.21
Fig.22
Fig.23
Fig.24
Fig.25
Fig.26
Fig.27
Fig.30
Fig.31
Fig.28
Fig.29

Fig. 32. Fig. 33. Fig. 34.

Fig. 35.

Fig. 36. Fig. 38. Fig. 40.

Fig. 37. Fig. 39.

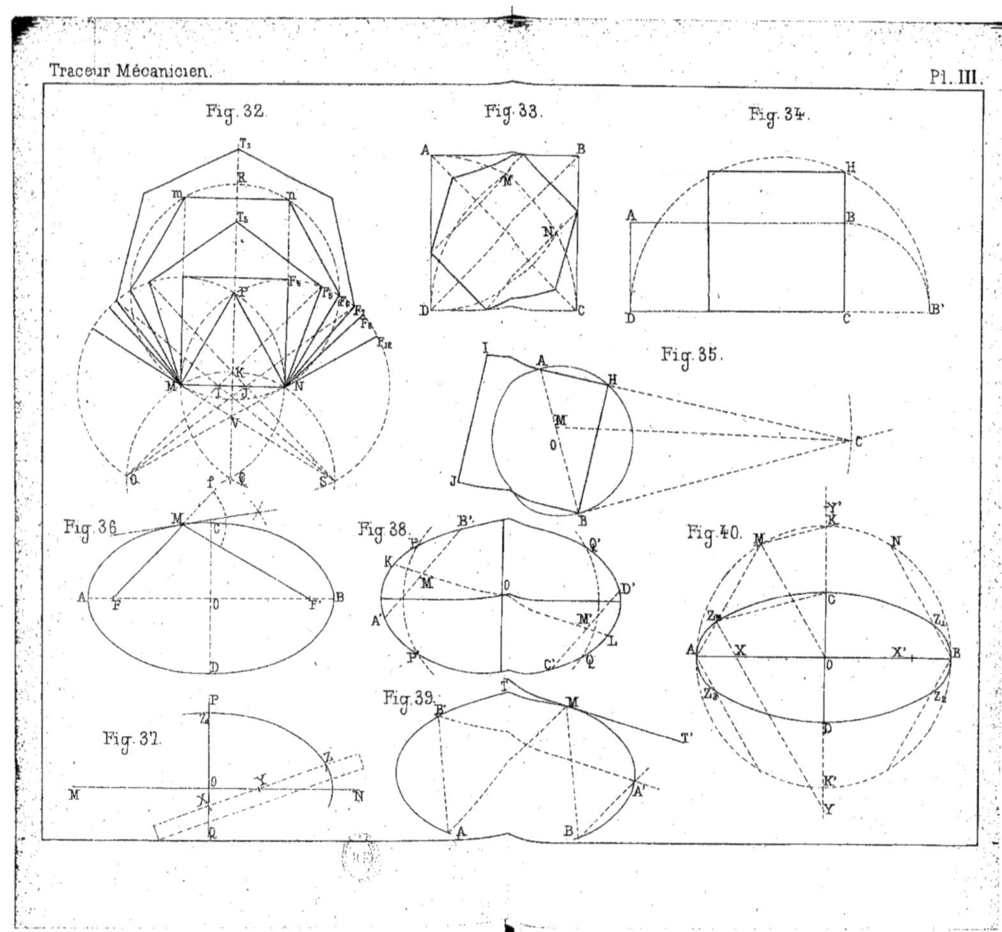

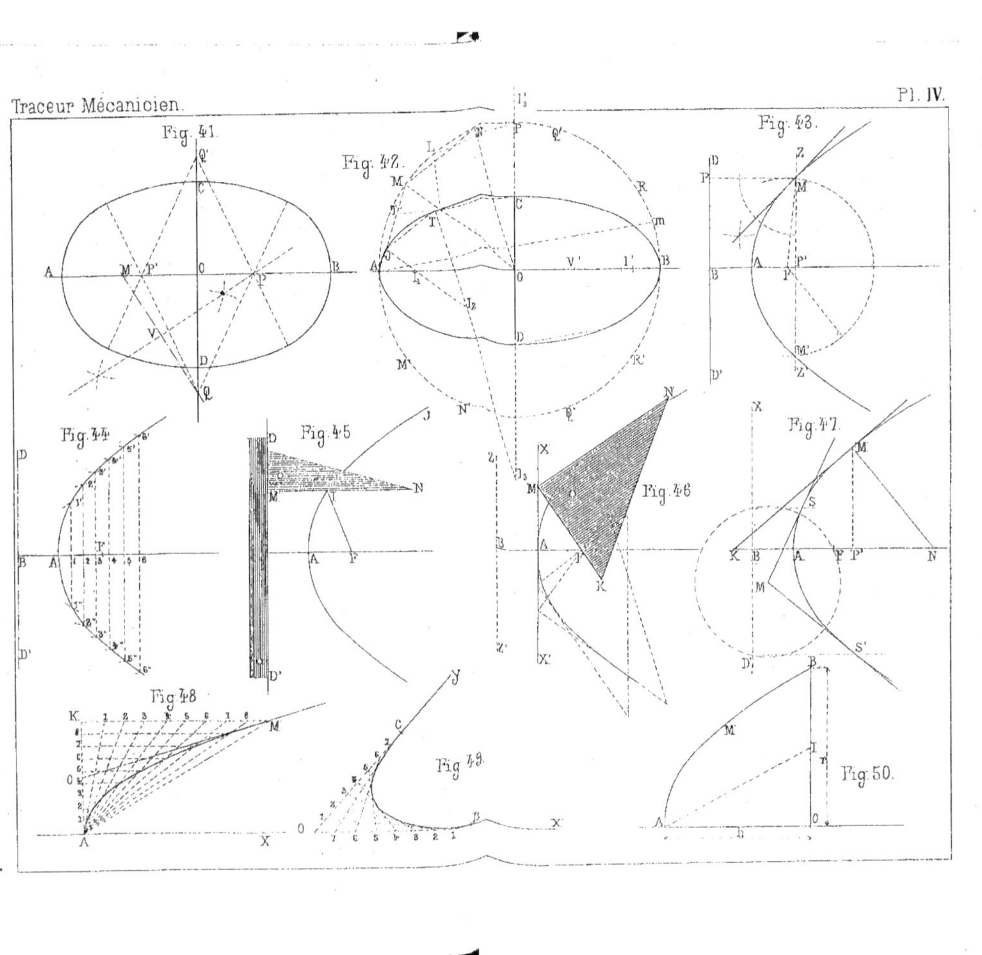

Fig. 41.
Fig. 42.
Fig. 43.
Fig. 44.
Fig. 45.
Fig. 46.
Fig. 47.
Fig. 48.
Fig. 49.
Fig. 50.

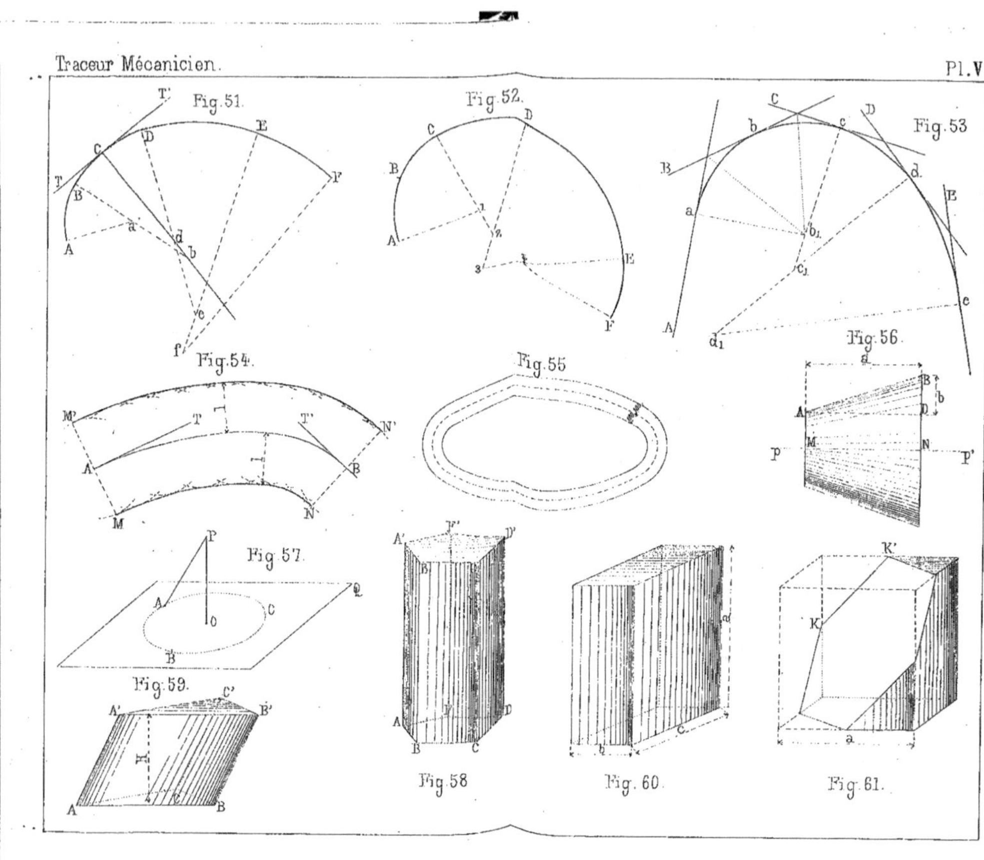

Fig.51.
Fig.52.
Fig.53.
Fig.54.
Fig.55
Fig.56.
Fig.57.
Fig.59.
Fig.58
Fig.60.
Fig.61.

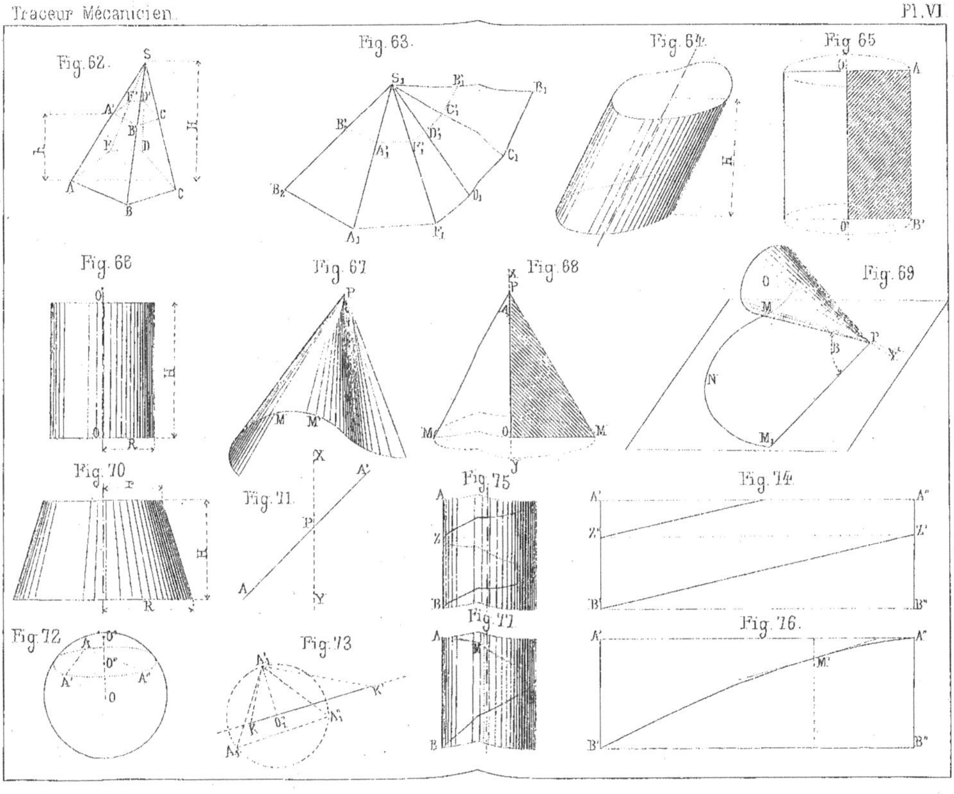

Fig. 62.

Fig. 63.

Fig. 64.

Fig. 65

Fig. 66

Fig. 67

Fig. 68

Fig. 69

Fig. 70

Fig. 71

Fig. 75

Fig. 74

Fig. 72

Fig. 73

Fig. 77

Fig. 76.

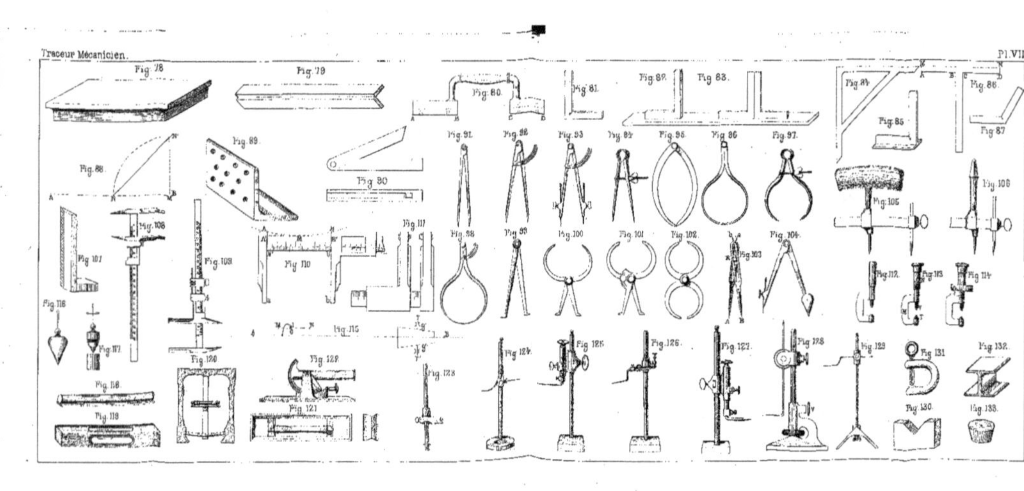

Fig. 78.
Fig. 79.
Fig. 80.
Fig. 81.
Fig. 82.
Fig. 83.
Fig. 84.
Fig. 85.
Fig. 86.
Fig. 87.
Fig. 88.
Fig. 89.
Fig. 90.
Fig. 91.
Fig. 92.
Fig. 93.
Fig. 94.
Fig. 95.
Fig. 96.
Fig. 97.
Fig. 98.
Fig. 99.
Fig. 100.
Fig. 101.
Fig. 102.
Fig. 103.
Fig. 104.
Fig. 105.
Fig. 106.
Fig. 107.
Fig. 108.
Fig. 109.
Fig. 110.
Fig. 111.
Fig. 112.
Fig. 113.
Fig. 114.
Fig. 115.
Fig. 116.
Fig. 117.
Fig. 118.
Fig. 119.
Fig. 120.
Fig. 121.
Fig. 122.
Fig. 123.
Fig. 124.
Fig. 125.
Fig. 126.
Fig. 127.
Fig. 128.
Fig. 129.
Fig. 130.
Fig. 131.
Fig. 132.
Fig. 133.

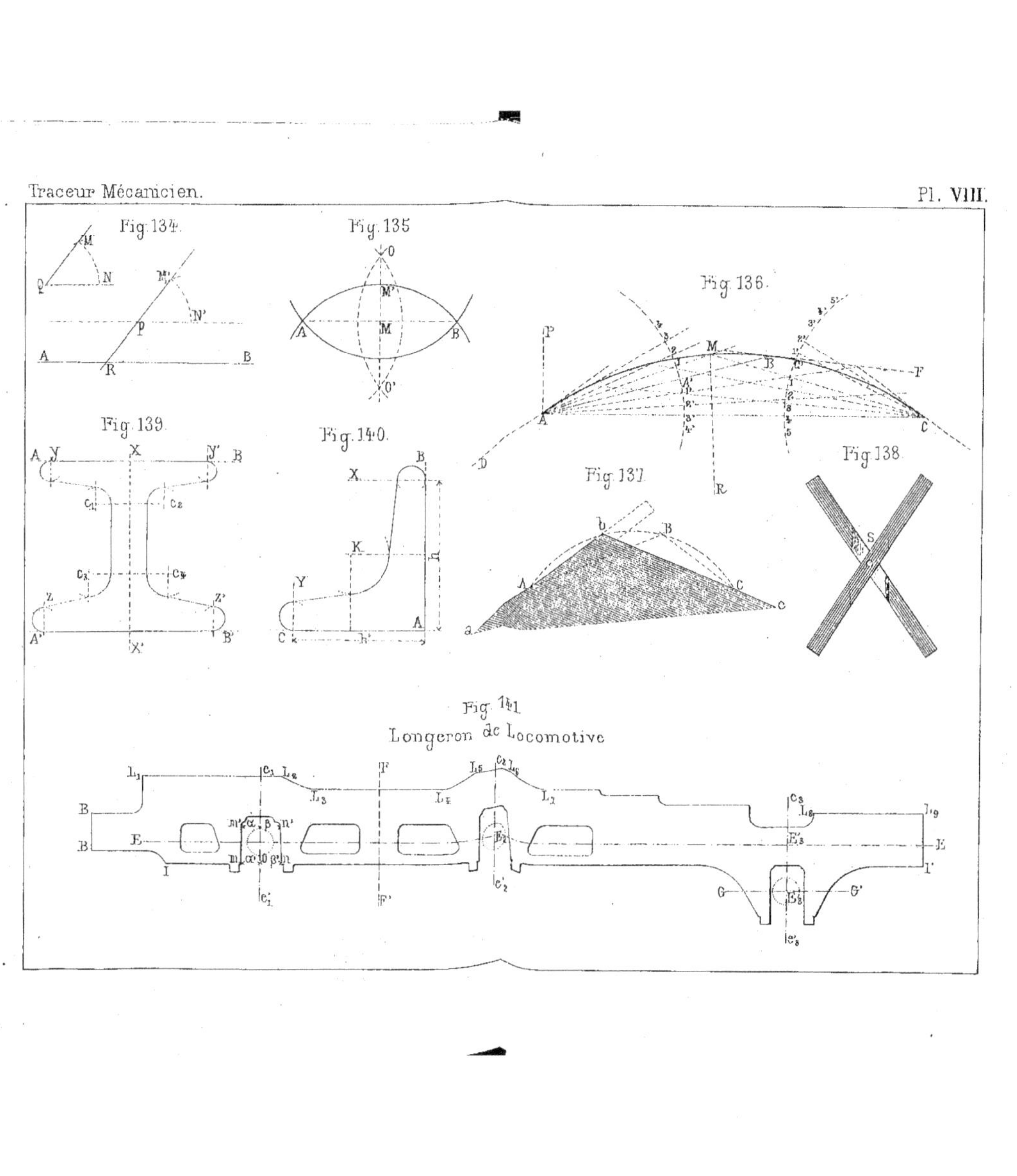

Fig. 134.
Fig. 135
Fig. 136.
Fig. 139.
Fig. 140.
Fig. 137.
Fig. 138.
Fig. 141.
Longeron de Locomotive

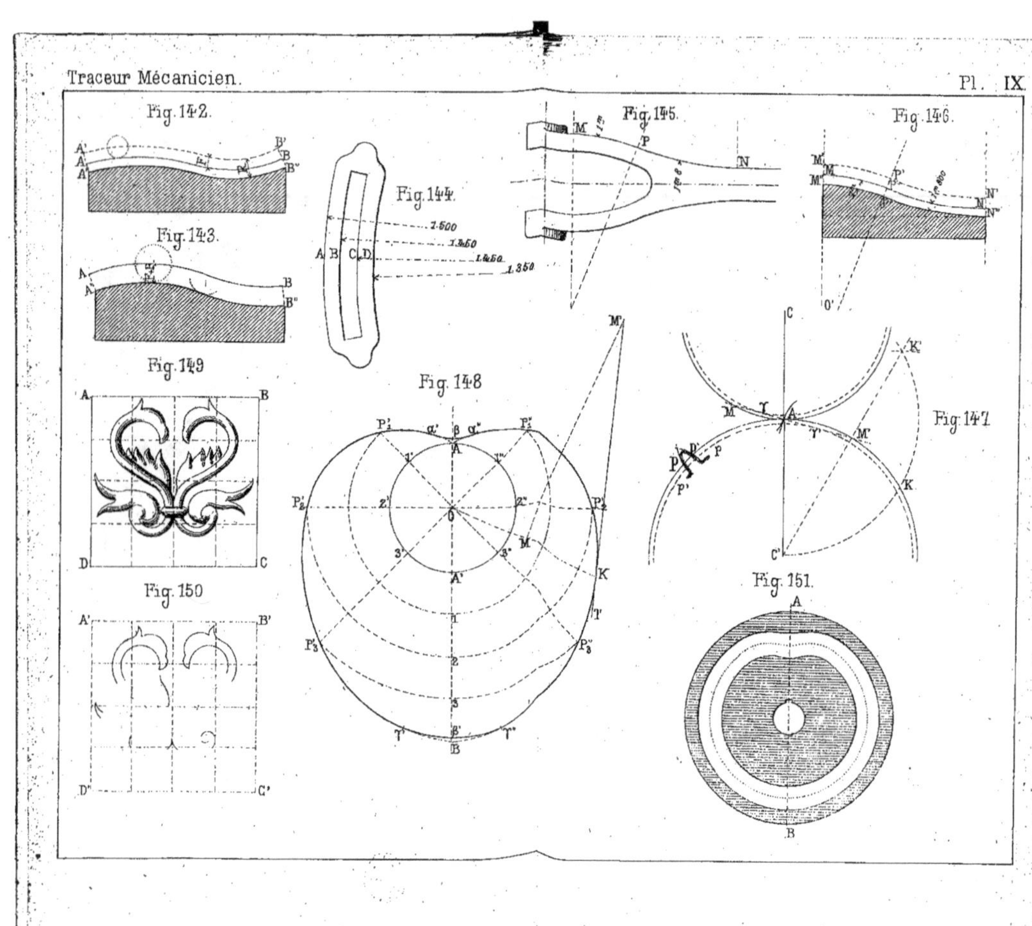

Fig. 142.
Fig. 143.
Fig. 144.
Fig. 145.
Fig. 146.
Fig. 147.
Fig. 148.
Fig. 149
Fig. 150
Fig. 151.

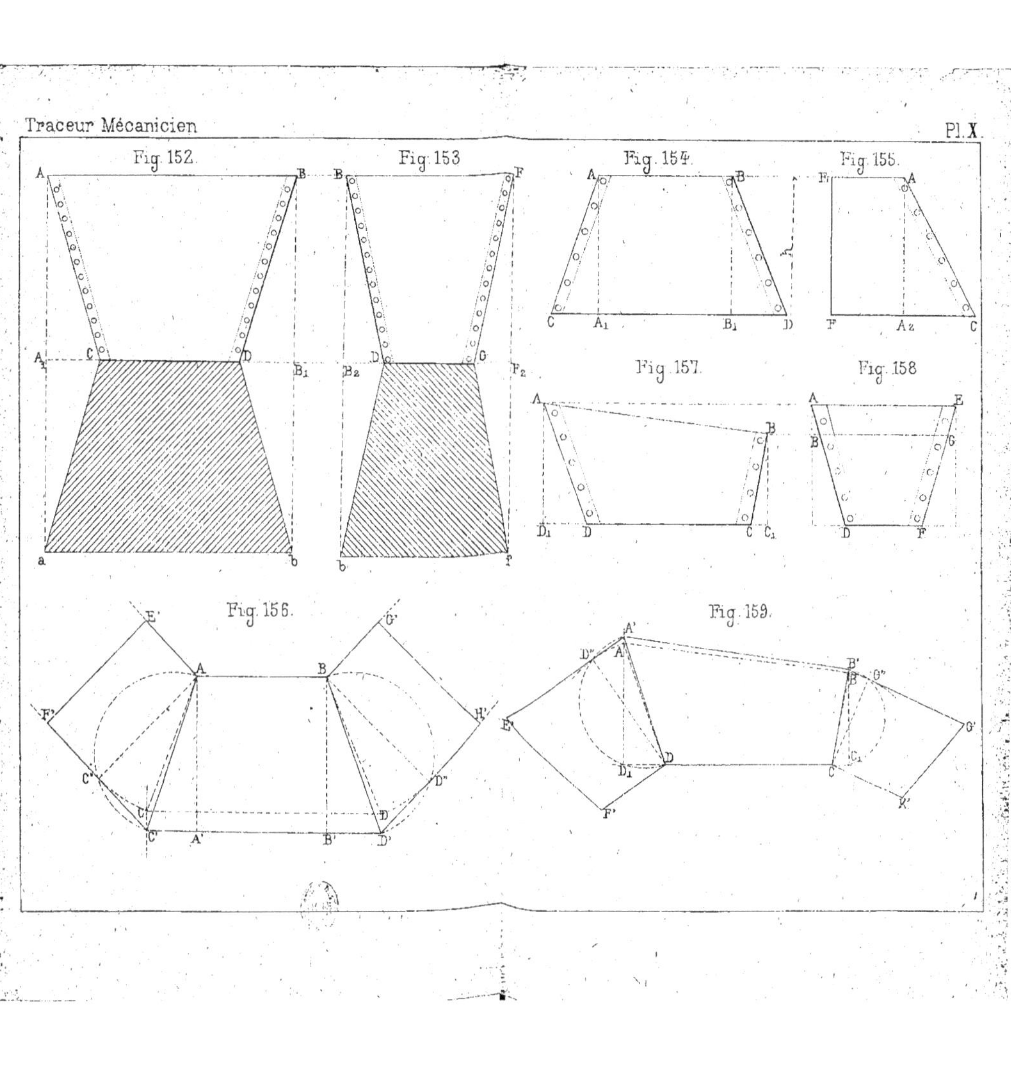

Fig. 152.
Fig. 153.
Fig. 154.
Fig. 155.
Fig. 157.
Fig. 158.
Fig. 156.
Fig. 159.

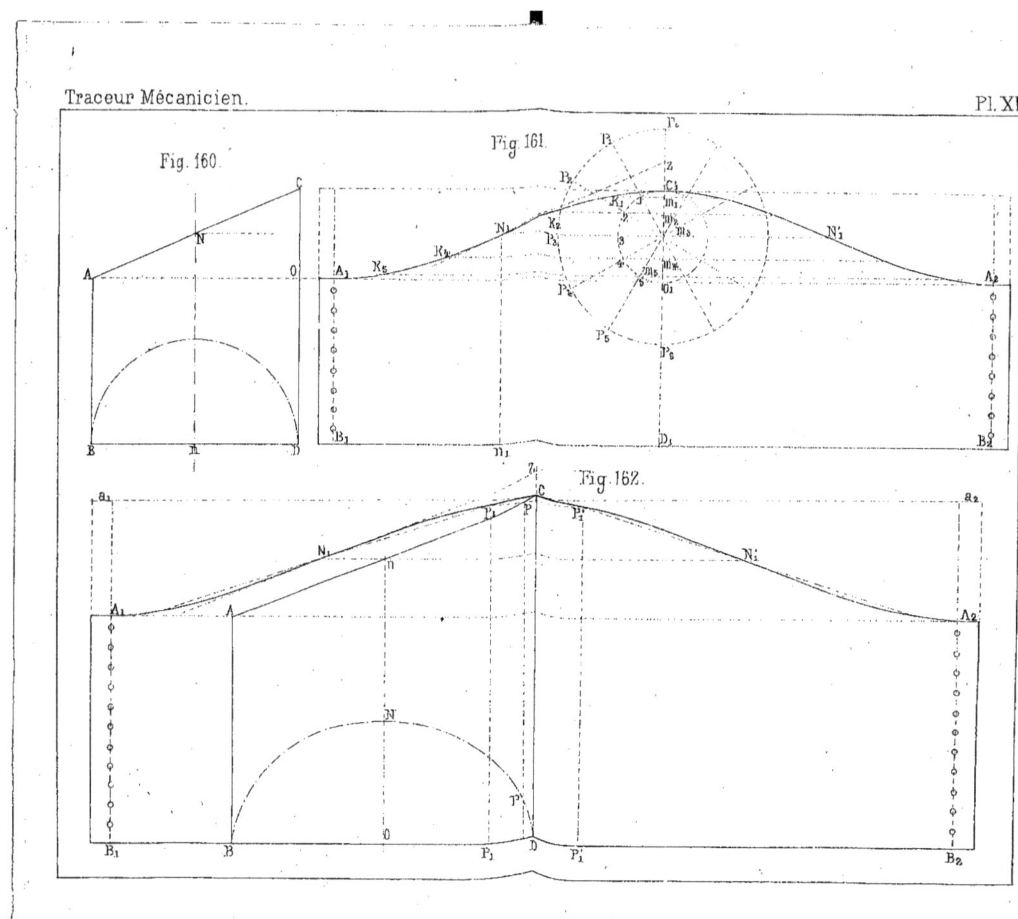
Fig. 160.
Fig. 161.
Fig. 162.

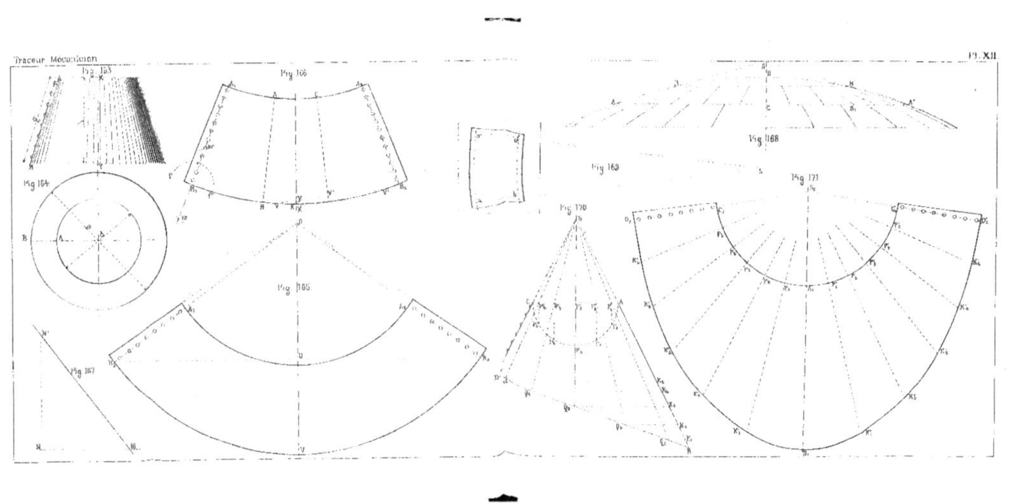
Fig. 163
Fig. 164
Fig. 166
Fig. 165
Fig. 167
Fig. 169
Fig. 168
Fig. 170
Fig. 171

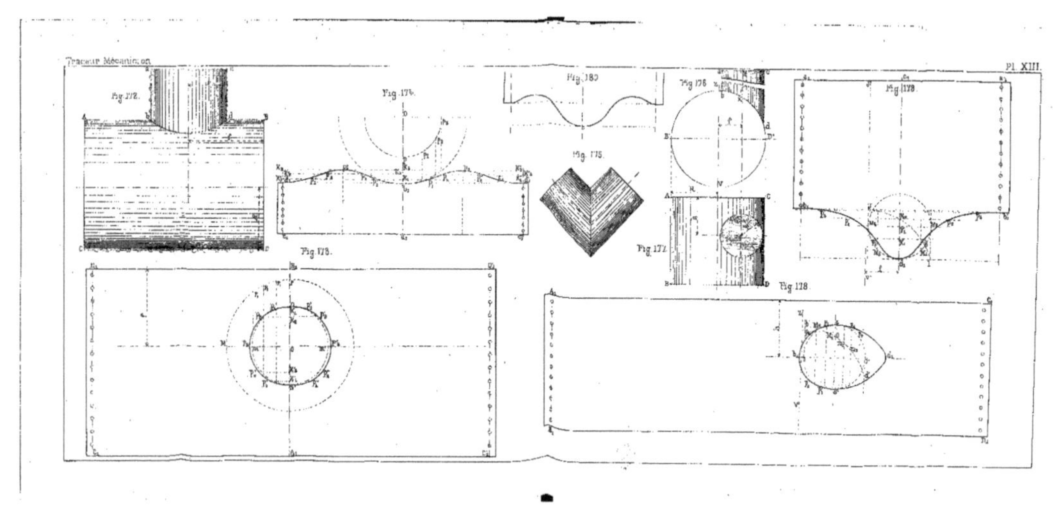

Fig. 172.

Fig. 174.

Fig. 180.

Fig. 176.

Fig. 179.

Fig. 175.

Fig. 171.

Fig. 173.

Fig. 178.

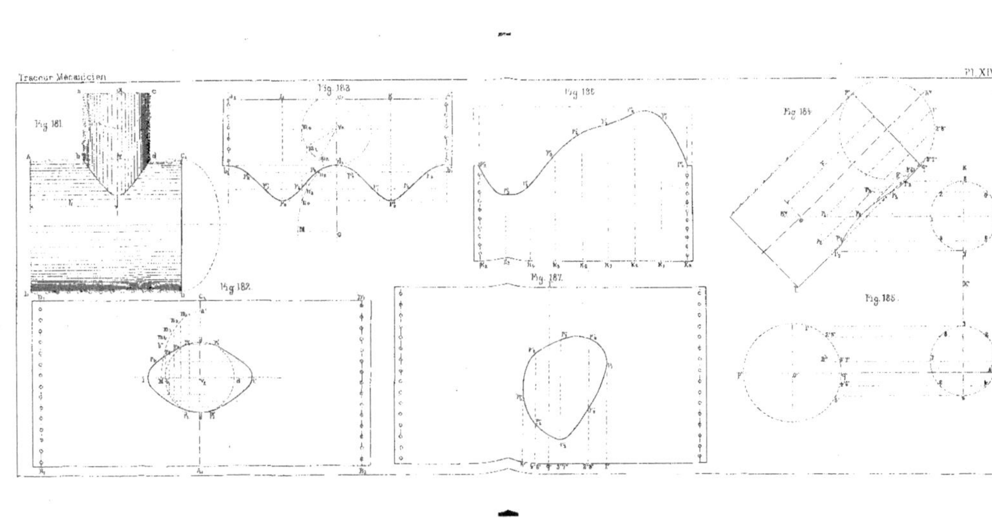

Fig. 181
Fig. 182
Fig. 183
Fig. 184
Fig. 185
Fig. 186
Fig. 187

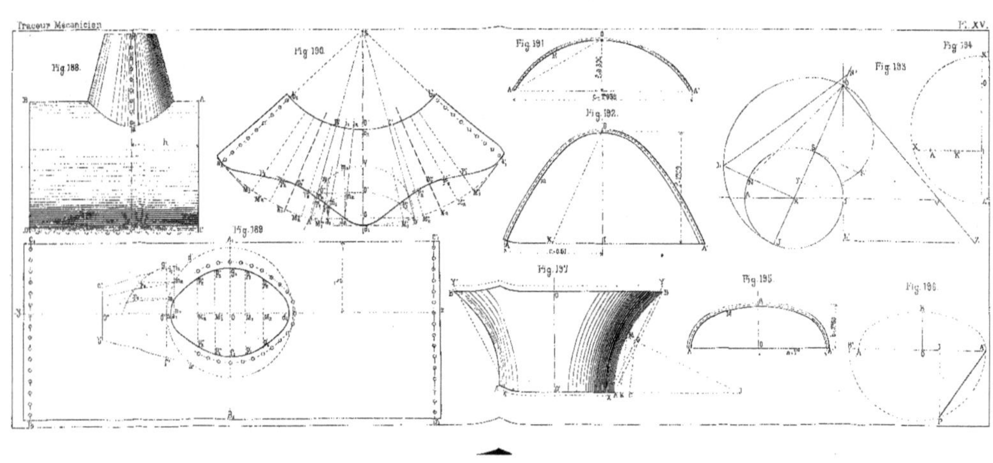

Fig 188.
Fig 190.
Fig 191
Fig 194
Fig 192.
Fig 193
Fig 189.
Fig 197.
Fig 195.
Fig 196.

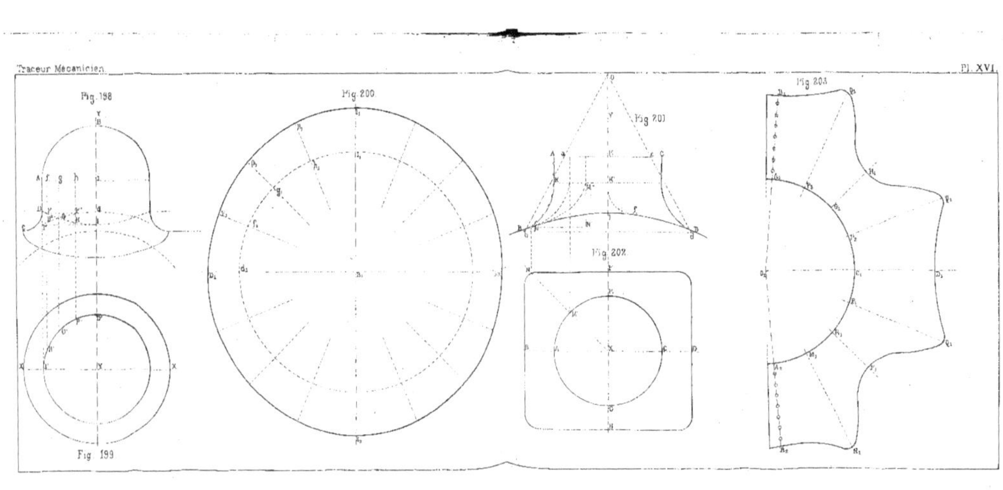
Fig. 198
Fig. 200
Fig. 201
Fig. 202
Fig. 203
Fig. 199

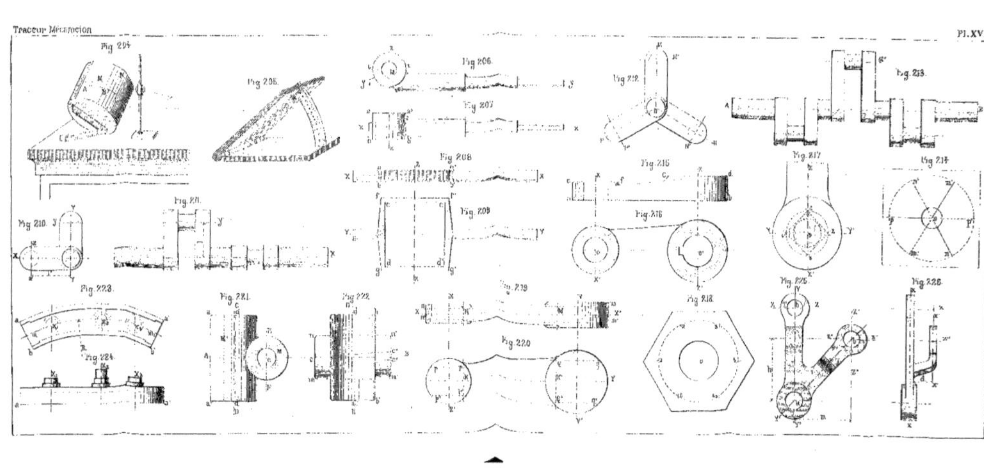
Fig. 204.
Fig. 205.
Fig. 206.
Fig. 207.
Fig. 208.
Fig. 209.
Fig. 210.
Fig. 211.
Fig. 212.
Fig. 213.
Fig. 214.
Fig. 215.
Fig. 216.
Fig. 217.
Fig. 218.
Fig. 219.
Fig. 220.
Fig. 221.
Fig. 222.
Fig. 223.
Fig. 224.
Fig. 225.
Fig. 226.

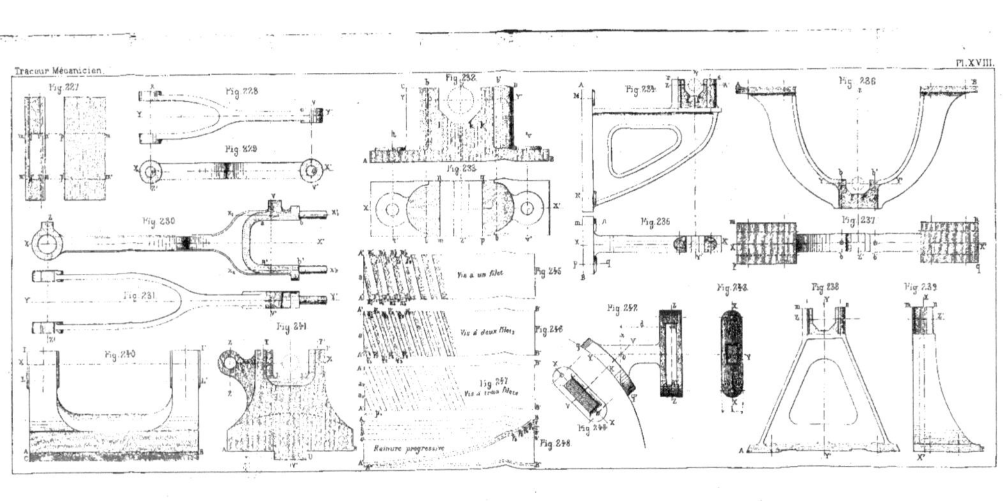
Fig.227
Fig.228
Fig.229
Fig.230
Fig.231
Fig.240
Fig.241
Fig.232
Fig.233
Vis à un filet
Vis à deux filets
Vis à trois filets
Rainure progressive
Fig.245
Fig.246
Fig.247
Fig.248
Fig.234
Fig.235
Fig.236
Fig.237
Fig.247
Fig.244
Fig.243
Fig.238
Fig.239

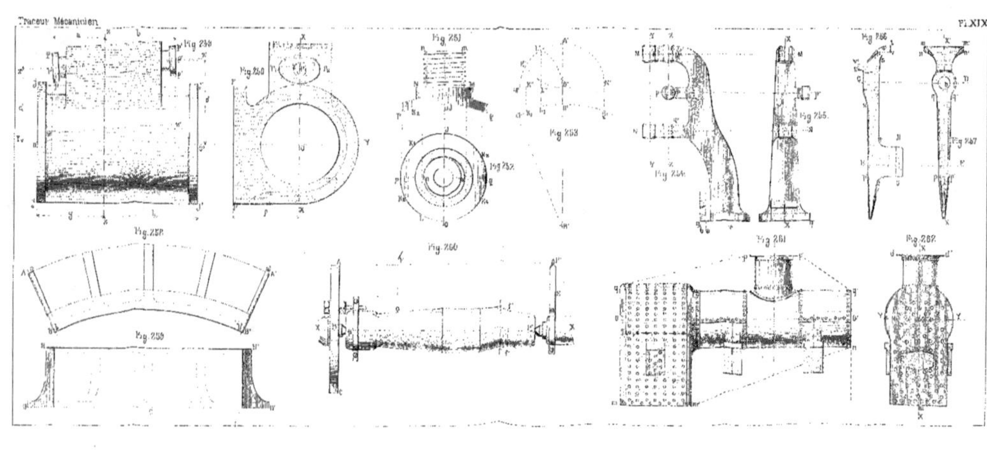
Traceur Mécanicien.
Pl.XIX.
Fig.258
Fig.260
Fig.251
Fig.252
Fig.253
Fig.264
Fig.265
Fig.266
Fig.267
Fig.259
Fig.255
Fig.256
Fig.261
Fig.262

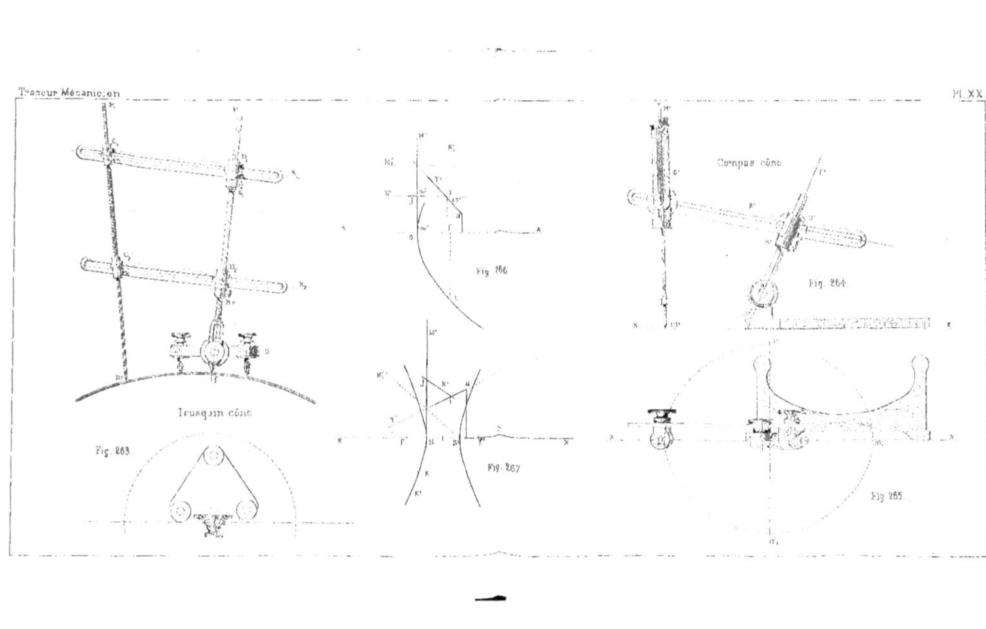
Trusquin cône
Fig. 263.
Fig. 266
Fig. 267
Compas cône
Fig. 264.
Fig. 265

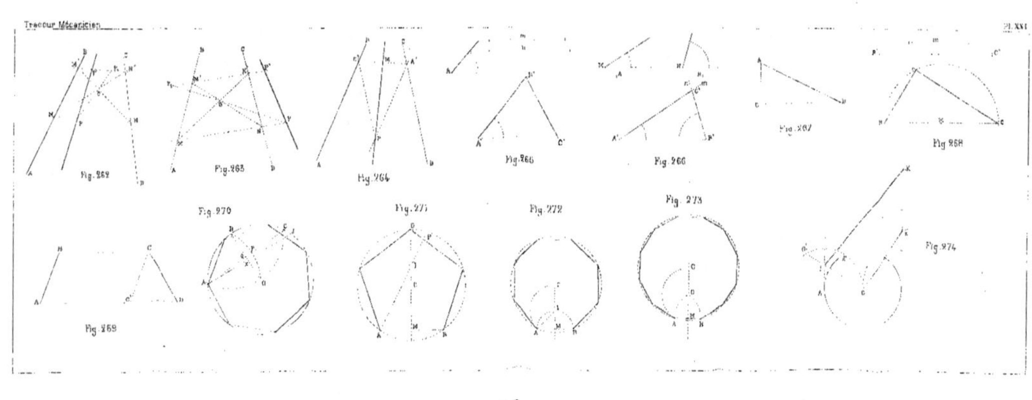

Fig. 262
Fig. 263
Fig. 264
Fig. 265
Fig. 266
Fig. 267
Fig. 268
Fig. 269
Fig. 270
Fig. 271
Fig. 272
Fig. 273
Fig. 274

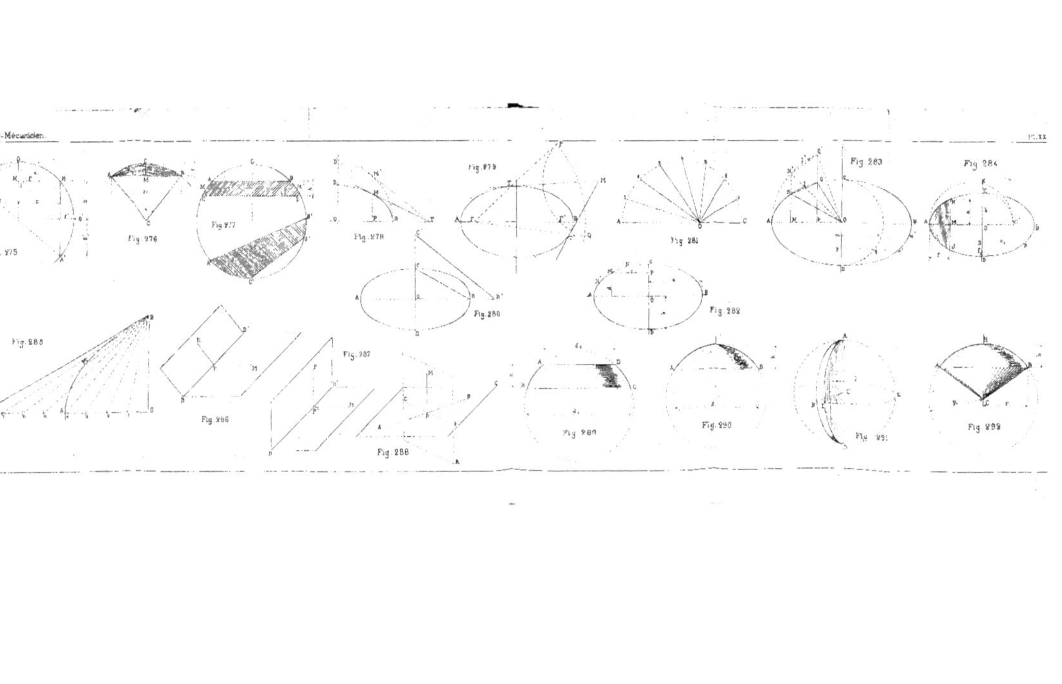
Fig. 275
Fig. 276
Fig. 277
Fig. 278
Fig. 279
Fig. 281
Fig. 283
Fig. 284
Fig. 280
Fig. 282
Fig. 285
Fig. 286
Fig. 287
Fig. 288
Fig. 289
Fig. 290
Fig. 291
Fig. 292